视觉目标检测与跟踪

焦建彬　叶齐祥　韩振军　李　策　编著

科学出版社

北　京

内 容 简 介

本书系统介绍了视觉目标检测与跟踪的基本问题及其相关处理技术，主要内容涉及计算机视觉目标检测与跟踪的理论、算法和典型应用实例。本书共6章，包括绪论、目标表示、目标检测方法、目标检测的典型应用、目标跟踪方法、视觉目标跟踪展望等内容。

本书由浅入深，着重于经典内容和最新进展的结合，并附以较多的应用范例，可供从事计算机视觉、图像处理、模式识别研究的科技人员及高等院校相关专业的师生参考。

图书在版编目（CIP）数据

视觉目标检测与跟踪/焦建彬等编著. —北京：科学出版社，2015.6
ISBN 978-7-03-048579-3

Ⅰ. ①视… Ⅱ. ①焦… Ⅲ. ①计算机视觉－研究 Ⅳ. ①TP302.7

中国版本图书馆 CIP 数据核字（2016）第 125148 号

责任编辑：陈 静 金 蓉 / 责任校对：桂伟利
责任印制：吴兆东 / 封面设计：迷底书装

科学出版社 出版
北京东黄城根北街16号
邮政编码：100717
http://www.sciencep.com
北京厚诚则铭印刷科技有限公司 印刷
科学出版社发行 各地新华书店经销
*
2016年6月第 一 版 开本：720×1 000 1/16
2021年9月第六次印刷 印张：10 插页：6
字数：201 000

定价：99.00元

（如有印装质量问题，我社负责调换）

前　言

视觉目标检测与跟踪是计算机视觉领域一个备受关注的新兴研究方向，是智能监控、人机交互、机器人视觉导航等应用的基础。随着数字视频技术的飞速发展，计算机视觉正向着智能化、集成化等方向不断发展。计算机视觉和应用研究者适时提出了一些新的视觉目标检测与跟踪技术，利用机器学习和模式识别的方法，对摄像设备捕获的图像序列进行分析，从而实现对动态场景中目标的定位、识别和跟踪。

本书叙述了视觉目标检测与跟踪的基本理论和相关的应用技术，主要包括视觉目标表示、目标检测方法及典型应用、目标跟踪方法及典型应用等。本书力图对视觉目标检测和跟踪方法进行分类，对常规的有效算法进行总结，同时，通过实例分析，将基本理论与实际应用相结合，推动视觉目标检测与跟踪技术的发展。

本书是作者所在的课题组多年来在视觉目标检测与跟踪方面所做研究工作的总结。内容及材料主要来源于所主持项目研究过程中采集的实验数据、提出的新方法、已公开发表的文献等。本书不仅涉及目标检测和跟踪的关键技术和最新动向，而且还重视应用实例，既具有前沿性与先进性，又具有很好的实用性，对本领域研究人员和科技工程人员均具有很大的参考价值。

本书第 1 章由焦建彬、李策撰写，第 2 章由叶齐祥、祝耀华、李策撰写，第 3 章由叶齐祥、武博撰写，第 4 章由叶齐祥、高文撰写，第 5 章由韩振军、纪颖夏、李策撰写，第 6 章由韩振军、刘一飞撰写。全书由焦建彬、叶齐祥、韩振军、李策统稿。

在本书的撰写和校稿过程中，中国科学院大学模式识别与智能系统开发实验室的彭艺、陈孝罡、梁吉祥、高山、武利军等做了大量工作，在此一并表示感谢。本书的完成特别感谢徐冉博士、陈杰博士提供的帮助。

限于编者水平，书中不足之处在所难免，敬请广大读者批评指正。

焦建彬

2015 年 12 月

中国科学院大学雁栖湖校区

目　录

第 1 章 绪　　论

1.1 引　　言

让机器具有自动感知能力是人类多年以来的梦想。自信号处理理论和计算机技术出现以来，人们就开始尝试采用摄像机获取环境的视频信息并使用计算机对其进行处理，从而形成一门新兴的学科——计算机视觉[1]。

计算机视觉的研究目的是使机器不仅能感知物体的几何信息，如形状、位置、姿态、运动等，而且还能对它们进行描述、存贮、识别和理解。计算机视觉是一门交叉性很强的学科，涉及计算机、心理学、认知科学、物理学、信号处理和应用数学等。近二十年来，随着相关学科，尤其是计算机技术的飞速发展，计算机视觉也取得了蓬勃发展，并在不同领域获得了广泛应用，如移动机器人[2]、视觉导航[3]、医学辅助诊断[4]、汽车辅助驾驶、工业机器人手眼系统[5]、地图绘制、物体三维形状分析与识别[6]、卫星照片解释、智能人机接口[7]，以及视频监控系统等。

1.1.1 计算机视觉研究的特点

视觉是一个涉及生理与认知的复杂过程，不仅和眼睛有关，还涉及大脑的推理、学习等内容，因此计算机视觉是多学科的交叉与结合，如图 1.1 所示[8]。

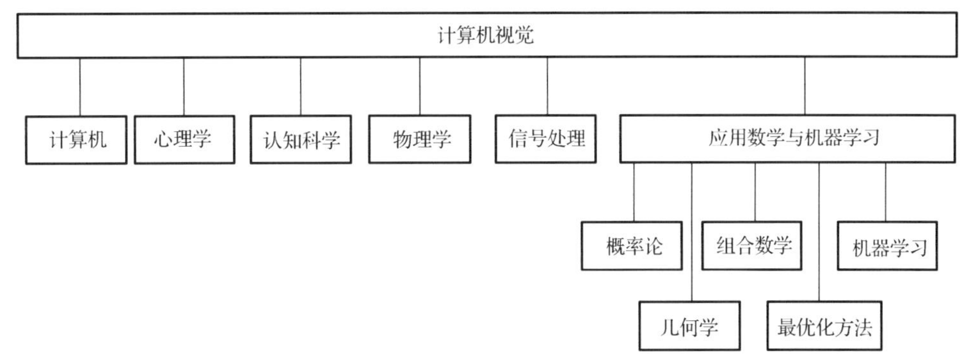

图 1.1　计算机视觉涉及的相关学科

计算机视觉领域研究的绝大多数问题均存在诸多不确定性因素，是病态问题。这是因为视觉是成像的逆过程。成像是从三维向二维投影的过程，在此过程中不仅会丢失深度信息，而且光照、材料特性、朝向、距离等信息都反映成唯一的测量值，即灰度，而要从这唯一的测量值中恢复上述一个或几个特征参数是一个病态的过程[9]。不仅如此，大气扰动、镜头因素、传感器噪声，以及量化噪声等的干扰都会造成成像失真，而这些干扰大多具有随机性。对于这些病态问题，一类通常的处理方法是引入约束构造正则化问题，进而将其转化为优化问题；另一类常见的处理方法是利用 Gibbs 分布[10]将问题转化为参数估计问题。

1.1.2　计算机视觉与相关领域的关系

计算机视觉处理的原始信息多为图像，因此这一领域与图像处理有着十分密切的联系。从广义上讲，图像处理包括底层处理和高层识别，在这个意义上计算机视觉应当是图像处理的一部分。从狭义上讲，图像处理的目的是对输入的原始图像进行处理得到改善的新图像(这种改善指的是增强某些人们关心的部分)，在这一意义上，图像处理涉及图像的变换、分割、增强，以及压缩等内容。这里的处理是纯数学意义上的处理，不包括任何形式的反馈。换言之，这其中不需要任何形式的智能行为。

对于实际应用的视觉系统而言，识别极其重要。因此，计算机视觉与模式识别有着天然的联系。模式识别研究的是分类问题，其输入是被分类对象的特征属性，输出是被分类对象所属的类别。在模式识别领域中，统计方法和句法方法是两种主流的方法。统计方法是基于概率和统计理论发展起来的，而句法方法则建立在形式语言理论的基础之上。相对于上述两种较为成熟的方法而言，近年来发展起来的基于神经网络的方法则要年轻得多，这种方法无论在其生理学、心理学背景还是数学基础上都有待进一步完善。

处理视觉问题时，巨大的计算量是不容忽视的问题，特别是在处理实时计算时更是如此。解决这一问题可以从两方面入手：一是对算法进行改进，降低算法的复杂度；二是从计算机上入手，提高其性能。性能可以随着通用计算机能力的提高而提高，同时，针对某些特殊问题，如特定的数据结构、公用的算法，在计算机体系结构上加以改进也是提高运算性能的重要措施之一。因此，专用计算机体系结构的研究也是计算机视觉中值得考虑的问题之一。

1.1.3　计算机视觉研究的发展

计算机视觉领域的研究在 Roberts 之前大多数都是基于二维的，而且多数是采用模式识别的方法完成分类工作。1963 年，Roberts 用程序成功地对三维积木世界进行了解释[11]。其后，Guzmán 在视觉处理研究中引入了符号化处理和启发式方法[12]，Hufman、Clowes 以及 Waltz 等人对积木世界进行了研究并分别解决了由线段解释景物和处理阴影等问题[13]。积木世界的研究对视觉研究的发展起了促进作用，但对于稍微复杂的景物则难以奏效。

20世纪70年代中期，以Marr、Barrow和Tenenbaum等人为代表的一些研究者提出了一整套视觉计算的理论来描述视觉过程[14]，其核心是从图像恢复物体的三维形状。这些理论多数建立在对人类感知的三维信息进行分析的基础上。尽管这些方法在数学上是可行的，但各种干扰的存在以及逆成像等问题，使得问题本身呈现病态，也即问题的解不唯一，或不连续，依赖于初始条件。在这些理论中，以Marr的理论影响最为深远。它强调局部特征表示的重要性以及从不同层次研究信息处理问题，在计算理论和算法实现上又特别强调计算理论的重要性。

进入80年代中后期，随着移动式机器人研究的发展，人们大量运用空间几何的方法以及物理知识来研究视觉，其目的主要是完成对障碍物的识别及处理。这一时期引入了主动视觉的研究方法，同时采用距离传感器并引入多源信息融合技术等。由于这种研究方法可直接获取图像的深度信息或通过移动获取深度图，因而可以使很多病态问题变成良态。此外，在视觉的研究中开始重视对定性视觉、有目的视觉的研究。

上述这些理论和方法的研究有力地促进了相关应用的发展，包括对图像(特别是航空与遥感图像)的解释、精确制导、移动机器人视觉导航、医学辅助诊断、工业机器人的手眼系统、地图绘制、物体三维形状分析与识别、智能人机接口等。

早期进行数字图像处理研究的目的之一，就是要通过数字技术提高照片的质量，辅助进行航空与卫星图像的判读与分类。由于需要判读的图像数量巨大，因而希望有自动的视觉系统进行判读解释。在这样的背景下产生了许多判读系统，如ACRONYM和SPAM等。

精确制导一直是武器系统中的一个研究热点。导弹的制导方式包括自主制导、寻的制导、遥控制导和复合制导等，常用的寻的精确制导方式包括激光制导、电视制导和图像制导。在导弹系统中，自主寻导的惯性制导常常与图像制导相结合，利用图像进行精确的末端制导。由于可见光图像光照条件等的影响，在图像制导中常采用多谱图像或者根据不同的光照条件采用不同的图像。采用地图匹配技术的导弹，如美国的战斧巡航导弹、潘兴Ⅱ战术导弹等。

对于移动机器人而言，路径规划是极其重要的。规划的前提是对环境的了解，当由于传输媒介的原因导致通信不畅时，自主导航对于移动机器人将变得十分重要。因此，随着移动式机器人的发展，产生了一些专门用于道路分析和避障的视觉系统。比如卡内基梅隆大学研制的自主行驶汽车Navlab上的视觉系统，该系统采用光学摄像机、激光测距仪，以及超声探测器等多种传感器获取道路信息，利用多传感器融合和基于聚类的方式完成室外道路的跟踪和识别。此外，麻省理工学院人工智能实验室(MIT-AI-Lab)在其研制的Polly机器人中引入了轻度视觉的概念，利用这一方法大大加快了道路识别和避障的速度。尽管目前移动机器人视觉系统的研究已取得了很大进步，但实际上仍基本处于实验阶段。以美国发射到火星的探路者号为例，目前采用的仍然是遥控和交互方法。

在医学方面，很多医疗仪器，如X光机、CT、B超、各种显微诊断设备等，一般都不能进行自动分析工作，其提供的图像必须依靠经验丰富的判读者才能得到准确的检测结果，而利用计算机视觉技术可以减少人为因素的影响。目前，医疗图像的辅助诊断系统已经在早期疾病诊断方面起到非常重要的作用，同时，医学图像处理近年来也成为计算机视觉领域中的重要研究方向。

工业机器人的手眼系统是计算机视觉应用最为成功的案例之一。由于工业现场的诸多因素，如光照条件、成像方向等均是可控的，因而问题大为简化，有利于构成实际的系统。目前市场上已有相当数量的这类系统。

计算机视觉的另一个重要应用是智能人机接口。现阶段计算机与人交流的智能化程度还很低，计算机无法识别用户的真实身份。利用计算机视觉技术不仅可以使计算机能够检测到用户的存在，而且还能鉴别用户的身份，识别用户的体势。这种人机交互方式还可以进一步推广到其他一些需要人机交互的场合，如入口安全控制、过境人员的检验等。

上述这些理论和应用的研究使得计算机视觉在过去三十年中成为人工智能研究中最为活跃的一部分。通过这些研究，人们对这一领域中的困难和问题也有了更深入的认识。随着对定量研究的重视，对新的描述方式、求解手段的探索，以及距离传感器等设备的使用，计算机视觉的研究必将迎来一个更加繁荣的时代。

1.1.4　视觉目标检测与跟踪的研究意义

1. 视觉目标检测的研究意义

图像或视频中的目标检测，意在基于目标表观和轮廓区域等信息，准确地对图像中感兴趣的目标进行定位，即将目标的定位和分类合二为一。对于视频目标而言，它的基本任务是从图像序列中检测出运动信息，简化图像处理过程，得到所需的运动矢量，从而识别与跟踪物体。由于运动目标的正确检测与分割影响着运动目标能否被正确跟踪与分类，所以，视觉目标检测是计算机视觉技术的一个重要部分，也是机器学习与人工智能领域的一项重要研究课题。

近年来，虽然在图像处理和模式识别领域中，人脸、车牌等目标检测方法已日趋成熟，但是在复杂环境下可靠的目标检测算法还有待进一步研究。其原因在于：首先，一些目标是非刚性、多姿态、多角度的物体，如人体目标；其次，含有目标的图像背景一般都是复杂多变的；再次，目标很容易被其他目标或者物体遮挡。因此，通过运用机器学习与模式识别中的相关知识，使计算机能够自动、准确地检测目标，实现鲁棒、快速的目标自动提取和检测显得极为重要，与此相关的问题也逐渐成为机器学习领域的研究热点，开展此方面的研究对人工智能与人类认知等领域内核心问题的解决也具有重要的意义。

2. 视觉目标跟踪的研究意义

视觉目标跟踪作为计算机视觉领域的核心研究课题之一，其主要目的是模仿生理视觉系统的运动感知功能，通过对摄像头捕获到的图像序列进行分析，计算出运动目标在每一帧图像中的位置；然后，根据运动目标相关的特征值，将图像序列中连续帧的同一运动目标关联起来，得到每帧图像中目标的运动参数以及相邻帧间目标的对应关系，从而得到目标完整的运动轨迹。简单来说，目标跟踪技术就是在下一帧图像中找到目标的确切位置并反馈给跟踪系统，进而为平台随动控制、视频序列分析和理解等提供运动信息和数据。

与传统雷达跟踪系统相比，视觉跟踪主要应用光学设备，采用被动式工作模式，工作时不向外辐射无线电波，不易被电子侦察设备发现，具有一定的隐蔽性和抗电子干扰能力。同时，在视觉目标跟踪系统中，人们能够直接从视频监视器上看到目标图像，具有更好的直观性。

经过近五十年的研究和发展，视觉跟踪技术已在军事制导、视觉导航、安全监控、智能交通、医疗诊断，以及气象分析等领域得到广泛应用。例如，视频监控技术已在我国大多数城市社区、大型公共场所及重要设施使用。进行车辆的实时检测和跟踪，可以实时监控车流量、车速、车流密度、交通事故、违章逃逸车辆等交通状况，为智能交通调度提供基础。此外，视觉跟踪技术在视频会议、视频分析、视频检索、基于视频的运动分析和合成、基于运动信息的身份识别、图像检索、水文观测、港口管理、医学图像分析、远距离测量、零部件质量检测等领域也有应用。

一般意义上的视觉跟踪技术尚未成熟。要开发出真正可靠、实用的视觉跟踪应用系统，还需要更为鲁棒的核心算法。现有的目标跟踪算法虽然能够在一定程度上完成对运动目标的跟踪，但这些算法还存在着诸多问题，主要包括：①目前的跟踪算法大多基于某一种特征集合对目标进行描述，其主要缺陷是对目标描述不完备；②所提取的特征描述无法更好地区分目标与跟踪背景，因此当背景与目标比较相似或者背景发生较大变化时，跟踪算法往往失效；③由于很难长时间对运动轨迹进行准确预测，因此当遮挡频繁发生时，跟踪算法同样会失效。

在现有研究中，长时间复杂动态背景中的鲁棒跟踪既是关键问题，也是难点问题。这主要是因为在运动目标通过摄像机检测区域的过程中，运动目标的图像可能发生一些明显的变化。这些该变化主要来自于三个方面：①运动目标本身的变化（尺度、旋转、形状等）；②运动目标被遮挡；③跟踪环境的动态变化（光照变化、图像退化等）。

1.2 视觉目标检测与跟踪的研究内容

1.2.1 视觉目标检测的研究内容和分类

从应用的角度，目标检测算法的应用场景可以简单地分为两类：静止背景视频场景与单帧静止图像场景。

如图 1.2 所示，基于静止背景视频中的的检测算法主要是结合运动信息来识别"动目标"。目前代表性的基于动态视频帧的检测算法有背景差分法[15]、帧差法[16]等。这些基于动态视频帧的检测算法在复杂、动态背景下，效果并不理想。而且，在静止的背景中，前后帧之间光线的轻微变化及树木的摇摆等多种干扰信息，都极易被判别为目标。由于视频中背景的复杂化与动态化，目前基于动目标检测的视觉目标检测算法的发展受到了一定的约束，在应用方面也受到一些影响。

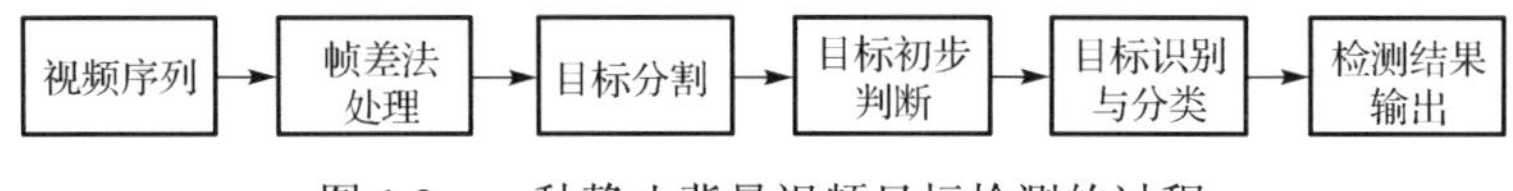

图 1.2 一种静止背景视频目标检测的过程

在最近的一些研究中，研究者们更关注基于单帧静止图像的目标检测这一核心问题。虽然在静止图像的检测中，目标的定位相对繁琐一些，然而，一旦在单帧图像上目标检测的研究得到突破，结合背景建模，在实际应用中会取得很好的效果。

基于单帧静止图像的检测方法中，根据目标构建模式的不同，可分为整体模型检测与部件模型检测方法。整体模型[17,18]是基于整个训练样本窗口提取目标的整体或者部分信息作为目标特征，然后采用某种分类准则获得判别函数。部件模型是指首先将目标进行分块，然后提取特征再分类判别。根据应用的不同，分块方式也不同，例如，可以根据图像的大致比例将目标进行分块(如将人体分为头部区域、躯干区域[19]等)，也可以基于目标的自然形态将目标进行分块[20]。无论是整体模型检测还是部件模型检测，都涉及两部分内容：一是寻找合适的特征表述(特征描述子)，即从图像中提取出表示目标的特征向量(特征向量应该尽量对光照、背景、表观等因素的变化不敏感)；二是分类器的构建，主要指使用前面所提取目标的某种特征，按照某种学习准则获取分类函数的过程。寻找特征表述和构建分类器的主要目的，是让计算机意识到什么样的模式属于目标，什么样的模式属于背景。

1.2.2 视觉目标跟踪的研究内容和分类

当检测到图像中有所关注的目标后，就可以建立目标模板，进行特征匹配，进而对目标进行跟踪。目标跟踪处理流程见图 1.3。通过对目标进行跟踪，可以获取目标的移动速度、移动方位甚至更高的语义特征。

目标检测结果 → 目标特征提取 → 构建匹配模板 → 目标位置预测 → 目标跟踪结果

图 1.3 一种目标跟踪的流程

1. 研究内容

视觉目标跟踪问题大致可以分为三类：①跟踪目标的特征表示；②跟踪目标匹配；③跟踪目标的运动模型。

1) 跟踪目标的特征表示

选择适当的特征对目标进行描述，在目标跟踪中具有非常重要的意义。好的特征应该具有判别性，从而可以很容易地将目标从背景中区分出来。目标跟踪过程中常用的特征包含以下几种[21]。

(1) 颜色。目标的颜色主要由两个物理因素决定：光源的功率谱分布及目标的表面反射性质。在图像处理领域，RGB 空间是最常用的颜色空间，其不足是在颜色感知上不均匀。LUV 和 Lab 是感知均匀的颜色空间，HSV 是近似均匀的颜色空间，但是这些空间对噪声比较敏感。

(2) 边缘与梯度。与颜色特征相比，边缘与梯度的一个重要性质是对光照变化不敏感。目前最为流行的边缘检测方法是 Canny 算子[22]。

(3) 光流。光流定义了像素的密集位移向量场，可以通过假设相邻图像帧对应像素之间的亮度恒定不变而计算得到[23]。光流是常用于运动图像分割与视频跟踪的特征。

(4) 纹理。纹理是局部区域亮度变化性质(如平滑性、规则性等)的一种描述。和颜色相比，纹理需要一个预处理过程来产生纹理描述子。已有的纹理描述子有很多种，如灰度共生矩阵、局部二值模式(Local Binary Pattern，LBP)、小波金字塔等[24]。与边缘特征相似，纹理特征对于光照的变化也不敏感。

面对复杂背景及光照条件变化等情况，如何基于特征组合来更加准确完备地描述目标还有待进一步研究。

2) 跟踪目标匹配

跟踪目标匹配是根据目标模板与匹配搜索算法，在整幅图像中寻找与该模板最相似的区域的过程。当给定跟踪目标及其特征描述后，匹配搜索算法利用匹配策略在新的图像帧中快速准确地找到对应的跟踪目标。目前，Mean-Shift 算法[25]是人们广泛使用的匹配方法。该算法是一种非参数的概率密度梯度估计方法，采用了零阶、一阶及二阶矩来估计目标的尺度和方向。Mean-Shift 算法通过对目标可能出现的搜索区域中的每一个像素点赋予一个概率值，产生出一幅概率图，进而通过概率梯度下降实现对目标的快速匹配。

3) 跟踪目标的运动模型

运动模型主要是利用跟踪目标的运动信息来校正目标当前的运动参数，并预测目标未来的运动趋势。当运动模型呈线性或服从高斯分布时，可以采用卡尔曼滤波器(Kalman Filter，KF)[26]得到最优的轨迹预测结果。当运动模型呈非线性但仍服从高斯分布时，可以通过 Taylor 展开将其进行线性化，从而得到扩展卡尔曼滤波器(extended Kalman filter)。当运动模型和观测模型均呈非线性并且均不符合高斯分布时，粒子滤波(Particle Filter，PF)又称序列蒙特卡洛滤波[27]为问题的解决提供了一种非常有效的手段。粒子滤波的基本思想是通过一个粒子(样本)集合来对后验概率进行近似，每一个粒子都有一个权重表示它的重要性，然后通过运动模型对粒子集合中的每一个粒子向下一个时刻进行传播，最终采用观察模型对粒子进行权重评价。

2. 研究分类

根据不同的分类标准，可对视频目标跟踪算法进行不同的分类。几种常见的分类标准如下。

1) 目标数目

根据跟踪目标的数目可以将跟踪算法分为单目标跟踪算法和多目标跟踪算法[28]两类。相比于单目标跟踪，多目标跟踪具有更多的难点，如需要解决当前测量和已有轨迹之间的对应、目标之间的相互遮挡，以及目标之间的分裂与合并等。

2) 目标类型

跟踪目标可以分为刚性目标和非刚性目标。刚性目标跟踪的典型代表是车辆跟踪。这类目标可以通过建立简单的三维模型对其进行描述。非刚性目标跟踪的典型代表是人体的跟踪，可以通过将人体目标分为“部件”，采用“形变”方法进行建模来实现。

3) 摄像机数目

根据摄像机的数目可以将跟踪算法分为单目摄像机跟踪和多目摄像机跟踪。由于单个摄像机的视野有限，一般难以覆盖场景的整个区域，所以监控中经常采用多个摄像机来扩大监控视野。另外，多个摄像机的使用使得部分深度信息的恢复成为可能，为多目标跟踪问题的解决提供了有效的支撑。

4) 摄像机是否运动

根据摄像机是否运动可以将跟踪算法分为静止背景及运动背景下的跟踪。在摄像机静止的情况下，可以对背景进行建模，然后采用背景差分法[29]进行运动目标检测，进而采用数据关联技术对目标进行跟踪。在摄像机运动的情况下，针对特定目标的跟踪，可以通过事先训练得到的分类模型来检测目标，将目标检测-目标跟踪问题融合在一起解决。

5)传感器类型

根据传感器的类型可以将跟踪算法分为可见光图像跟踪和可见光光谱以外的图像跟踪(如红外图像跟踪[30]等)。需要强调的是目标跟踪在雷达、声呐等领域已经具有很长的研究历史，计算机视觉领域中的一些跟踪算法正是从这些领域中借鉴而来的。

6)跟踪处理速度

根据跟踪处理速度可以将跟踪算法分为实时跟踪和非实时跟踪。实时跟踪对算法速度要求很高，主要用在需要系统做出快速反应的场合，例如，在视频监控中当行人在敏感目标附近有异常举动时，监控系统要迅速做出反应。非实时跟踪主要用在视频编辑等领域，如特技制作等。这种应用虽然对于算法的实时性要求不高，但是往往对精度有更高的要求。

1.3 视觉目标检测与跟踪的研究现状

1.3.1 应用前景与研究现状

视觉目标检测与跟踪是计算机视觉领域的经典问题。近年来，该领域日益广泛的应用引起许多国家的高度重视并投入大量资金和科技人员进行研究。随着计算机软硬件性能的不断发展，各种面向复杂应用的目标检测与跟踪系统大量涌现。

在军事及安全领域，鲁棒的人体目标检测算法可用于辅助电子探测设备，自动识别危险人体目标，帮助特种部队及空降兵来探测周边区域的情况，协助保卫军营安全，防止人为的偷袭和破坏等；在民用领域，该技术可用于重点建筑(博物馆、体育场馆、重要桥梁等)及重要地点(核电站、水电站、地铁站、银行等)的安全保卫工作；随着城市规模的扩大，住宅小区逐渐成为安全防范的重点，结合红外/近红外等视频设备，该技术可强化小区安全监控的能力、减少犯罪，从而增强居民的安全感；在智能交通领域，可以及时监控交通事故并可以在十字路口、铁路交叉口等进行自动的行人检测和安全预警；在汽车辅助驾驶系统领域，可以通过车载视频，实时分析路况和检测有威胁的行人目标并根据具体情况对驾驶员进行提醒。

发达国家对视觉跟踪理论的研究起步较早[12,25,26,28]。美国自然科学基金委员会及美国军方对复杂环境下多目标的检测、识别及跟踪算法的研究及其应用非常重视，多次资助有关机构进行相关算法研究。美国国防部(Department of Defense，DoD)、美国国防部高级研究计划局(Defense Advanced Research Project Agency，DARPA)、美国陆军夜视及电子探测设备委员会(Night Vision and Electronic Sensors Directorate，NVESD)、美国陆军 SBIR (U.S. Army Small Business Innovation Research)项目、美国海军水下战事中心(Navy Underwater Warfare Center，NUWC)等部门也先后投入巨资资助该类算法及相关应用的研究并取得了可观的成果。早在 20 世纪 50 年代初期，GAC 公司就为美国海军研制开发出了自动地形识别跟踪系统(Automatic Terrain Recognition and Navigation System，ATRAN)。近几年，自适应跟踪和智能跟踪的思想被相继提出，DARPA 也成立了自动目标识别工作组(the Automatic Target Recognition Working Group，ATRWG)进行目标智能识别和跟踪等相关研究。

当前，国际上大多数计算机视觉领域高级别的学术会议和期刊，如 IEEE International Conference on Computer Vision and Pattern Recognition(CVPR)、IEEE International Conference on Computer Vision(ICCV)、European Conference on Computer Vision(ECCV)、Asian Conference on Computer Vision(ACCV)、International Conference on Pattern Recognition(ICPR)、International Journal of Computer Vision (IJCV)、IEEE Transactions on Pattern Analysis and Machine Intelligence(PAMI)、IEEE Transactions on Image Processing、Pattern Recognition、Image and Vision Computing 等，都将视觉目标检测与跟踪作为主题内容之一。这些期刊和会议论文不仅包含了视觉检测与跟踪领域的最新研究成果，而且还为该领域研究人员提供了广泛的交流机会。

随着计算机视觉技术、机器学习(包括深度学习方法)以及各种图像传感器技术的飞速发展，国内一些高校和科研院所也开展了这方面的研究并积累了丰富的成果[13,31-36]。例如，中国科学院计算技术研究所先进人机通信技术联合实验室对体育视频中的目标分割和跟踪、精彩片断分析等进行了研究；中国科学院自动化所模式识别国家重点实验室图像和视频分析研究组开发了人体运动的视觉分析系统、交通行为事件分析系统、交通场景监控系统和智能轮椅视觉导航系统等；清华大学自动化系开发了具有运动检测、跟踪和全景图生成等功能的适用于自然环境的视觉侦查系统；西安交通大学人工智能与机器人研究所使用光流和帧差两种算法对自适应巡航中的车辆跟踪问题进行了研究。

视觉特征描述的不断增强以及深度学习技术的不断发展使得目标检测与跟踪算法具有了很强的性能，对于固定场景、特定类别的目标检测跟踪性能甚至达到了实用要求。例如，室内人脸目标检测已在很多场合应用，静止背景下监控视频的刚体运动目标检测能够部分替代人工进行目标检索与标定。然而，在开放复杂环境下，绝大多数算法仍不能完全解决由于背景复杂性、目标多样性及目标遮挡等带来的问题，仍然不能满足实际应用对实时性、鲁棒性、准确性的要求。例如，在 1000 万幅图像 200 个类别以上的大规模目标检测识别竞赛上，平均识别准确度尚不足 50%，拥挤场景中的目标跟踪也达不到 50%。如何在复杂背景下，在兼顾速度与精度的同时提高算法的实时性、准确性、鲁棒性仍然具有广阔的研究空间。

1.3.2　视觉目标检测与跟踪研究的难点

视觉目标检测与跟踪依赖于基础理论和算法的提升，也依赖于计算机算法设计和计算机并行计算性能的突破。研究难点总结如下。

(1) 目标特征的表达方式。目前大多数目标检测与跟踪算法都是基于监督学习的方法，即通过对现有样本的训练，让计算机学习到目标的统一表达模式。然而，实际应用中由于目标姿态各异、纹理样式不同、监控角度变化等因素的存在，往往使得训练样本的模式不统一。另外，传统的手工特征设计与表示方法已经无法满足多类别、多样性目标检测跟踪的要求，而通过学习方法(如深度学习)获取的特征表达却依赖于大量的学习样本。

(2) 目标模式的差异性。目标姿态、视角、服饰、形状、长宽比等表观因素的不一致使得目标模式有很大差异，如目标与摄像机之间距离的变化会影响所拍摄目标的尺度和分辨率，在一定程度上改变目标的表观特征，影响检测的精度。

(3) 目标的部分及完全遮挡。遮挡会造成目标部分特征缺失，而这种特征缺失是随机性的，计算机很难捕捉，对此只能依赖未被遮挡的特征信息进行估计。这种信息随机性的缺失对特征的表述及分类方法提出了更高的要求。对于目标的部分遮挡，一些算法提出使用图像分割方法或融合深度信息，但是目前尚不能较理想地解决这一问题。

(4) 背景模式与光照亮度的影响。实际应用中的背景比较复杂，存在形式多样、形态各异的背景，如路边树木、栏杆等。在某些情形下，这些背景中的信息和学习得到的目标的竖直模式比较相似。背景光线亮度变化等干扰信息也会导致同一目标在不同时刻产生明显不同的图像模式。背景模式的变化与光照亮度的影响是实际应用系统中阻碍性能提升的瓶颈之一。

参考文献

[1] Sage K, Young S. Security applications of computer vision[J]. IEEE Aerospace and Electronic Systems Magazine, 1999, 14(4): 19-29.

[2] Takahashi H, Morisawa M, Ohnishi K. Mobility of a mobile robot[C]//the 8th IEEE International Workshop on Advanced Motion Control, 2004: 253-257.

[3] Gaspar J, Winters N, Santos-Victor J. Vision-based navigation and environmental representations with an omnidirectional camera[J]. IEEE Transactions on Robotics and Automation, 2000, 16(6): 890-898.

[4] Brown R A, Zhu H, Mitchell J R. Distributed vector processing of a new local multiscale Fourier transform for medical imaging applications[J]. IEEE Transactions on Medical Imaging, 2005, 24(5): 689-691.

[5] Aoki T, Hidaka G, Murakami T, et al. A tracking control to multiple objects for plural hand-eye systems[C]//Proceedings of 6th International Workshop on Advanced Motion Control, 2000: 1-6.

[6] Tang L, Wu C, Tsui H T, et al. Algorithm for 3D reconstruction with both visible and missing data[J]. Electronics Letters, 2003, 39(23): 1.

[7] Guedj R A. Human-machine interaction and digital signal processing[C]//IEEE International Conference on ICASSP, 1982, 7: 17-19.

[8] 高文, 陈熙霖. 计算机视觉——算法与系统原理[M]. 北京: 清华大学出版社, 2000.

[9] Fung J, Mann S. Computer vision signal processing on graphics processing units[C]//IEEE International Conference on Acoustics, Speech, and Signal Processing, 2004, 5: 93(6).

[10] Chan M, Levitan E, Herman G T. Image-modeling Gibbs distributions for Bayesian restoration[C]//Proceedings of the IEEE Southwest Symposium on Image Analysis and Interpretation, 1994: 7-12.

[11] Roberts L. Machine Perception of Three Electron-optical Information Processing[M]. Cambridge: MIT Press, 1965.

[12] Guzmán A. Decomposition of a visual scene into three-dimensional bodies[C]//Proceedings of the Fall Joint Computer Conference, 1968: 291-304.

[13] Waltz D L. Generating semantic description from drawings of scenes with shadows[D]. Cambridge: Massachusetts Institute of Technology. 1972.

[14] Marr D. 视觉计算理论[M]. 姚国正, 等, 译. 北京: 科学出版社, 1988.

[15] HagaT, Sumi K, Yagi Y. Human detection in outdoor scene using spatio-temporal motion analysis[C]//IEEE International Conference on Pattern Recognition, 2004: 331-334.

[16] Elzein H, Lakshmanan S, Watta P. A motion and shape-based pedestrian detection algorithm[C]// IEEE Intelligent Vehicles Symposium, 2003: 500-504.

[17] Mu Y, Yan S, Liu Y, et al. Discriminative local binary patterns for human detection in personal album[C]// IEEE Conference on Computer Vision and Pattern Recognition, 2008: 1-8.

[18] Wang X, Han T X, Yan S. An HOG-LBP human detector with partial occlusion handling[C]// IEEE International Conference on Computer Vision, 2009: 32-39.

[19] Shet V D, Neumann J, Ramesh V, et al. Bilattice-based logical reasoning for human detection[C]// IEEE Conference on Computer Vision and Pattern Recognition, 2007: 1-8.

[20] Andriluka M, Roth S, Schiele B. Pictorial structures revisited: People detection and articulated pose estimation[C]//Proc. IEEE Conference on Computer Vision and Pattern Recognition, 2009: 1014-1021.

[21] Yilmaz A, Javed O, Shah M. Object tracking: A survey[J]. ACM Computing Surveys(CSUR), 2006, 38(4): 13.

[22] Canny J. A computational approach to edge detection[J]. IEEE Transactions on Pattern Analysis and Machine Intelligence, 1986 (6): 679-698.

[23] Szeliski R, Coughlan J. Spline-based image registration[J]. International Journal of Computer Vision, 1997, 22(3): 199-218.

[24] Haar A. Zur theorie der orthogonalen funktionensysteme[J]. Mathematische Annalen, 1910: 331-371.

[25] Collins R T. Mean-shift blob tracking through scale space[C]//IEEE Computer Society Conference on Computer Vision and Pattern Recognition, 2003, 2: 234-40.

[26] Cuevas E, Zaldivar D, Rojas R. Kalman filter for vision tracking[R]. Berlin: Freie Universität, 2005.

[27] 王建宇. 基于序列蒙特卡罗滤波算法的视觉目标跟踪[博士学位论文]. 哈尔滨: 哈尔滨工业大学, 2006.

[28] Cox L J, Hingorani S L. An efficient implementation of Reid's multiple hypothesis tracking algorithm and its evaluation for the purpose of visual tracking[J]. IEEE Transactions on Pattern Analysis and Machine Intelligence, 1996, 18(2): 138-150.

[29] Heikkila M, Pietikainen M. A texture-based method for modeling the background and detecting moving objects[J]. IEEE Transactions on Pattern Analysis and Machine Intelligence, 2006, 28(4): 657-662.

[30] Yilmaz A, Shafique K, Shah M. Target tracking in airborne forward looking infrared imagery[J]. Image and Vision Computing, 2003, 21(7): 623-635.

[31] Hu W, Xie D, Tan T. A hierarchical self-organizing approach for learning the patterns of motion trajectories[J]. IEEE Transactions on Neural Networks, 2004, 15(1): 135-144.

[32] 夏凡, 王宏. 基于局部异常行为检测的欺骗识别研究[J]. 智能系统学报, 2007: 12-19.

[33] Zhu G, Huang Q, Xu C, et al. Human behavior analysis for highlight ranking in broadcast racket sports video[J]. IEEE Transactions on Multimedia, 2007, 9(6): 1167-1182.

[34] 李力, 王飞跃, 郑南宁, 等. 驾驶行为智能分析的研究与发展[J]. 自动化学报, 2007, 33(10): 1014-1022.

[35] 韩磊. 图像序列中人的行为分析和识别方法[博士学位论文]. 北京: 北京理工大学, 2009.

[36] 韩振军. 视觉目标自适应跟踪算法研究[博士学位论文]. 北京: 中国科学院研究生院, 2011.

第2章　目 标 表 示

本章首先叙述目标的颜色、纹理、形状等经典特征，随后对新兴的深度学习特征进行介绍，最后讲述特征变换与特征选择两种常用的特征降维方法。

2.1　颜 色 特 征

颜色特征是最显著、最可靠、最稳定的视觉特征。颜色与图像中所包含的物体和场景的相关性很高，人们对一幅图像的印象，往往从图像中颜色的空间分布开始。相对于几何特征而言，颜色特征对图像中对象的大小与方向的变化都不敏感，具有相当强的鲁棒性。因此，颜色特征被广泛应用于图像处理和模式识别领域。

2.1.1　颜色空间

颜色空间(color space)指的是用一种客观的方式叙述颜色在人眼中的感觉，通常需要三色刺激值，即需要首先定义三种主要颜色(primary color)，再利用颜色叠加模型来对各种颜色进行描述。颜色空间也称彩色模型、彩色空间或彩色系统。现在采用的大多数颜色空间都是面向硬件或面向应用的。迄今为止，已提出的颜色空间已经有上百种，但大部分只是专用于某一领域。常用的颜色空间有 RGB、CMY、HSV、HSI 等。

RGB 颜色空间是一种加色模型，采用红、绿、蓝 3 种基色合成来形成其空间内的所有颜色。在此空间中，任意一种颜色可表示为

$$C = rR + gG + bB \tag{2.1}$$

式中，系数 r、g、b 分别为三基色中红(R)、绿(G)和蓝(B)的比例系数。各个原色的光叠加在一起能产生复合色。RGB 是依据人眼识别的颜色定义出的空间，可表示大部分颜色。

RGB 颜色模型通常用于彩色阴极射线管和彩色光栅图形显示器，是最通用的面向硬件的彩色模型。计算机、电视机等一般都采用 RGB 颜色空间来进行图像显示。但是，因为颜色细节难以进行数字化的调整，在科学研究中一般不采用 RGB 颜色空间。彩色印刷或彩色打印的纸张是不能发射光线的，因此，印刷行业和彩色打印机只能使用一些能够吸收特定光波而反射其他光波的油墨或颜料来处理颜色。油墨或颜料的三基色是青色(Cyan)、洋红色(Magenta)和黄色(Yellow)，简称 CMY。用

CMY 模型产生的颜色称为相减色，因为它减少了为视觉系统识别颜色所需要的反射光。理论上说，在 CMY 相减混色中，三基色等量相减时得到黑色。但是，由于彩色墨水和颜料的化学特性，用等量的 CMY 三原色得到的黑色不是真正的黑色。因此在印刷术中常加入一种真正的黑色墨水(black ink)，所以 CMY 又写成 CMYK。

HSV 颜色空间是根据颜色的直观特性而创建的一种颜色空间，是一种根据人观察色彩的生理特征而提出的颜色模型。这个模型中颜色的参数是：色调(Hue)、饱和度(Saturation)和明度(Value)。HSI 颜色空间也是从人的视觉系统出发而创建的，用色调、饱和度和亮度(Intensity)来描述颜色。RGB 和 CMY 颜色空间是面向硬件的，而 HSV、HSI 颜色空间是面向用户的。

2.1.2 颜色直方图

针对基于颜色的特征描述，研究者提出了多种方案，如颜色直方图、主色调、颜色矩(color moments)、颜色集(color sets)、聚类、扫描线投影等。其中，颜色直方图是广泛使用的特征。

颜色直方图描述的是图像中每个亮度值的像素数量分布，可以应用于很多场景。例如，在处理遥感图像时，每个波段的颜色直方图能够提供关于原始图像质量的信息，如对比度的强弱、是否为多峰值等。通过标记帧间显著的边缘和颜色的变化，直方图可用于检测视频中场景的变化。颜色和边缘的直方图还可以用来识别网络视频是否被复制等。

颜色直方图中的数值都是统计得到的，描述了图像中关于颜色的数量特征，能够反映图像颜色的统计分布和基本色调。对于包含 n 个像素的图像，可以计算其 B 位(bin)的直方图，其任意的第 b 位的直方图计算公式为

$$H(b)=\frac{1}{n}\sum_{i=1}^{n}\delta_i(b) \tag{2.2}$$

式中，$\delta_i(b)$ 是 0-1 指示函数。当第 i 个像素的颜色值等于 b 时，函数值为 1；否则函数值为 0。

直方图特征只包含了图像中颜色值出现的频数，而丢失了像素的空间位置信息。任一幅图像都能唯一地给出一幅与它对应的直方图，但不同的图像可能有相同的颜色分布，从而就具有相同的直方图，因此直方图与图像是一对多的关系。从另外一个角度来说，图像的旋转不会对直方图产生影响，即直方图具有旋转不变性。图 2.1 给出了一个 24 维的 RGB 颜色直方图示意。

如果将图像划分为若干个子区域，则所有子区域的直方图之和就是全图的直方图。一般情况下，由于图像上背景和前景物体的颜色分布明显不同，所以在直方图上会出现双峰特性，但背景和前景颜色较为接近的图像不具有这个特性。

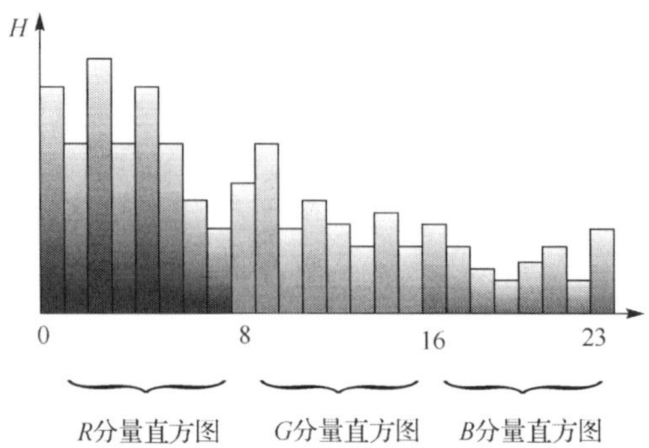

图 2.1　RGB 空间的直方图示意图(其中每个颜色通道提取 8 维颜色直方图)(见彩图)

颜色直方图可以基于不同的颜色空间和坐标系。最常用的颜色空间是 RGB 空间，原因在于计算机中大部分的图像都用这种颜色空间表达。然而，RGB 空间并不符合人眼对颜色相似性的主观判断，因此，有人提出了基于 HSV 等空间的颜色直方图，因为它更接近于人们对颜色的主观感觉。

直方图是对颜色数据的统计。计算颜色直方图需要将颜色空间划分成若干个小的颜色区间，每个小区间成为直方图的一个 bin，这个过程称为颜色量化(color quantization)。然后，通过计算颜色落在每个小区间内的像素数量得到颜色直方图。颜色量化有许多方法，如向量量化方法、聚类方法、神经网络方法等。简单的颜色向量量化是将颜色空间的各个分量(维度)均匀地进行划分。聚类算法考虑了图像颜色特征在整个空间中的分布情况，从而避免了出现某些 bin 中的像素数量过于稀疏的情况，使量化更为有效。另外，如果图像采用 RGB 空间而直方图采用 HSV 空间，则可以预先建立从 RGB 空间到 HSV 空间的查找表(look-up table)，从而加快直方图的计算过程。

上述的颜色量化方法会产生一定的问题。设想两幅图像的颜色直方图形状几乎相同，只是互相错开了一个 bin，这时如果采用 L_1 距离或者欧氏距离计算两者的相似度，则会得到很小的相似度值。为了克服这个缺陷，需要考虑相似但不相同的颜色之间的相似度。一种方法是采用马氏距离；另一种方法是对颜色直方图事先进行平滑过滤，即每个 bin 中的像素对于相邻的几个 bin 也有贡献，这样，相似但不相同颜色之间的相似度对直方图的相似度也有所贡献。

选择合适的颜色小区间(即直方图的 bin)数目和颜色量化方法与具体应用的性能和效率要求有关。一般来说，颜色小区间的数目越多，直方图对颜色的分辨能力越强。然而，bin 数目很大的颜色直方图不但会增加计算负担，还会增大特征的数据量。而且，对于某些应用来说，使用非常精细的颜色空间划分方法不一定能够提高表示效果，特别是对于不能容忍对相关图像错漏的应用。另一种有效减少直方图 bin 数目的办法是只选用那些数值较大(即像素数目较多)的 bin 来构造图像特征，因为这些表示主要颜色的 bin 能够表达图像中大部分像素的颜色。实验证明这种方法并不会降低颜色直方图的表达能力。事实上，由于忽略了那些数值较小的 bin，颜色直方图对噪声的敏感程度会有所降低，特征的鲁棒性更好。

2.2 纹 理 特 征

文献中有很多代表性的纹理特征，如边缘直方图、共生矩阵、局部二值模式(LBP)、小波系数、Gabor 小波系数等。本节介绍最具代表性的 LBP 纹理特征。

局部二值模式是 Ojala 等[1]提出的一种有效的纹理描述方法，该方法通过 LBP 算子来提取灰度图像中局部相邻区域的纹理特征。Ojala 等给出的 LBP 算子形式是一个大小固定为 3×3 矩形块，包含了中心点和周围八个相邻像素的共九个灰度值。计算 LBP 特征值时，将四周邻域的 8 个灰度值与中心像素点的灰度值作比较，大于等于中心灰度值的子块表示为 1，否则表示为 0。然后为各个邻域像素点赋予不同的权值，计算得到的十进制数值作为该 3×3 矩形块的特征值。LBP 算子的特征计算过程如图 2.2 所示。

6	5	2
7	6	1
9	8	7

(a)

1	0	0
1		0
1	1	1

(b)

1	2	4
128		8
64	32	16

(c)

图 2.2 LBP 特征计算示意图

图 2.2(a)是当前算子覆盖区域的灰度值分布图，中心点的灰度值为 6。根据 8 个邻域像素点灰度值和中心点灰度值的大小比较，得到该区域的二值图 2.2 (b)，然后按图 2.2(c)所示为不同邻域像素点赋予不同的权值，即该区域的二进制特征串为 11110001，其对应的十进制数为 241，此即为当前矩形块的 LBP 特征值。

由于所提出的 LBP 算子为固定大小的矩形块，无法提取大尺度结构的纹理特征，Ojala 等对原始 LBP 算子进行了扩展，其基本思想是灰度图像的纹理特征通过灰度的分布来体现。假设 L 是图像的一个区域，则该区域的纹理特征 F_L 可以通过该区域的灰度分布 G 来描述，即

$$F_L = G(g_c, g_0, g_1, \cdots, g_{P-1}) \tag{2.3}$$

式中，g_c 为区域中心点 c 的灰度值，$g_i(i=0,1,\cdots,P-1)$ 为 P 个以中心点 c 为圆心，以 R 为半径的圆周上的等距离分布的邻域像素点的灰度值，不同的 P,R 的取值，对应了不同尺度的 LBP 算子，如图 2.3 所示。

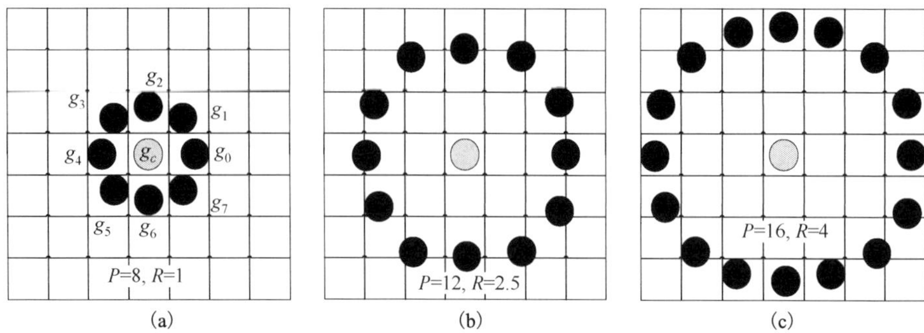

(a)　(b)　(c)

图 2.3　不同 P,R 值的 LBP 算子形式

通常情况下，当前区域所有像素点的灰度值同时增加或减少一个灰度值常数对区域的纹理结构没有影响，因此，该区域的纹理特征可以通过区域灰度分布的另外一种形式来表示，即

$$F_L = G(g_c, s_0, s_1, \cdots, s_{P-1}) \tag{2.4}$$

式中，$s_i = g_i - g_c (i = 0, \cdots, P-1)$ 表示第 i 个邻域像素点和中心像素点的灰度差值。根据 s_i 数值的正负，按下式可以得到二元化的区域纹理特征。

$$s_i = \begin{cases} 1, g_i - g_c \geqslant 0 \\ 0, g_i - g_c < 0 \end{cases} \tag{2.5}$$

假设邻域像素点和中心像素点的灰度差值独立于中心像素点，则 F_L 又可通过式(2.6)近似为

$$F_L = G(g_c) \cdot G(s_0, s_1, \cdots, s_{P-1}) \tag{2.6}$$

式中，$G(g_c)$ 仅反映了区域的灰度(亮度)信息，与纹理特征无关，因此，可把式(2.6)简化为

$$F_L = G(s_0, s_1, \cdots, s_{P-1}) \tag{2.7}$$

为了得到该区域的十进制 LBP 特征值，可以为每一个邻域像素点分配一个权值，则该 LBP 特征值可通过下式计算。

$$\mathrm{LBP}_{P,R} = \sum_{i=0}^{P-1} s_i \times 2^i \tag{2.8}$$

由以上分析可知，利用扩展的 LBP 算子求取一幅图像 LBP 特征的过程，就是将该 LBP 算子作为模板，逐点扫描计算 LBP 特征值的过程，即首先将 LBP 算子在图像上逐点扫描，同时对当前中心点的像素灰度值和其邻域点像素灰度值的大小进行比较：如果邻域像素的灰度值大于或等于当前中心点的像素灰度值，则将该邻域像素的灰度值置为 1，否则置为 0；然后，按逆时针方向读出每个邻域的二进制值，

将该二进制值串转换成十进制数，得到当前矩形块的 LBP 特征值；最后，对扫描区域的全部 LBP 特征值进行统计，以直方图表示区域的纹理特征。

2.3　形 状 特 征

2.3.1　Haar-Like 特征

Haar-Like 特征由 Haar 小波演变而来。Haar 小波的形式见图 2.4；在灰度图像上，其可以表现为图 2.5 所示的“Haar-Like 特征”形式。

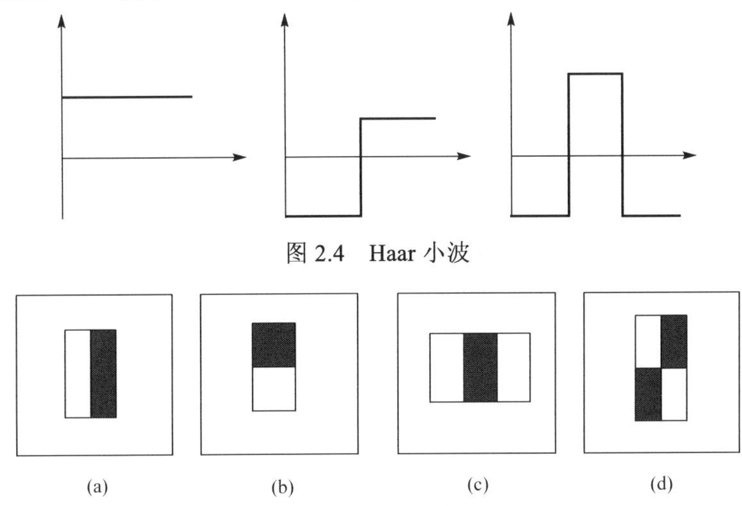

图 2.4　Haar 小波

图 2.5　Haar-Like 特征的提取模板

定义 Haar-Like 特征的特征值等于图 2.5 中黑色矩形框中所有像素颜色值之和减去白色矩形框中所有像素颜色值之和。图 2.5(a) 和 (b) 为两个矩形的特征的提取模板，(c) 为 3 个矩形的特征的提取模板，(d) 为 4 个矩形的特征的提取模板。这些相邻的矩形区域都有相同的大小、形状，以及相同的排列方式。由 2 个矩形所组成的特征的值可以通过对两个矩形区域的所有像素分别求和然后再相减来实现。由 3 个矩形组成的特征的值可以通过使用中间矩形的 2 倍减去两边矩形的和来实现。由 4 个矩形组成的特征的值可以按照对角线的两个矩形相加然后再求差来得到。Viola[2] 等人又对上面基本的 Haar-Like 特征进行了拓展，形成了“拓展的 Haar-Like 特征”，其特征提取模板见图 2.6。

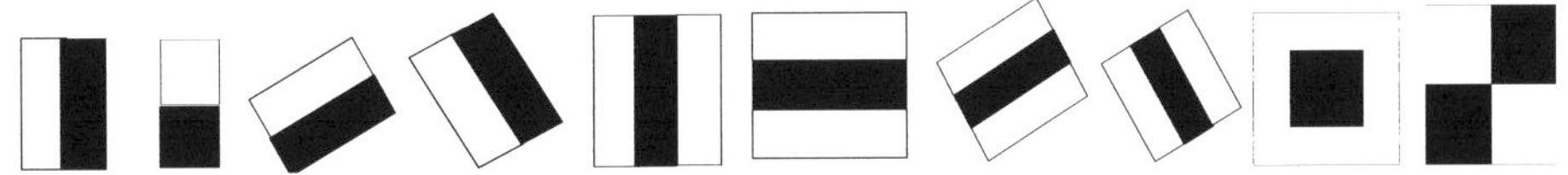

图 2.6　拓展的 Haar-Like 特征提取模板

2.3.2 SIFT 特征

尺度不变特征转换(Scale-Invariant Feature Transform，SIFT)特征是由 Lowe[3] 在 1999 年左右提出的一种图像局部特征，2004 年由其本人进行了完善。该特征对尺度缩放、旋转、亮度变化保持不变性，对视角变化、仿射变换、噪声也保持一定程度的稳定性，成为目标表示的一种非常有效的特征。SIFT 特征提取分为四个步骤：①尺度空间极值检测；②关键点搜索与定位；③方向确定；④关键点描述。下面分别进行阐述。

1) 尺度空间极值检测

当用机器视觉系统分析未知场景时，计算机无法预先获取图像中物体的尺度。因此，我们需要考虑图像在多尺度下的表现以获知对感兴趣物体描述的最佳尺度。如果图像在不同的尺度下都具有相同的关键点，那么在不同尺度的输入图像下就可以使用这些关键点来进行匹配，即所谓的尺度不变性。通过生成尺度空间来创建原始图像的多层表示可以保证图像的尺度不变性。

高斯核是一种可以产生多尺度空间的核，因此，图像的尺度空间 $L(x,y,\sigma)$ 可定义为原始图像 $I(x,y)$ 与一个可变尺度的二维高斯函数 $G(x,y,\sigma)$ 的卷积运算，用公式表示为

$$L(x,y,\sigma)=G(x_i,y_i,\sigma)*I(x,y) \tag{2.9}$$

通常，做高斯卷积后的图像会比原图像平滑但也会模糊，所以高斯卷积又称高斯模糊。

尺度空间极值检测需要首先构建高斯及高斯差分(Difference of Gaussian，DoG)金字塔，再对 DoG 金字塔进行极值检测，初步确定特征点的位置及所在尺度。

为了得到在不同尺度下的稳定特征点，将图像 $I(x,y)$ 与不同尺度下的高斯核进行卷积操作，形成图像高斯金字塔。高斯金字塔里有两个概念：组(octave)和层(level 或 interval)，每组里有若干层。一般选择 4 组，每组有 5 层。下一组的图像由上一组按照隔点降采样得到(见图 2.7)。

第一组的第一层为原图像(为了得到更多的特征点，也可以使用放大 2 倍的原始图像)，将图像做一次参数为 σ 的高斯卷积，得到第一组第二层。然后，将 σ 乘一个比例系数 k 作为新的平滑因子来平滑第一组第二层，得到第三层；重复若干次，得到 L 层，对应的平滑参数为分别为 0，σ，$k\sigma$，$k^2\sigma$，$k^3\sigma$。将最后一幅图像做比例因子为 2 的降采样得到第二组的第一层，然后对第二组的第一层做参数是 σ 的高斯平滑得到第二组第二层，对第二层做 $k\sigma$ 的平滑得到第三层。持续以上操作，形成高斯金字塔。

DoG 算子定义为两个不同尺度的高斯卷积核的差分，具有计算简单的特点，是

归一化高斯拉普拉斯(Laplacian-of-Gaussian，LoG)算子的近似。使用 LoG 能够很好地找到感兴趣的特征点，但是需要使用两个方向的高斯二阶微分卷积核。而 DoG 直接使用高斯卷积核，省去了对卷积核生成的计算量。同时，DoG 可以保留各个高斯尺度空间的图像，保留了 LoG 检测的优点。

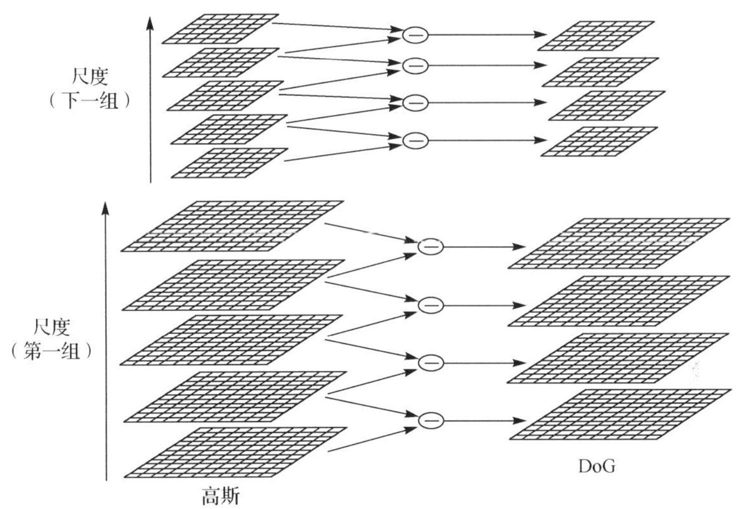

图 2.7 DoG 操作示意图(左图是高斯金字塔，右图是 DoG 金字塔)

为了寻找尺度空间的极值点，每一个抽样点都需要和它所有的相邻点比较大小(最底层和最顶层除外)。图 2.8 给出了在 DoG 图像中寻找极大极小像素点的示例。X 标记当前像素点，其周边的圆圈标记邻接像素点。从图可见，每个点都需要和它同尺度的 8 个领接点以及上下相邻尺度对应的 9×2 个点，即 26 个点进行比较。如果 X 是所有邻接像素点的最大值或最小值点，则它将被标记为特征点。通常对于非极大或极小值点不需要遍历所有 26 个邻接像素点，少数的几个检测就足够将其剔除。

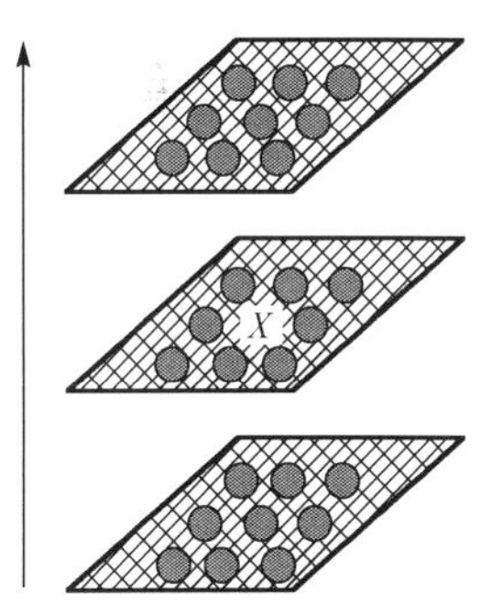

图 2.8 DoG 图像极大极小像素点示意图

2)关键点搜索与定位

经过前面的操作，可以从每组图像中得到 4 幅 DoG 图像。在对中间的两幅 DoG 图像进行极大极小值像素点检测后，可以标记出近似的极大极小值点。之所以说是“近似的”是因为极大极小值点都不会恰巧正好都在像素点的位置上，它们一般位于像素的中间，因此，需要通过插值得到关键点的精确位置。利用 DoG 函数在尺度空间的 Taylor 展开，通过对 x 求偏导并将结果置为零，可以简单地计算出方程的极值，从而得到关键点的精确位置。

3) 方向确定

在特征点附近，创建一个方向收集区域来控制该特征点的影响范围。方向收集区域的大小依赖于它所在图像的尺度，尺度越大，收集区域越大。在方向收集区域中每个像素点的梯度大小和方向用式(2.10)和式(2.11)计算。

$$m(x,y)=\sqrt{(L(x+1,y)-L(x,y))^2+(L(x,y+1)-L(x,y))^2} \tag{2.10}$$

$$\phi(x,y)=\arctan((L(x,y+1)-L(x,y))/(L(x+1,y)-L(x,y))) \tag{2.11}$$

实际计算中，用一个直方图来统计方向收集区域中像素的平均方向。在直方图中，将 360° 的方向分成 36 个位(bin)，每个位包含 10°。例如，方向收集区域中某个像素点的梯度方向是 18.75°，则可将其投影到 10°～19° 位中。

一旦对方向收集区域中的每个像素点都执行了这个操作，则直方图在某个柱上会出现最高峰值。直方图峰值代表了该关键点邻域内图像梯度的主方向，也就是该关键点的主方向。在梯度方向直方图中，当存在另一个相当于主峰值 80%的峰值时，则将这个方向认为是该关键点的辅方向，即某些关键点可能检测到多个方向。Lowe 的论文指出大约有 15%关键点具有多个方向，这些点对匹配的稳定性至关重要。

4) 关键点描述

得到拥有尺度不变性和旋转不变性的特征点后，接下来要为每个特征点创建一个唯一标志，称之为该特征点的 SIFT 描述子(descriptor)。SIFT 描述子既要能保证相同场景中图像特征点的正确匹配，还要尽量正确区分不同场景中图像的特征点。为了得到这样的 SIFT 描述子，将特征点周围 16×16 的窗口分解为 16 个 4×4 的子窗口(图 2.9)，在每个 4×4 的子窗口中，计算出梯度的大小和方向，并用一个 8 位的直方图来统计子窗口的平均方向。

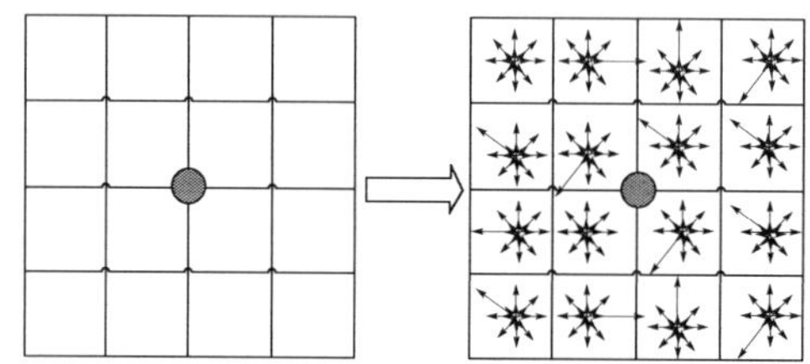

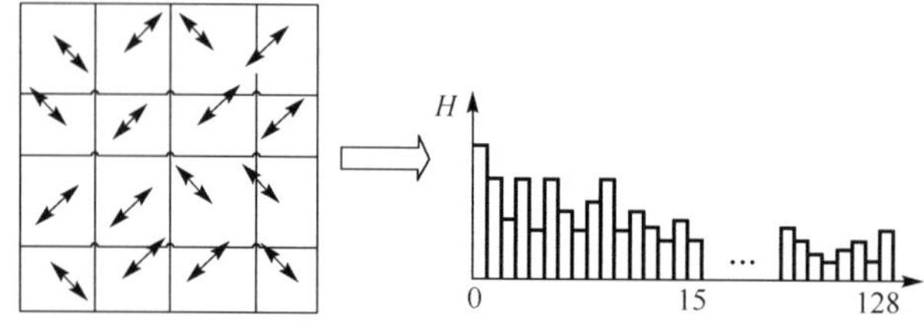

图 2.9　特征点周围的窗口分解与每个子窗口创建的方向直方图表示

梯度方向在 0°～44°范围的像素点被放到第一个位中，45°～89°范围的像素点被放到下一个位中，依此类推。同样加入到位中的量依赖于该像素点梯度的大小。与之前不同的是，加入的量不仅与像素点的梯度大小相关，而且还依赖该点与特征点之间的距离：远离特征点的像素点会加入较少的量到直方图中。这个过程可以通过一个高斯加权函数来实现，该函数生成一个加权值(类似于一个二维的钟形曲线)，用它乘以 16×16 窗口中每个像素点的梯度值，得到加权后的梯度。距离特征点越远，要加入直方图的像素点的梯度值越小。

2.3.3 HOG 特征

HOG 是梯度方向直方图(Histograms of Oriented Gradients)的缩写，由 Dalal 和 Triggs 于 2005 针对人体目标检测问题提出[4]。论文中同时提出了基于 HOG 特征的人体目标检测算法。与 SIFT 特征类似，HOG 特征通过提取局部区域的边缘或梯度的分布来表征局部区域内目标的边缘或梯度结构，进而表征目标的形状。由于是在局部区域统计求得，所以 HOG 特征对小的形变和配准误差有较强的鲁棒性。

在 HOG 特征的提取过程中，将 8×8 个像素作为一个“单元(cell)”，对尺寸为 64×128 的训练样本进行划分，从而将每个训练样本划分为 8×16=128 个单元，如图 2.10 所示。然后，将每相邻的田字形结构的 4 个单元组成一个“块(block)”，通过滑动块得到多组田字形局部区域特征。块一次滑动 8 个像素，因此，一个 64×128 的训练样本便具有 7×15=105 个块。本书对于每个单元都按照 SIFT 的方法，将其中所有像素的梯度方向进行投影，形成每个单元各自的梯度方向直方图。

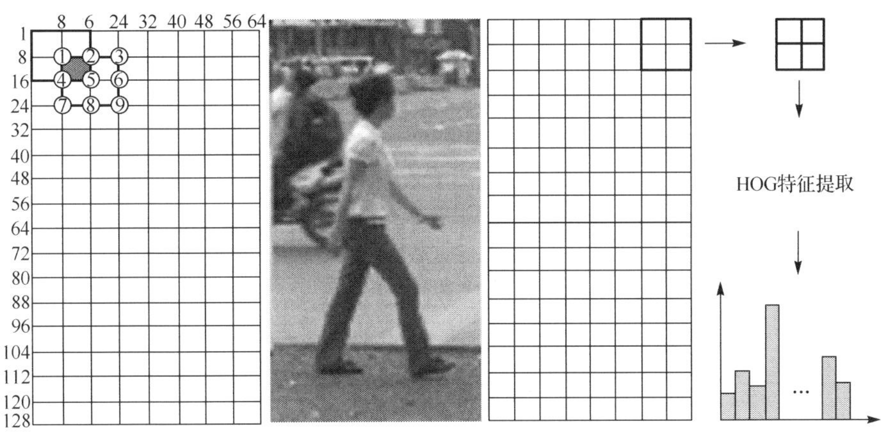

图 2.10 HOG 特征块及特征提取示意图

与 SIFT 不同，这里方向位的数量设定为 9(SIFT 中为 8)，即每 20°一个位；0°～

180°与 180°～360°的方向采用对等角相等的方法进行归类划分。然后，再将每个块中 4 个单元的梯度直方图的数据串联起来。由于每个单元的梯度直方图为一个 9 维的向量，所以每个块可提取一个 36 维向量。再将所有的块(对于 64×128 像素的样本共 105 个块)依次串联起来，便形成了每个图像的 36×105=3780 维特征。

2.4 深度学习特征

如前所述，特征表达是目标检测与识别中一个极为重要的步骤，良好的特征表达能够对检测性能起非常关键的作用。前面介绍了一些代表性的手工设计特征，如 Haar-Like 特征、SIFT 特征与 HOG 特征等。然而，手工设计特征是一件非常费时费力的过程，很大程度上依靠经验和运气，参数的调整也需要大量的时间，所以不能很好地适应不同的检测识别问题。

既然手工选取特征具有这样的局限性，那么，能不能开发一种算法，自动地学习一些特征呢？答案是肯定的。近年兴起的深度学习(deep learning)就是其中的一个方案。一些深度学习算法所采用的无监督特征学习(unsupervised feature learning)更是形象地反映出自动学习的过程，即在特征提取的过程中，人的经验设计不再发挥决定性作用。

认知神经科学、认识心理学等学科的发展让人们认识到了大脑的深度分层结构，也给计算机视觉的发展带来启示。2012 年 6 月，《纽约时报》披露了 Google 大脑项目，受到了广泛关注。该项目是由斯坦福大学 Andrew 教授和大规模计算方面的专家 Jeff 共同主导，用 16 000 个 CPU 的并行计算平台训练出一种称为“深度神经网络”(deep neural networks)的机器学习模型(内部共有 10 亿个节点)，在图像识别等领域获得了成功。负责人 Andrew 称：“我们没有像通常做的那样自己框定边界，而是直接把海量数据投放到算法中，让数据自己说话，系统会自动从数据中学习。”另外一名负责人 Jeff 则说：“我们在训练的时候从来不会告诉机器说，这是一只‘猫’，系统其实是自己学习领悟了‘猫’的概念”。

深度学习的算法可描述如下。假设有一个系统 S，它有 n 层($S_1,\cdots,S_n$)，其输入是 I，输出是 O，可形象地表示为：$I \Rightarrow S_1 \Rightarrow S_2 \cdots \Rightarrow S_n \Rightarrow O$。为了自动地学习特征，针对一系列输入 I(如一个图像集合)，算法通过调整系统 S 的参数，使得它的输出能够近似 I，就可以通过自动学习得到输入 I 的一系列层次特征，即 $S_1,\cdots,S_n$，如图 2.11 所示。其思想就是仿照人脑的深层工作机理，堆叠多个特征提取层，其中一层的输出作为下一层的输入，从而实现对输入信息进行分层表示。

在深度学习中，自动编码器(auto encoder)、稀疏编码(sparse coding)[5]、限制波尔兹曼机(restricted Boltzmann machine)[6]、深度置信网络(deep belief networks)[7,8]与卷积

神经网络(Convolutional Neural Network，CNN)[9]是常用的模型。其中CNN是图像特征提取最常用的模型。下面对CNN深度网络结构和参数学习进行介绍。

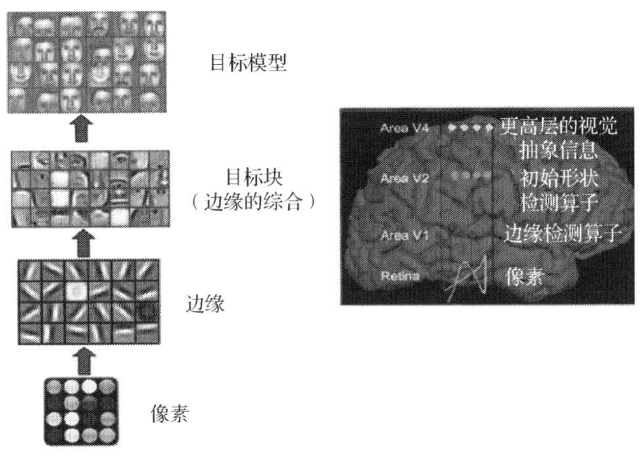

图 2.11　深度特征分层示意图[9](见彩图)

2.4.1　卷积神经网络

1962年Hubel和Wiesel通过对猫视觉皮层细胞的研究,提出了感受野(receptive field)的概念。1984年日本学者Fukushima基于感受野概念提出的神经认知机(neocognitron)可以看做是卷积神经网络的第一个实现,也是感受野概念在人工神经网络领域的首次应用。神经认知机将一个视觉模式分解成许多子模式(特征)，然后进入分层递阶式相连的特征平面进行处理。它试图将视觉系统模型化，使其能够在目标有位移或轻微变形的时候也能完成识别。在CNN中，图像的一小部分(局部感受区域)作为层级结构的最底层输入，依次传输到不同的层，每层通过一个卷积滤波器计算最显著的特征。CNN的每一个特征提取层(称为C-层)都跟着一个对卷积结果图像做下采样的采样层(称为P-层)。采样层能够降低每一层特征的维数，同时，也能够使网络对样本的局部形变具有较高的容忍能力。

CNN的另一个策略是权值共享。CNN来源于经典的人工神经网络(Artificial Neural Network，ANN)，各个节点之间通过权值连接。权值共享类似于生物神经网络，能够降低网络模型的复杂度，减少权值数量。权值共享的优点在网络的输入是图像时表现得很明显，它使图像可以直接作为网络的输入，显著降低了待求网络权值(参数)的个数。图2.12给出了卷积神经网络权值共享的示意图。由于同一个映射面上的神经元共享权值，网络自由参数的个数得以减少，网络参数选择的复杂度也得以降低。

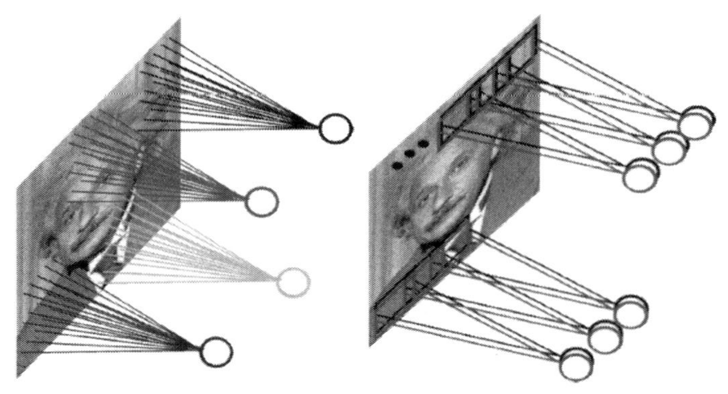

图 2.12　CNN 权值共享示意图(见彩图)

2.4.2　卷积神经网络的结构

如图 2.13 所示，卷积神经网络是一个分层的结构。C 层为卷积层，每个神经元的输入与前一层的局部感受野相连，通过卷积运算提取局部特征。一旦该局部特征被提取后，它与其他特征间的位置关系也随之确定下来；P 层是特征采样层，网络的每个计算层由多个特征映射组成，每个特征映射为一个平面，平面上所有神经元的权值相等。特征映射结构采用 Sigmoid 函数 $f(x)=\dfrac{1}{1+\mathrm{e}^{-x}}$ 作为卷积网络的激活函数，使得特征映射具有非线性。

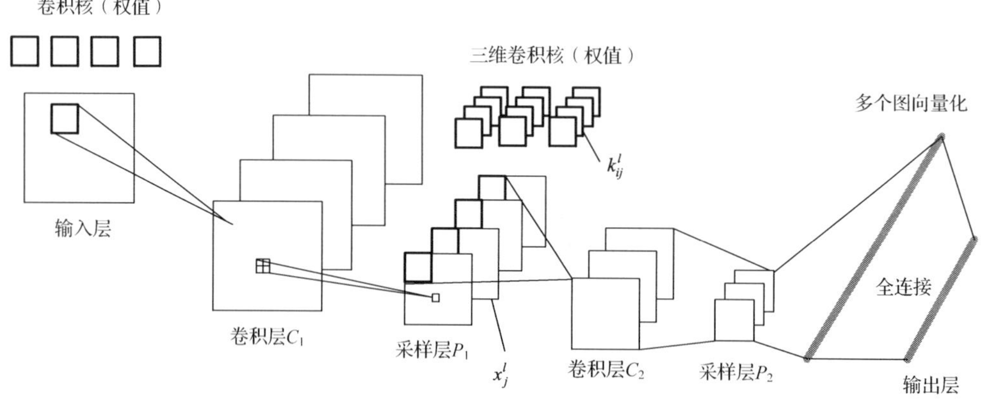

图 2.13　CNN 结构示意图

C_1 与 C_2 是卷积层，P_1 与 P_2 是采样层。输入层的卷积核是二维的，第一个采样层 P_1 的卷积核是三维的

图 2.13 给出一个 CNN 结构的示例。输入图像和四个卷积核(网络权值)卷积，结果通过一个 Sigmoid 函数并加入偏置后得到四个卷积层(C_1 层)图。卷积层的各个图下采样后将结果输入到 Sigmoid 函数，然后加入偏置采样层(P_1 层)的 4 个图。4

个采样层图和 3 个三维卷积核(每个卷积核包含 4 个二维卷积核)卷积，结果输入到 Sigmoid 函数后加入偏置得到四个卷积层(C_2层)图。卷积层的各个图通过一个采样操作，将结果通过一个 Sigmoid 函数并加入偏置采样层(P_2层)的三个图。随后，P_2层各个图的像素值被向量化，连接成一个向量输入到一个传统的全连接层，得到 CNN 的输出。

2.4.3 卷积神经网络的训练

CNN 训练过程的基本流程是一个误差反向传播(Back-Propagation，BP)算法。为了避免 BP 算法陷入局部最优，人们提出使用非监督学习进行权值初始化。然后，以初始化的权值为初值进行 BP 算法，计算最终的权值。当训练数据的规模比较大时，直接使用 BP 算法也能获得很好的结果。以下是直接采用 BP 算法学习 CNN 卷积核(网络权值)的学习过程[10]。

假设 x_j^l 表示第 l 层 $(l=1,\cdots,L)$ 的第 j 个位面，k_{ij}^l 表示第 l 层的第 j 个卷积核的第 i 个位面，b_j^l 表示第 l 层的第 j 个位面的偏置，M_j 表示输入图的位面，$f(\cdot)$ 表示 Sigmoid 函数，则卷积神经网络前向计算时的卷积操作公式可表示为

$$x_j^l = f\left(\sum_{i\in M_j} x_i^{l-1} * k_{ij}^l + b_j^l\right) \tag{2.12}$$

如果 l 是采样层，β_j^l 表示采样率，$\mathrm{down}(\cdot)$ 表示下采样操作，b_j^l 表示偏置量，则对应的采样运算公式为

$$x_j^l = f(\beta_j^l \,\mathrm{down}(x_j^{l-1}) + b_j^l) \tag{2.13}$$

在网络训练过程中，也即误差的后向传播过程中，如果第 l 层为卷积层，BP 算法计算第 l 层的第 j 个位面的反向传播误差计算公式为

$$\delta_j^l = \beta_j^{l+1}(f'(u_j^l)\circ \mathrm{up}(\delta_j^{l+1})) \tag{2.14}$$

式中，u_j^l 表示第 l 层第 j 个位面的输出，$\mathrm{up}(\cdot)$ 表示上采样操作，“$\circ$”运算符表示对应元素相乘。如果第 l 层为采样层，BP 算法要计算第 l 层的第 j 个位面的反向传播误差计算公式为

$$\delta_j^l = f'\left(u_j^l\right)\circ \mathrm{conv2}\left(\delta_j^{l+1}, \mathrm{rot180}\left(k_j^{l+1}\right), \text{'full'}\right) \tag{2.15}$$

其中，$\mathrm{conv2}(\cdot)$ 表示二维卷积运算，rot180 表示对卷积核的 180° 旋转，full 表示卷积时将图像边界补齐。

在给定卷积层与采样层的反向传播误差后，CNN 网络的训练误差 E 与每个卷积核之间的变化关系由下式给出：

$$\frac{\partial E}{\partial k_{ij}^l} = \mathrm{rot180}(\mathrm{conv2}(x_i^{l-1}, \mathrm{rot180}(\delta_j^l), \text{'valid'})) \tag{2.16}$$

式中，valid 表示卷积时只考虑有效像素部分，训练误差 E 表示给定当前卷积核(网络权值)的条件下，网络对训练样本的输出结果与样本真实结果的欧氏距离的差。

最终，以误差传播的形式对卷积核的迭代更新计算公式由下式给出：

$$k_{ij}^{l}(t+1) \leftarrow k_{ij}^{l}(t) + \Delta k_{ij}^{l}(t) \tag{2.17}$$

式中，$k_{ij}^{l}(t+1)$ 表示第 $t+1$ 次迭代的卷积核，$k_{ij}^{l}(t)$ 表示第 t 次迭代的卷积核，$\Delta k_{ij}^{l}(t)$ 表示卷积核的变化率。

在反向误差传播过程中，一般是将训练样本分成多个集合。最终，对应的学习算法是随机梯度下降算法。卷积神经网络的最后一层如果有全连接层，则其前向计算、反向误差传播与普通的 BP 神经网络相同。

2.5 特征选择与降维

由于图像与视频数据的特征表示越来越复杂，描述数据样本中的特征可能需要几千甚至上万维的向量。数据的维度过高会导致所需要的训练样本数目呈指数型增长，即产生模式识别领域定义的“维数灾难”问题。高维特征集合通常存在以下几方面问题：很多特征与给定任务无关，或者与类别仅有微弱的相关度；一些特征间存在强烈的相关性，造成信息冗余；噪声数据的影响等。特征降维(feature dimension reduction)是指根据一定的评估准则进行优化、缩小特征空间，从高维特征集合中选出低维特征集合的过程。它通常是分类问题的预处理步骤，也可以融入到分类的过程之中。通过合适的方法对数据进行降维能够减少冗余性，从而减弱“维数灾难”的影响。从 20 世纪 70 年代开始，特征降维问题开始得到关注。近年来，在许多应用如基因染色体组工程、文本分类、图像检索、消费者关系管理中，数据的实例数目和特征维度都急剧增加，使得大量机器学习算法在可测量性和学习性能方面产生严重问题，对特征降维算法提出了更加严峻的挑战，吸引更多的研究者对特征降维问题进行研究。

2.5.1 特征降维

特征降维常用的两类方法是特征变换和特征选择。特征变换是指将原有特征通过某种线性变换(主成分分析或者线性判别分析)，得到一种低维的新特征，也被称为特征重参数化。特征变换通过将原始特征空间进行变换，重新生成一个维数更小、各维之间更独立的特征空间，然后利用主成分分析、独立成分分析等方法进行特征提取。

特征变换虽然能够降低数据的维数，但却使得特征的理解性变差。因此，研究者又提出了特征选择方法，它是从原始特征集中，按照某种标准选择特征子集，以实现对数据的降维。特征选择方法不仅未改变原始特征的信息，还能使特征易于理解。

本部分介绍两种常用的特征降维方法：主成分分析法和线性判别分析法。

1. 主成分分析

主成分分析法(Principal Component Analysis，PCA)是研究如何以最少的信息丢失将众多原有变量信息浓缩在少数几个维度上(主成分)，并使主成分在一定的程度上复现原有特征所携带的信息的多元统计分析方法。PCA 具有以下四个特点：①主成分个数远远少于原有变量的个数；②主成分能够反映原有变量的绝大部分信息；③主成分之间一般互不相关；④主成分具有实际含义。

设 $\boldsymbol{X}=[X_1,\cdots,X_p]$ 为原始变量，PCA 对 $\boldsymbol{X}^{\mathrm{T}}\cdot\boldsymbol{X}$ 构成的协方差矩阵特征值分解，即求解下式得到系数矩阵 $\boldsymbol{A}$。

$$\boldsymbol{X}^{\mathrm{T}}\cdot\boldsymbol{X}=\boldsymbol{A}\boldsymbol{\Lambda}\boldsymbol{A}^{\mathrm{T}} \tag{2.18}$$

式中，$\boldsymbol{\Lambda}$ 是特征值构成的对角矩阵。

然后利用矩阵 $\boldsymbol{A}$ 对原特征进行线性变换，实现降维。

$$\begin{cases} F_1=a_{11}X_1+a_{12}X_2+\cdots+a_{1p}X_p \\ F_2=a_{21}X_1+a_{22}X_2+\cdots+a_{2p}X_p \\ \cdots\cdots \\ F_m=a_{m1}X_1+a_{m2}X_2+\cdots+a_{mp}X_p \end{cases} \tag{2.19}$$

式中，$F_1,\cdots,F_m$ 为 m 个主成分因子，$F_1=a_{11}X_1+a_{12}X_2+\cdots+a_{1p}X_p$，其方差越大，表示包含的信息越多。$F_1,\cdots,F_m(m\leqslant p)$ 为构造的新变量指标，即原变量指标的第一、第二、…、第 m 个主成分。$F_1=a_{11}X_1+a_{21}X_2+\cdots+a_{1p}X_p$ 是线性组合中方差最大的，其变换系数 $[a_{11},a_{12},\cdots,a_{1p}]$ 对应的特征值也是最大的。任意两位变换后的特征 F_i 与 F_j 互不相关，即 $\mathrm{cov}(F_i,F_j)=0$。

2. 线性判别分析

线性判别式分析(Linear Discriminant Analysis，LDA)，也称为 Fisher 线性判别(Fisher Linear Discriminant，FLD)，是数据降维与分类的经典算法，由 Belhumeur 在 1996 年引入模式识别和人工智能领域。其基本思想是将高维的模式样本投影到最佳判别特征空间，以达到抽取分类信息和降低特征维数的效果。投影后要保证模式样本在新的子空间有最大的类间距离和最小的类内距离，即模式在该空间中有最佳的可分离性。LDA 与前面介绍过的 PCA 都是常用的特征降维技术。PCA 主要针对单类别数据，从特征的协方差角度去找到比较好的投影方式；而 LDA 更多的是考虑了二类以上的分类判别性，希望投影后不同类别之间数据点的距离更大，同一类别的数据点更紧凑。

LDA 的数据降维过程首先要寻找到一个向量 $\boldsymbol{w}$ 。将数据 X 投影到 $\boldsymbol{w}$ 上之后，得到新的数据 Y 。这一过程要同时实现两个目的：①实现投影后的两个类别的距离要比较远(可以用映射后两个类别的均值差的绝对值来度量)；②实现投影后每个类内数据点要比较聚集(可以用投影后每个类别的方差来度量)。

以下以两类数据的 LDA 说明其基本的计算流程。

任一类样本 c 的均值特征计算公式为

$$\mu_c = \frac{1}{n_c}\sum_{x\in X_c} x \tag{2.20}$$

式中，X_c 表示第 c 类样本，n_c 表示 c 类样本的个数。投影后的两类样本均值特征 (μ_1,μ_2) 之间的距离为

$$\|\tilde{\mu}_1 - \tilde{\mu}_2\| = \|\boldsymbol{w}^{\mathrm{T}}\cdot(\mu_1 - \mu_2)\| \tag{2.21}$$

投影后属于任一类 c 的样本的类内方差为

$$\tilde{s}_c^2 = \sum_{y\in Y_c}(y - \tilde{\mu}_c)^2 = \sum_{x\in X_c}\boldsymbol{w}^{\mathrm{T}}(x-\mu_c)(x-\tilde{\mu}_c)^{\mathrm{T}}\boldsymbol{w} \tag{2.22}$$

式中，$\tilde{\mu}_c$ 表示第 c 类样本均值，Y_c 表示第 c 类样本标号。定义总的类内方差

$$S_w = \sum_c\sum_{x\in X_c}(x-\mu_c)(x-\tilde{\mu}_c)^{\mathrm{T}} \tag{2.23}$$

类间距为

$$S_b = (\mu_1-\mu_2)(\mu_1-\mu_2)^{\mathrm{T}} \tag{2.24}$$

则有

$$\tilde{s}_c^2 = \boldsymbol{w}^{\mathrm{T}}S_b\boldsymbol{w} \tag{2.25}$$

为了实现上述类内方差最小、类间距离最大的两个目的，需要最大化以下目标函数：

$$J(w) = \frac{\|\tilde{\mu}_1-\tilde{\mu}_2\|^2}{\tilde{s}_1^2+\tilde{s}_2^2} = \frac{\|\boldsymbol{w}^{\mathrm{T}}(\mu_1-\mu_2)\|^2}{\tilde{s}_1^2+\tilde{s}_2^2} = \frac{\boldsymbol{w}^{\mathrm{T}}(\mu_1-\mu_2)(\mu_1-\mu_2)^{\mathrm{T}}\boldsymbol{w}}{\tilde{s}_1^2+\tilde{s}_2^2} \tag{2.26}$$

根据类内方差与类间距离定义，上述目标函数可转化为

$$J(\boldsymbol{w}) = \frac{\boldsymbol{w}^{\mathrm{T}}S_b\boldsymbol{w}}{\boldsymbol{w}^{\mathrm{T}}S_w\boldsymbol{w}} \tag{2.27}$$

假定目标函数分母 $\boldsymbol{w}^{\mathrm{T}}S_w\boldsymbol{w}=1$ ，可得拉格朗日方程：

$$J(\boldsymbol{w}) = \boldsymbol{w}^{\mathrm{T}}S_b\boldsymbol{w} - \lambda(\boldsymbol{w}^{\mathrm{T}}S_w\boldsymbol{w}-1) \tag{2.28}$$

令 $\frac{\mathrm{d}J}{\mathrm{d}\boldsymbol{w}}=0$，得到 $2S_b\boldsymbol{w}-2\lambda S_w\boldsymbol{w}=0$，进一步可得

$$S_w^{-1}S_b\boldsymbol{w}=\lambda\boldsymbol{w} \tag{2.29}$$

由上式可知 $\boldsymbol{w}$ 就是 $S_w^{-1}S_b$ 的特征向量。按照特征值 λ 的大小对特征向量矩阵 $\boldsymbol{w}$ 进行排序，然后采用如下形式的线性变换即可进行 LDA 的数据降维。

$$Y=\boldsymbol{w}X \tag{2.30}$$

2.5.2　特征选择

1. 特征选择的定义

特征选择最早的研究始于 20 世纪 60 年代，当时的范围主要涉及统计学和信号处理等领域，所面临的特征维数并不高，维数灾难现象也不是很明显。随着大规模数据的出现和机器学习的发展，特征选择问题受到学者们的日益关注。

目前，特征选择还没有比较统一的数学定义，这是因为特征选择需要与具体的应用背景和研究问题相结合。针对不同的问题，如分类、回归等，特征选择可笼统地理解为：在满足一定的准则下，寻找原始特征集中“最好”的某一特征或者某一特征子集。从而可以看出，特征选择的本质是对原始特征进行排序或者加权，使最重要的特征排在前几位(权重很大)。特征选择的目的主要有三个：①改进分类器的预测性能；②对特征的生成过程有更好的认识；③减少存储空间的使用和计算成本，提高预测速度。

特征选择算法的实现一般需要四个要素：原始样本集、搜索策略、评价函数和终止条件。特征选择算法首先需要输入原始样本、特征维数等信息；然后根据某种搜索策略，寻找候选特征子集，并判断该特征子集是否能使评价函数的性能有所改进；最后，与终止条件进行比较，判断是否获得了最优解，从而决定是否执行下一步的方案。特征选择算法的流程图如图 2.14 所示。

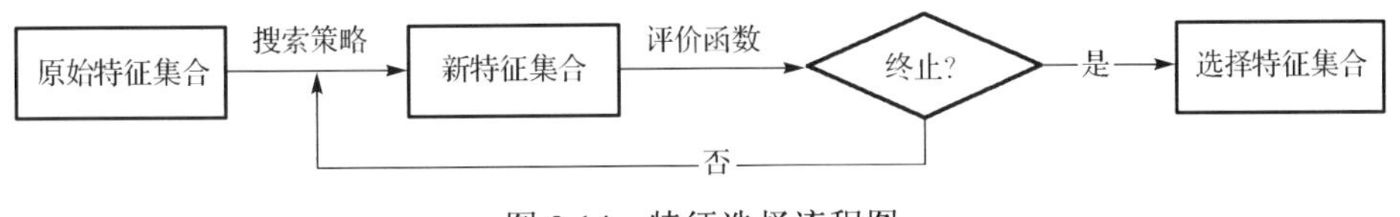

图 2.14　特征选择流程图

下面重点介绍特征选择算法的搜索策略和评价函数这两个基本要素。

1) 搜索策略

根据不同的搜索方向，可以得到不同的搜索策略。搜索方向主要有：前向搜索、后向搜索、双向搜索和随机搜索等。前向搜索是指在当前特征子集的基础上，增加

一个或多个新的特征；后向搜索是指删除当前特征集中的一个或多个特征；双向搜索是指先删除一些特征，再增加若干个新的特征；随机搜索是指依据概率分布，随机地选择一个或者多个特征。根据上述的几种搜索方向，特征选择的搜索策略大致分为以下三大类。

(1) 全局最优搜索策略：从全局的角度，选择最优的特征子集。典型的代表方法有枚举法和分支界定法。枚举法是从当前候选子集出发，采用逐一举例法访问搜索空间中的所有状态以找到最优子集。理论上，给定一个原始特征集和评价函数，枚举法可以找到最优的特征子集。这种方式的不足是计算成本比较高。分支界定法[11]利用评价函数的单调性，以树状结构的形式对搜索空间进行划分。树中的每个节点对应一个候选子集，若某节点的评价函数值小于当前候选集的值，则将该节点及其子节点集删除。对其他节点，重复以上过程，直至获得最优解。这种方法比枚举方法效率略高。

(2) 序列搜索策略：顺序地向当前特征子集中添加或者删除某些特征，从而迭代地搜索满足终止条件的特征子集。该策略的典型代表方法有顺序前向搜索、顺序后向搜索等。在该策略中，某些特征一旦被添加到当前特征子集，或者从子集中被删除后，就不再考虑对该特征进行任何操作，因此，序列搜索策略容易陷入局部极值。为解决此问题，研究人员提出了双向增减搜索法，即搜索方向不再是单向的，而是可以根据评价函数灵活地增减。增 m 减 n 搜索法就是这样的一种算法，其缺点在于 m 和 n 的大小难以确定。为克服此缺点，John 等提出了顺序浮动搜索算法[12]。该算法可以浮动地改变 m 和 n 的值，减少不必要的回溯并在需要时增加回溯的深度。后来，Kudo 等提出了自适应浮动搜索算法[13]，根据当前特征子集大小来控制搜索空间的大小。自适应的浮动搜索减小了算法陷入局部最优的可能性。

(3) 启发式搜索策略：在搜索特征子集时，使用启发式算法选择特征，并以一定的概率使选择的特征进入候选特征子集。典型的代表算法有遗传搜索、模拟退火搜索等。由于遗传搜索具有速度比较快、不易陷入局部最优解等优点，在特征选择算法中得到比较广泛的应用。该算法的不足是理论上不能保证找到最优解。模拟退火搜索算法由于存在计算量较大，初始温度及迭代次数等参数值难以确定等因素，使得它的应用不是很多。根据文献[13]的实验结果，在以上搜索算法中，自适应浮动搜索和遗传搜索是性能较好的两种搜索算法。

2) 评价函数

评价函数是指能够区分特征“好”、“坏”的度量函数。特征选择算法需要依照评价函数的某种优化准则在原始的特征集中挑选特征，即评价函数决定保留哪些特征，抛弃哪些特征。

常见的优化准则如下：

(1) 从原始特征集中找到某个特征子集，使得评价函数的值达到最优；

(2) 在评价函数值大于某一给定阈值的条件下，寻找一个最小特征子集；

(3) 从原始特征集中寻找一个最小特征子集，同时使得评价函数的值尽可能最优。

评价函数的定义是特征选择的重要因素。例如，上述三种准则就体现了不同的特征选择规则。

下面简单介绍几种常见的评价函数。

(1) 距离度量函数。

距离度量函数利用统计模式识别中一些常见的距离度量方式作为评判标准。根据是否引入随机因素，距离度量函数大体可分为确定距离度量函数和概率距离度量函数。确定距离通常指欧氏空间中的距离，如欧氏距离和马氏距离等；概率距离是指引入概率形式来衡量距离的方式。

常见距离度量函数见表 2.1。

表 2.1 距离度量函数

距离类别	距离名称	公式
确定距离	欧氏距离	$d(x_i,x_j)=\sqrt{\sum_k (x_{ik}-x_{jk})^2}$
	马氏距离	$d(x_i,x_j)=(x_i-x_j)^{\mathrm{T}}\boldsymbol{C}^{-1}(x_i-x_j)$ （其中，$\boldsymbol{C}$ 为协方差矩阵）
	Chebychev 距离	$d(x_i,x_j)=\lvert x_{ik}-x_{jk}\rvert$
概率距离	Bhattacharyya 距离	$d=-\ln\int_x p(x\mid Y_i)^{1-s}p(x\mid Y_j)^s\mathrm{d}x$ （其中，p 表示概率）
	Kolmogorov 距离	$d=\int_x (p(x\mid Y_i)-p(x\mid Y_j))\mathrm{d}x$

(2) 一致性度量函数。

给定两个样本，若它们的特征值均相同，其类别标号也相同，则称它们是一致的；否则称为不一致。样本集合的不一致性是指该数据集中不一致的样本数与样本总数之间的比例。一致性度量利用样本集合的不一致性反映特征的重要程度。如果去除某一特征后，数据集的不一致性明显增大，那么就认为该特征很重要，否则认为它不重要。一致性度量函数的优点是能获得一个较小的特征子集，其不足是对噪声数据敏感，且只适合离散特征。

(3) 相关性度量函数。

相关性度量利用类别与特征之间的统计相关性质来度量特征的重要程度，即如果已知两个变量是统计相关的，那么就可以利用其中一个变量的值来估计预测另一个变量的值。目前，常用统计相关系数，如 t 检验、Pearson 相关系数、Fisher 分数（表 2.2）等，来表达特征相对于类别可分离性的重要程度。

表 2.2　相关性度量函数

相关度量函数	公式
Pearson 相关系数	$r=\mathrm{cov}(X_i,Y)\Big/\sqrt{\mathrm{var}(X_i)\,\mathrm{var}(Y)}$
Fisher 分数	$\mathrm{Fisher}(x_k)=\sum_i n_i(m_k^i-m_k)^2\Big/\sum_i n_i(\sigma_k^i)^2$

(4) 信息度量函数。

信息度量主要利用信息熵、信息增益、互信息等手段量化特征的不确定性程度，进而判定其包含的信息含量。信息度量的优点在于它是一种无参数的、非线性的度量，且它不需要预先知道样本的分布。由于上述优点，信息度量函数在特征选择算法中得到了广泛关注。表 2.3 给出了一些常见的信息度量函数的表示形式。

表 2.3　信息度量函数

信息度量名称	公式
信息熵	$H(x_i)=\sum_k p(x_{ik})\log_2 p(x_{ik})$
互信息	$\mathrm{MI}(x_i,y)=\sum_{x_i}\sum_y p(x_i,y)\log_2[p(x_i,y)/p(x_i)p(y)]$
信息增益	$\mathrm{IG}(X)=-\sum_y p(y)\log_2 p(y)-\sum_x\left[p(x)\sum_y p(y\mid x)\log_2 p(y\mid x)\right]$

(5) 误差度量函数。

特征选择的目的之一是期望选择后的特征能够提高学习算法的性能，而该性能一般由误差函数来体现。针对分类问题而言，分类误差是衡量特征选择算法优劣的标准之一。目前，有许多特征选择算法直接采用分类误差来衡量特征的重要性，如 Stoppiglia 等[14]提出使用均方误差准则作为分类误差函数，通过前向搜索逐步添加能够使误差函数改变最多的特征。Huang 等[15]使用遗传搜索与互信息熵结合的封装式算法获取特征子集，并能明显提高分类模型的分类性能。近年来人们广泛采用 Boosting 算法进行特征选择，并采用重采样前向搜索策略和误差最小为评价函数。

2. 特征选择的分类

根据特征选择与学习算法的结合方式，特征选择算法大体上可以分为三类：过滤式 (filter)、封装式 (wrapper) 和嵌入式 (embedded)。

1) 过滤式特征选择

过滤式特征选择[16]的评估标准独立于学习算法，直接对数据集本身进行处理，未考虑和学习算法相关的信息。一般来说，相关度较大的特征或者特征子集会以较高的概率提高学习算法的精度，因此，该算法通常选择与评价函数相关度大的特征或者特征子集。过滤式特征选择的评估方法很多，如距离度量、信息增益、相关性以及不一致性等(即前面评价函数中所介绍的度量准则)。因为运行效率较高，过滤式特征选择适用于大规模数据集。但 Kohavi 等[11]指出因为其脱离了学习算法的信息，因此找到的特征不一定能改进学习算法的性能。

2) 封装式特征选择

封装式特征选择由 John 等提出[11]，其核心思想是：如果特征选择不与学习算法相结合(如过滤式特征选择)，那么在特征选择之后，仍然会产生和学习算法无关的冗余信息。同时，不同学习算法对特征子集有着不同的要求，因此，应该以学习算法性能作为特征评价的标准。在此算法中，学习算法被看成是一个黑盒子，特征选择的标准是算法的分类性能(针对分类问题而言)，一般通过交叉验证的方法观察分类器的性能。

封装式特征选择算法并未涉及学习算法的具体细节，如目标函数的形式等，它的处理方式只看当前候选特征子集对算法性能的改进，对学习算法则没有任何限制。因此，封装式特征选择方法比较简单、通用。

3) 嵌入式特征选择

嵌入式特征选择是指将特征选择过程作为学习算法的某个组成部分嵌入到学习算法里。嵌入式特征选择算法提出的较早，例如，在决策树训练中，Breiman 提出的 CART 算法和 Quinlan 提出的决策树与 bagging 和 Boosting 相结合的算法均采用了这类方法。这些算法在每一个节点均选择分类能力最强的特征，然后基于选中的特征进行子空间分割；继续此过程，直到满足终止条件。可见，决策树生成的过程也就是特征选择的过程。

一些嵌入式特征选择方法通过估计目标函数值的改变来指导变量在特征空间的移动。也有研究人员采用有限差分方式，观察线性 SVM 目标函数值的改变，从而指导向量的特征选择。

3. 稀疏性降维与特征选择

范数是某种距离度量。1 范数是 p 范数中的一种，常见的范数还有 2 范数、0 范数等。某一向量的 1 范数是指向量中每一分量的绝对值之和。早在范数理论创建之初，许多数学爱好者就对 1 范数的性质进行了分析，但是一直未受到重视。在实际应用中 2 范数一直都受到学者的青睐，原因在于 1 范数的连续但非光滑性质使得其求解算法比较复杂。直到近年来稀疏表示问题的产生以及压缩感知理论在信号处理领域中的出现，1 范数才因其优良的性质而得到研究者的青睐。压缩感知理论中最早考虑使用 0 范数去重构信号，但由于 0 范数的求解是 NP-hard 问题，所以该理论使用 1 范数来代替 0 范数，而且在理论上已经证明 1 范数可以作为 0 范数的一个近似估计。

此外，在模式识别领域，很多学者应用 1 范数的稀疏特性去判别分类，比较典型的应用有图像重建、人脸识别、图像对齐等。Wright 等[17]提出的 SRC(Sparse Representation Classification)算法是关于 1 范数在模式识别领域应用的较早的文献之一。该算法使用 1 范数最小化的稀疏表示来识别人脸。人脸识别问题是一个多类回归问题,约束方程假设一个测试样本 y 可以由训练样本集 A 进行线性的稀疏表示,目标函数是稀疏系数向量 $\boldsymbol{x}$ 的 1 范数最小化。SRC 算法使用 1 范数的目的是希望这种线性表示尽可能的稀疏,最后根据重构误差最小来选择有效特征,实现对目标的识别。其特征选择的目标函数为

$$\min_{x}\|\boldsymbol{x}\|_1, \quad \text{s.t.} \quad y = A\boldsymbol{x} \tag{2.31}$$

假设有 k 类不同样本,同一个目标在不同环境、不同光照下的图像构成一个样本特征集合 A_i,所有目标构成训练样本特征集合 $A=[A_1,A_2,\cdots,A_k]\in\mathbf{R}^{m\times n}$,考虑到噪声与误差的影响,上述优化模型可等价写成:

$$\tilde{x}=\arg\min_{x}\|\boldsymbol{x}\|_1, \quad \text{s.t.}\|A\boldsymbol{x}-y\|\leqslant\varepsilon \tag{2.32}$$

最后计算残差 $r_i(y)=\|y-A\delta_i(\tilde{x}_1)\|_2$,残差最小的标号就是测试样本 y 的类别。

$$\text{class}(y)=\arg\min_{i} r_i(y) \tag{2.33}$$

式(2.32)的本质是通过稀疏表示来实现对特征的选择。与上述直接的特征集合选择不同,基于稀疏的特征选择是通过特征集合 A 与稀疏系数向量 $\boldsymbol{x}$ 的乘积实现的。稀疏系数向量 $\boldsymbol{x}$ 中非零元素对应的特征为选择的特征。

受到稀疏特征选择的启发,本书研究基于 1 范数最小化的特征选择与分类问题。结合 1 范数的稀疏性设计检测模型,得到权重向量以及一个人体训练样本的加权特征向量(即权重与目标样本向量的相应维度进行乘积,得到一个同样维度的向量,称为加权特征向量)。当设定一个阈值时,加权特征向量中多数都小于这个给定的阈值,大于阈值的少数是主要成分,这一稀疏表示过程可以视为特征选择的过程。总之,稀疏表示特征选择的作用是去除冗余信息,从而消除遮挡和噪声对目标表示的影响。

参 考 文 献

[1] Ojala T, Pietikäinen M, Mäenpää T. Multiresolution gray-scale and rotation invariant texture classification with local binary patterns[J]. IEEE Transactions on Pattern Analysis and Machine Intelligence, 2002, 24(7): 971-987.

[2] Viola P, Jones M J. Robust real-time face detection[J]. International Journal of Computer Vision, 2004, 57(2): 137-154.

[3] Lowe D G. Distinctive image features from scale-invariant keypoints[J]. International Journal of Computer Vision, 2004, 60(2): 91-110.

[4] Dalal N, Triggs B. Histograms of oriented gradients for human detection[C]// IEEE Computer Society Conference on Computer Vision and Pattern Recognition, 2005, 1: 886-893.

[5] Lee H, Battle A, Raina R, et al. Efficient sparse coding algorithms[C]//Advances in Neural Information Processing Systems, 2006: 801-808.

[6] Hinton G E, Salakhutdinov R R. Reducing the dimensionality of data with neural networks[J]. Science, 2006, 313(5786): 504-507.

[7] Hinton G E. Training products of experts by minimizing contrastive divergence[J]. Neural Computation, 2002, 14(8): 1771-1800.

[8] Hinton G E, Osindero S, Teh Y W. A fast learning algorithm for deep belief nets[J]. Neural Computation, 2006, 18(7): 1527-1554.

[9] LéCun Y, Bottou L, Bengio Y, et al. Gradient-based learning applied to document recognition[J]. Proceedings of the IEEE, 1998, 86(11): 2278-2324.

[10] Bouvrie J. Notes on Convolutional Neural Networks[R]. Cambridge: Massachusetts Institute of Technology, 2014.

[11] Kohavi R, John G H. Wrappers for feature subset selection[J]. Artificial Intelligence, 1997, 97(1): 273-324.

[12] John G H, Kohavi R, Pfleger K. Irrelevant features and the subset selection problem[C]//Proceedings of the Eleventh International Conference on Machine Learning, 1994: 121-129.

[13] Kudo M, Sklansky J. Comparison of algorithms that select features for pattern classifiers[J]. Pattern Recognition, 2000, 33(1): 25-41.

[14] Stoppiglia H, Dreyfus G, Dubois R, et al. Ranking a random feature for variable and feature selection[J]. The Journal of Machine Learning Research, 2003, 3: 1399-1414.

[15] Huang J, Cai Y, Xu X. A hybrid genetic algorithm for feature selection wrapper based on mutual information[J]. Pattern Recognition Letters, 2007, 28(13): 1825-1844.

[16] Forman G. An extensive empirical study of feature selection metrics for text classification[J]. The Journal of Machine Learning Research, 2003, 3: 1289-1305.

[17] Wright J, Yang A Y, Ganesh A, et al. Robust face recognition via sparse representation[J]. Pattern Analysis and Machine Intelligence, IEEE Transactions on, 2009, 31(2): 210-227.

第 3 章　目标检测方法

3.1　运动目标检测

3.1.1　基本概念

运动目标检测是指在序列图像中检测出变化区域并将运动目标从背景中提取出来的过程。根据摄像头是否保持静止，目标检测可分为静态背景下和运动背景下的检测两类。由于在通常情况下，目标分类、跟踪和行为理解等后续处理过程仅仅考虑对图像中对应于运动目标像素区域的处理，因此，运动目标检测对于后续处理至关重要。由于场景的动态变化，如天气、光照、阴影及背景干扰等的影响，运动目标的检测有时非常困难。

由于大多数视频监控系统的摄像头是固定的，因此，静态背景下的运动目标检测算法受到广泛关注。常用的方法有帧差法、光流法、背景减除法等。

在介绍方法之前，首先介绍几个基本概念。

1) 时间序列图像

为了观察物体的运动，人们将摄像机放置在某一位置上对运动物体进行拍摄。拍摄到的一系列图像称为时间序列图像或者运动图像。

2) 运动物体特征

任何一个运动物体都有其自身的特征，如一些尖锐点、边缘直线、边缘曲线等，它们分别称为特征点、特征直线、特征曲线等。物体在空间运动时，只要是在观察者的可视范围内，物体上的特征就均可在视频图像上反映出来。也就是说，可以通过运动物体的特征来观察分析物体的运动。

3) 投影图像

某一时刻拍摄到的图像称为投影图像。投影图像可以理解为某一时刻运动物体在图像平面上的投影，显然，视频序列就是一系列的投影图像。不同时刻拍摄到的投影图像中，运动物体的投影坐标是不同的。运动分析与估计的研究内容就是测量和计算投影坐标在图像平面上的变化，用以分析运动物体的结构及估计物体的运动参数。

下面介绍静态背景下常用的几种动态目标检测方法。

3.1.2　帧差法

帧差法(也称序列差分法、帧间差分法)是最为常用的静态背景运动目标检测和分割方法之一。在摄像机视场中的环境亮度变化不大的情况下，相邻帧的背景由于相似度高，通过差分运算基本上可以相互消除，而相邻或相近两帧在运动目标出现的区域有较明显的差别，因此对图像序列相邻两帧或三帧之间采用基于像素的时域差分可以提取出运动区域。

将相邻(或相近)两帧图像对应点像素值相减可得到差分图像。如果某点像素值变化小于事先确定的阈值，就将此点标记为背景像素；如果某点像素值变化大于事先确定的阈值，就将此点标记为前景像素。利用标记的前景像素点可以确定运动目标在图像中的位置。

帧差法的形式化描述如下：

$$D_n(x,y)=|I_n(x,y)-I_{n-k}(x,y)| \tag{3.1}$$

$$\mathrm{BW}_n(x,y)=\begin{cases}1, & D_n(x,y)\geqslant T\\0, & D_n(x,y)<T\end{cases} \tag{3.2}$$

式中，$I_n(x,y)$表示第n帧图像像素点(x,y)的像素值，$k\in(1,2,3,\cdots)$是预先设定的帧间隔；$D_n(x,y)$表示第n帧和$n-k$帧之间对应像素值的差值；$\mathrm{BW}(x,y)$表示二值图像。当序列图像中目标运动缓慢时，可以设置较大的间隔k，当k设为1时，即为严格意义上的相邻帧间差分。

按照帧差法原理，在做差的两帧图像的背景区域，背景会相互消除，而在目标存在的区域，实际上进行了两种差分：目标与背景的差分和目标与目标不同位置的差分，见图3.1。

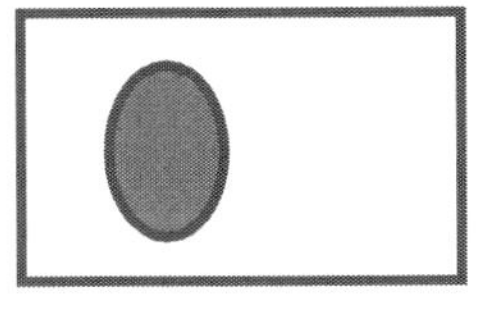

(a) 参考图帧

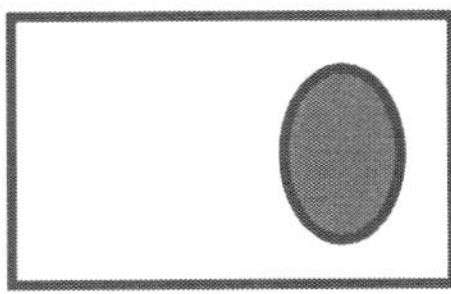

(b) 运动图帧

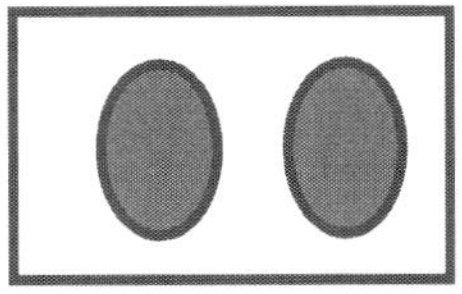

(c) 帧差图

图3.1　帧间差分原理示意图

帧差法实现简单，算法复杂度低，实时性好。由于相邻两帧间的时间间隔非常短，背景部分往往变化不大，差分运算时一般能够消除，从而能避免背景的某些变化而引起的误差，使算法对场景的光线不太敏感，适应光照等变化较频繁的环境因素，具有较好的稳定性。用前一帧图像作为当前帧的背景模型具有较好的实时性。

帧差法的不足在于对环境噪声较为敏感，阈值的选择相当关键，选择过低不足以抑制图像中的噪声，过高则忽略了图像中目标的变化。另外，在运动目标运动缓慢时，容易在物体内部产生“空洞”现象，如图 3.2 所示。

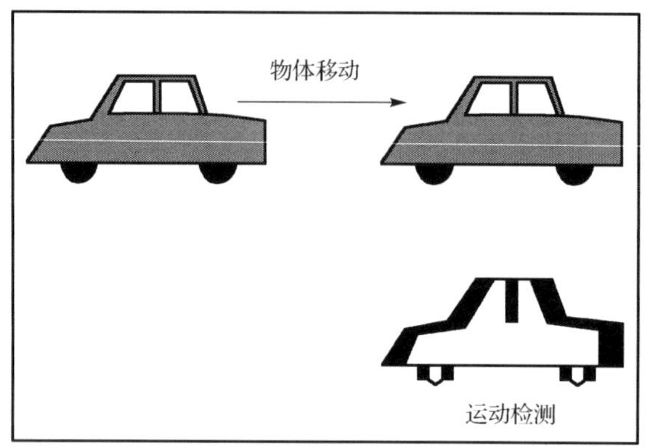

图 3.2　帧间差分法中的“空洞”现象

可见，帧差法往往不能检测到对象的完整区域。极端情况下，当目标运动非常缓慢，甚至可以看成静止时，两帧中目标位置几乎相同，帧差法将得不到目标。帧差法使用时，往往与背景差分相结合或使用三帧差分来获得更好的效果，在此不再累述。

3.1.3　背景减除法

1. 概述

背景减除法是一种有效的运动目标检测算法。该方法实现简单，适用于摄像机静止的场景，在视频监控领域应用较广。其基本思想是利用背景的参数模型来近似背景图像的像素值，将当前帧与背景图像进行差分比较来实现对运动区域的检测。其中区别较大的像素区域则认为是运动区域，而区别较小的像素区域则认为是背景区域。

实现背景减除，必须首先建立背景模型，且背景图像必须是随着光照或外部环境的变化而实时更新的。因此，背景减除法的关键是背景建模及其更新。背景模型应该对不同场景的动态变化具有自适应性，从而减少动态场景变化对运动目标检测的影响。

目前常用的背景建模方法可以概括为非回归递推类算法和回归递推类算法两类。非回归递推类算法动态地利用从某一时刻开始到当前一段时间内的观测数据作为样本来进行背景建模。这类算法包括最简单的帧间差分、中值滤波、基于缓存样本像素来估计背景模型的线性滤波器等，它们利用一段时间的历史数据来计算背景像素密度的非参数模型。回归递推类算法在背景估计中无需维持保存背景估计帧的缓冲区，它们通过回归的方式基于输入的每一帧图像来更新背景模型。这类方法包括广泛应用的线性卡尔曼滤波法与混合高斯模型等。

用 $B(x,y)$ 代表背景灰度图像，$C(x,y)$ 代表当前帧图像，$D(x,y)$ 表示差分图像，$\mathrm{BW}(x,y)$ 表示二值图像，T 表示阈值，则背景差分过程可表示为

$$D(x,y)=\left|C(x,y)-B(x,y)\right| \tag{3.3}$$

$$\mathrm{BW}(x,y)=\begin{cases}1, & D(x,y)\geqslant T\\ 0, & D(x,y)<T\end{cases} \tag{3.4}$$

在实际的场景中，背景差分的计算过程可描述如下：首先选取无目标情况下摄像机采集到的一帧或几帧图像的均值作为背景；然后把采集到的当前帧和背景图像做差分，消除相同的背景区域；接着选择合适的阈值，对差分结果进行二值化，检测出有变化的区域；最后，对目标区域进行判定，得到运动目标。原理示意见图 3.3。

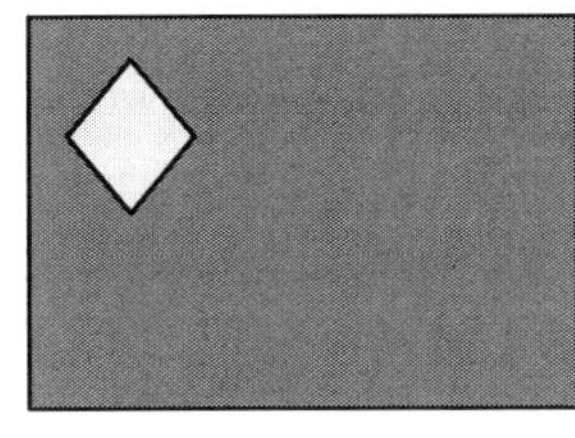

(a) 背景图

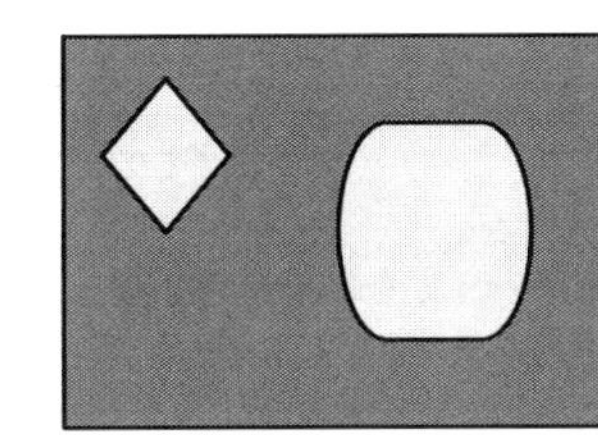

(b) 运动图

(c) 差分图

图 3.3　背景减除原理示意图

背景减除法在实时视觉跟踪系统中应用广泛。其原理和算法设计简单，可以根据实际情况确定阈值，所得结果能够直接反映运动目标的位置、大小、形状等信息，能够得到比较精确的运动目标信息。但是，该方法受光线、天气等外界条件变化的影响较大，对背景的依赖性较高。由于背景的建立时间和当前检测图像往往有一定时间间隔，当环境光线等发生变化时，当前图像的背景部分往往相比于建立的背景模型发生了很大变动，从而使大量的背景被认为是前景目标，影响了检测效果。另外，算法需要人为设定二值化阈值。此阈值的确定依赖具体的情况，没有统一的设定方法。由于阈值的选择对于检测又至关重要，因此，对系统的自动化和环境适应能力有很大影响。为了进一步对背景像素的颜色分布建模，人们提出了单高斯背景建模算法和混合高斯背景建模算法。

2. 单高斯模型背景建模

单高斯模型的本质是统计建模方法，算法假设背景的每个像素值都服从该分布。开始时需要采用一定数量的视频帧对背景进行初始化，当背景收敛后，可以利用此

模型对运动目标进行检测。如果视频帧中某点的像素值与背景模型期望的偏差较大，则认为该点是运动目标，否则认为是背景。因为算法为统计模型方法，外界环境(如光线等)会随着时间的改变发生改变，因此，需要对模型进行实时的更新。算法流程如图 3.4 所示。

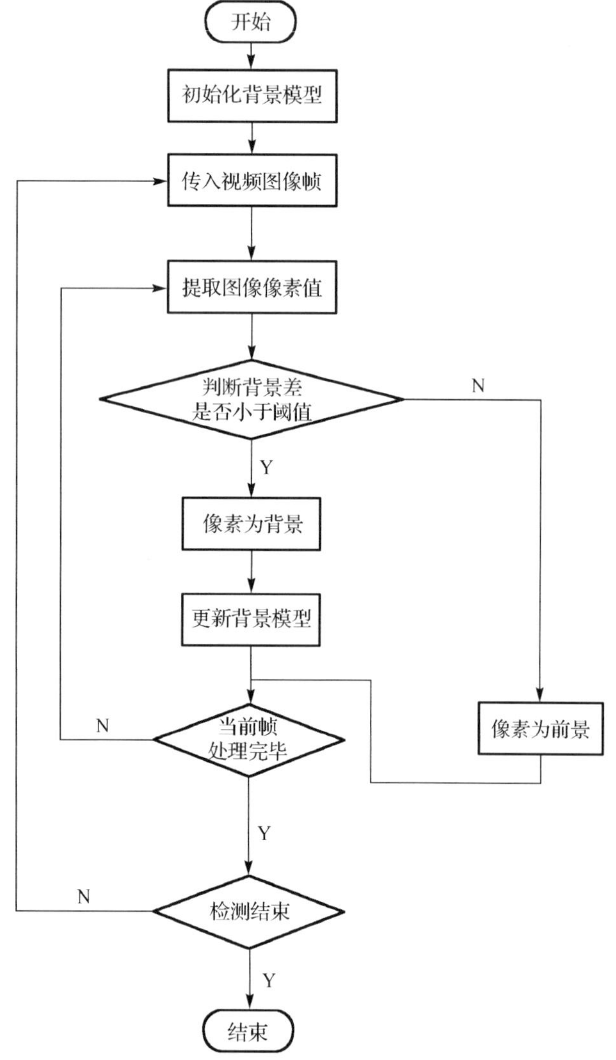

图 3.4　单高斯背景建模算法流程图

建立高斯模型的第一步是对模型进行初始化，即确定模型的两个参数：期望 μ 和方差 σ^2 。算法要求对模型初始化时不能有运动目标存在，实际应用中可以在视频中连续取 K 帧，通过式(3.5)和式(3.6)对期望和方差进行初始化。

$$\mu(x,y)=\frac{1}{K}\sum_{i=1}^{K}I^{(i)}(x,y) \tag{3.5}$$

$$\sigma^2(x,y)=\frac{1}{K}\sum_{i=1}^{K}(I^{(i)}(x,y)-\mu(x,y))^2 \tag{3.6}$$

式中，$I^{(i)}(x,y)$表示第i帧背景图像(x,y)处的像素值，$\mu(x,y)$表示高斯背景模型的均值，取连续K帧图像对应像素值的平均值，$\sigma^2(x,y)$表示方差。

在进行运动目标检测时，将当前帧的像素值与背景模型中对应坐标的像素值进行比较，如果差值的绝对值小于设定的阈值，则为背景；否则为运动目标。用公式表示为

$$|I(x,y)-\mu(x,y)|<M\times\sigma(x,y) \tag{3.7}$$

式中，$I(x,y)$表示当前图像帧坐标(x,y)处的像素值，$\mu(x,y),\sigma(x,y)$是背景模型在此坐标处的期望和标准差。M为阈值系数，根据不同情况大小不同，通常采用标准差的三倍作为阈值系数，即$M=3$。

由于光照变化等因素的存在，背景是在不断变化的，因此高斯模型要对背景进行实时更新。对高斯模型背景进行更新，实际上是对模型背景对应像素点的参数$(\mu(x,y),\sigma(x,y))$进行更新，方法为：如果通过式(3.7)的判别认为此像素点为前景，则模型的参数不变；如果是背景点，则按如下公式对模型参数进行更新。

$$\mu(x,y)=(1-\alpha)\times\mu(x,y)+\alpha\times I(x,y) \tag{3.8}$$

$$\sigma^2(x,y)=(1-\alpha)\times\sigma^2(x,y)+\alpha\times(I(x,y)-\mu(x,y))^2 \tag{3.9}$$

式中，α为更新的权值，一般取经验值 0.03。

大量实验结果表明，单高斯模型对简单环境(环境变化不大)检测效果很好，但是对于复杂环境，尤其是光线变化较大、有风导致树枝摇晃或有水波纹导致光线分布不均的情况会有大量的噪声存在，使得检测运动目标准确率降低，造成判断错误，并且为后续运动目标分析带来很大的影响。由于其存在固有的局限性，无法在复杂的外部环境中使用。因此，人们在此基础上提出了混合高斯模型。

3. 混合高斯模型背景建模

混合高斯模型来源于单高斯模型。单高斯模型通过一个高斯模型对背景进行建模，在简单背景下由于背景对应像素值不会发生大的变化，所以效果良好。但是在复杂环境下，例如，在有树枝摇摆的情况下，树枝的像素点会干扰背景的像素点，这时，像素值用一个高斯模型无法表示出来。采用多个高斯分布对背景进行建模则可以将摇摆的树枝等噪声融入到背景中，从而检测出真正需要的运动物体。因此，单高斯模型只适用于单模态形式的背景，混合高斯模型适合于复杂的外部环境。

混合高斯模型(Gaussian Mixture Model，GMM)是由美国麻省理工学院的研究人员提出的。单高斯模型对背景的每个像素采用一个高斯分布来描述，而混合高斯模型的算法是对背景的每个像素采用多个高斯分布联合描述。假设采用K个高斯分布来表示背景的一个像素值，在一定范围内，K的取值越大对背景颜色变化的处理能力就越强，但是所需要的计算量也随之变大。如果K过大，还可能造成对背景像素的过拟合，前景也会被误判断为背景。在实际应用中，K的取值一般为3～5。

在模型收敛的情况下，设t时刻图像帧某点像素的颜色值用X_t表示，则背景的概率密度可以为

$$P(X_t)=\sum_{k=1}^{K}\omega_{k,t}\cdot\eta(X_t,\mu_{k,t},\boldsymbol{\Sigma}_{k,t}) \tag{3.10}$$

式(3.10)是一个多维的高斯函数，其中，$\omega_{k,t}$为权重系数，表示t时刻第k个高斯分布在所有分布中所占的权重，且$\sum_{k=1}^{K}\omega_{k,t}=1$；$\eta(X_t,\mu_{k,t},\boldsymbol{\Sigma}_{k,t})$表示第$k$个高斯分布，其期望是$\mu_{k,t}$，协方差矩阵是$\boldsymbol{\Sigma}_{k,t}$，采用下式计算：

$$\eta(X_t,\mu_{k,t},\boldsymbol{\Sigma}_{k,t})=\frac{1}{(2\pi)^{\frac{n}{2}}|\boldsymbol{\Sigma}_{k,t}|^{\frac{1}{2}}}\mathrm{e}^{-\frac{1}{2}(X_t-\mu_{k,t})^{\mathrm{T}}\boldsymbol{\Sigma}_{k,t}^{-1}(X_t-\mu_{k,t})},\ k=1,2,\cdots,K \tag{3.11}$$

式(3.11)的本质依然为联合高斯分布函数，其中n表示维数。在实际情况下，图像一般都是采用3个通道即R、G、B来表示一个像素点的值，因此n取值为3。3个通道通常认为是相互独立的，并且有相同的方差，因此$\boldsymbol{\Sigma}_{k,t}=\sigma_k^2\boldsymbol{I}$，其中$\boldsymbol{I}$表示一个三维的单位矩阵，$\sigma_k^2$表示方差。

高斯分布是由期望和方差两个参数共同决定的，混合高斯模型与之原理相似，需要确定K个高斯分布的两个参数。这两个参数将直接影响背景模型的准确性以及稳定性。

混合高斯模型在背景初始化完毕后需要检测当前帧的每一个像素值，即将当前帧像素值与背景模型的K个高斯分布进行匹配比较。假设当前帧某点像素值为X_t，如果任意k都满足式(3.12)，则将此点判定为背景点，否则为前景。

$$|X_t-\mu_k|<\beta\sigma_k,\quad k=1,\cdots,K \tag{3.12}$$

式中，β为判定参数，一般在2～3之间。

如果当前帧的像素值X_t与背景模型中的K个高斯模型都匹配不上，则需要对背景模型进行更新，即用一个新的高斯分布来代替背景模型中K个高斯分布中权重最小的那个高斯模型，新的高斯模型的期望为当前的像素值。同时，新高斯分布的权重和方差也需要调整。

混合高斯模型的权重调整方式为

$$\omega_{k,t} = (1-\alpha)\omega_{k,t-1} + \alpha M_{k,t} \tag{3.13}$$

式中，α 是一个常数，称为学习速率。$M_{k,t}$ 则按照以下规则取值：如果 t 时刻当前帧的像素值 X_t 与背景模型的第 k 个高斯分布匹配，则 $M_{k,t}$ 为 1，此时第 k 个高斯分布在背景模型中的权重增大；否则 $M_{k,t}$ 为 0，该高斯分布在整个模型中的权重减小。

高斯模型的其他参数按下列公式进行在线更新：

$$\mu_t = (1-\rho)\mu_{t-1} + \rho X_t \tag{3.14}$$

$$\sigma_t^2 = (1-\rho)\sigma_{t-1}^2 + \rho(X_t - \mu_t)^{\mathrm{T}}(X_t - \mu_t) \tag{3.15}$$

$$\rho = \alpha\eta(X_t \mid \mu_k, \sigma_k) \tag{3.16}$$

前面两个公式意义和单高斯模型相同，常数 α 表示学习速率。

式(3.16)直接影响式(3.14)和式(3.15)的学习速度。实验表明，方程的学习速率比较小，模型的收敛速度慢并且准确度比较低。很多相关文献对此进行了改进，例如，可以按照下式确定 ρ，即

$$\rho = \alpha / \omega_{k,t} \tag{3.17}$$

式(3.17)将学习速率与模型的权重结合。当对模型初始化时，由于高斯分布的权重较小，学习速率较大，这样可以加快模型的收敛速度；在模型稳定以后背景的权重变大，更新速度放慢，致使背景比较稳定。这种方法可以使模型快速收敛到当前的均值，但是会使方差偏小，容易造成漏检，使得大量背景点判断为前景点，造成大量的噪声。

3.1.4　光流法

光流的概念最早由 Gisbon 于 1950 年提出。 Gibson 认为物体在空间中的运动可以由运动场表示，由运动场的变化而带来的光线的变化像流水一样流过视网膜，让我们察觉到运动的物体，“光流”的名字便来源于此。1981 年 Horn 和 Schunck 将光流的概念引入计算机视觉的研究当中，将图像的灰度变化同二维速度场联系起来。Horn 和 Schunck 认为客观物体在真实世界中的相对运动是连续的，所以运动过程中投影到摄像机传感器二维平面上的图像也应该是连续的。图像上的光流场就反映了像素点在图像平面上运动的速度矢量。而在图像序列中，物体的运动体现为图像平面上像素值灰度的变化。基于此，可以给出这样的假设：对于客观世界中的同一个点在图像上的投影点，该点的瞬时灰度值是不变的。基于上述假设，可得

$$I(x,y,t) = I(x+\mathrm{d}x, y+\mathrm{d}y, t+\mathrm{d}t) \tag{3.18}$$

式中，$I(x,y,t)$ 表示在 t 时刻处于图像平面上的 (x,y) 位置的像素点的灰度值，

$I(x+\mathrm{d}x,y+\mathrm{d}y,t+\mathrm{d}t)$ 表示 $t+\mathrm{d}t$ 时刻该点运动到了 $(x+\mathrm{d}x,y+\mathrm{d}y)$ 位置的灰度值。$\mathrm{d}x,\mathrm{d}y,\mathrm{d}t$ 分别表示 x 方向、y 方向和时间上的偏移量。由于假设其灰度值连续变化，所以 $\mathrm{d}t$ 趋近于 0 时认为其灰度值不变。

在 $\mathrm{d}t$ 趋近于 0 时由泰勒级数展开式(3.18)并忽略二阶无穷小，可得

$$\frac{\partial I(x,y,t)}{\partial t}=\frac{\partial I}{\partial x}\frac{\partial x}{\partial t}+\frac{\partial I}{\partial y}\frac{\partial y}{\partial t}+\frac{\partial I}{\partial t} \tag{3.19}$$

因为被跟踪的像素点在 t 时刻没有发生改变，因此：

$$\frac{\partial I(x,y,t)}{\partial t}=0 \tag{3.20}$$

所以式(3.19)可整理为

$$-\frac{\partial I}{\partial t}=\frac{\partial I}{\partial x}\frac{\partial x}{\partial t}+\frac{\partial I}{\partial y}\frac{\partial y}{\partial t} \tag{3.21}$$

其中，$\frac{\partial x}{\partial t}$ 可以理解为 t 时刻 x 方向上的变化率，用 u 代替；$\frac{\partial y}{\partial t}$ 可以理解为 x 时刻 y 方向上的变化率，用 v 代替，则式(3.21)可写为

$$-\frac{\partial I}{\partial t}=\frac{\partial I}{\partial x}u+\frac{\partial I}{\partial y}v \tag{3.22}$$

在实际应用中，可以通过其他约束条件与光流约束方程求解出 u 和 v。在理想情况下，被监控场景中的背景一般不会变化，因此，背景像素点的光流应该为 0，不为 0 的点就应该是检测到的前景运动目标。

基于光流场计算的动态目标检测方法一般首先计算图像的光流场，然后根据光流场的分布特征进行聚类，从而提取出运动目标所在的区域。基于光流场计算的运动目标检测方法的检测精度高，适合做精确分析，而且，它还能在背景运动的情况下实现目标检测。与基于背景差分和帧间差分的运动目标检测方法相比，基于光流场的运动目标检测方法能获得更多的目标运动信息。虽然光流场计算的方法能够检测出运动目标，但是却无法获得运动目标的准确轮廓；同时，光流场的计算十分复杂，在没有特殊硬件支持的情况下难以做到实时检测。另外，光流场还容易受到噪声的干扰。

3.2　图像匹配方法

本节探讨的图像匹配是指一个模板图像与包含目标的图像之间通过一定的变换实现像素级的位置匹配的过程。作为模式识别和数字图像处理的一种基本手段，图像匹配在目标检测、目标跟踪等计算机视觉各个方面都有广泛的应用。

以 $I_1(x,y)$ 与 $I_2(x,y)$ 分别表示源图像与待匹配图像，其配准关系的数学表达式为 $I_2(x,y)=g(I_1(f(x,y)))$，其中 f 代表二维几何空间变换函数，g 为一维灰度变换函数。从以上图像配准关系表达式可以看出，图像配准包括两方面含义，一方面是实现几何空间上的对应关系，这一点可以在对函数 f 的求解上得以体现；另一方面是对应像素之间灰度上的一致性，这一点可以在对函数 g 的求解上得以体现。因此，图像配准的主要目的可以看做是寻找配准图像间空间与灰度的最佳变换关系。在考虑畸变的前提下，实现图像的最佳匹配。

根据匹配基元的不同，现有的图像匹配方法可分为四类：基于像素灰度的匹配方法、基于特征的匹配方法、基于变换域的匹配方法和基于投影的匹配方法。

3.2.1　基于像素灰度的匹配

基于像素灰度的图像匹配是指利用图像的灰度信息对两幅或者多幅图像进行匹配，是一类最简单的匹配算法。该算法利用图像灰度的一些统计信息来度量图像的相似程度。

定义模板图像为 $T(x,y)$，待匹配的目标图像为 $I(x,y)$。沿目标图像中的所有点移动模板图像并在每个位置计算相似度 S。S 是一个相似度函数，该函数的参数包括模板中各点的灰度值 $T(x,y)$ 以及待匹配区域移到图像当前位置时区域中的灰度值 $f(x+u,y+v)$。根据这些已经得到的灰度值计算一个标量值作为相似度量。采用这个方法，在变换空间中每个点都会得到一个相似度量如下，即

$$S(x,y)=S(T(x,y),f(x+u,y+v);(u,v)\in I) \tag{3.23}$$

最简单的相似性度量方法是计算模板图像与待匹配的目标图像之间差值的绝对值总和(Sum of Absolute Differences，SAD)或者差值的平方和(Sum of Squared Differences，SSD)。在模板图像和待匹配的目标图像完全相同的情况下，计算后所得到的相似度量应该为 0。区别越大，差值越大。在光照情况保持不变的情况下，相似性度量方法的结果准确度比较高。但是在光照发生变化的情况下，图像中的灰度值已经不再相等，采用该方法结果会发生偏差。

基于像素灰度的图像匹配算法实现简单，在灰度及几何畸变不大的情况下有较好的估计精度和鲁棒性，抗噪性也比较强。其不足是应用范围较窄，不能直接用于校正图像的非线性形变，在最优变换的搜索过程中往往需要较大的运算量等。

3.2.2　基于特征的匹配

基于特征的图像匹配需要提取图像的特征信息，比如图像边缘、图像角点、图像纹理等，然后将图像的匹配过程转变为特征之间的匹配过程。这种方法有很多分支，共同点是要对所提取的初级信息进行处理，然后进行匹配。大致可分为：基于角点的图像匹配算法和基于边缘的图像匹配算法。

1. 基于角点的图像匹配算法

角点可以是图像中两个边缘的交点,也可以是邻域内具有两个主方向的特征点。前者的获取在很大程度上依赖于图像的分割与边缘提取，具有相当大的难度和计算量。另外，一旦待检测目标局部发生变化，很可能导致操作失败。后者主要基于图像灰度通过计算点的曲率及梯度来检测角点，避免了第一类方法存在的缺陷，此类方法主要有 Moravec 算子、Forstner 算子、Harris 算子、SUSAN 算子等。下面主要对 SUSAN 算子进行介绍。

SUSAN 算子是由英国牛津大学的 Smith 和 Brady 于 1997 年首先提出的，是 Smallest Univalue Segment Assimilating Nucleus 的缩写，即同化核分割最小值。SUSAN 算法的特点是：

(1) 对角点检测比对边缘检测的效果要好，使用图像特征提取；

(2) 无需梯度运算，保证了算法的效率；

(3) 具有积分特征，这样使得 SUSAN 算法在抗噪和计算速度方面有较大改进。

将位于圆形窗口模板中心等待检测的像素点称为“核”。核的邻域被划分为两个区域：亮度值等于(相似于)核亮度的区域(称为核值相似区，USAN 区域)和亮度不相似于核灰度的区域。USAN 区域包含了图像结构中大量的信息，其几种典型形状见图 3.5。图形窗口模板滑动到不同位置时 USAN 区域的面积大小是不同的。当核位于直线边缘上时，USAN 区域面积接近最大值的一半；当模板核靠近角点时，USAN 面积接近最大值的四分之一。在一幅图像中搜索图像角点或边缘点，就是搜索 USAN 最小的点。

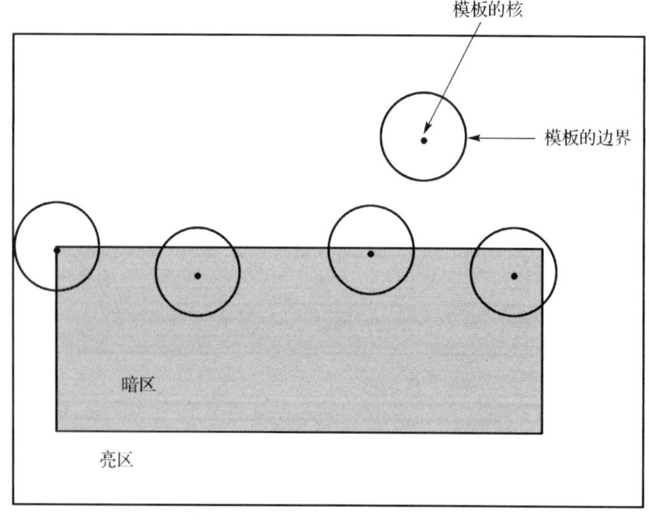

图 3.5　SUSAN 模板

SUSAN 模板在图像上滑动，在每个位置上，比较模板图像像素的亮度与模板的亮度：

$$C(\boldsymbol{r},\boldsymbol{r}_0)=\begin{cases}1, & |I(\boldsymbol{r})-I(\boldsymbol{r}_0)|\leqslant T \\ 0, & 其他\end{cases} \tag{3.24}$$

式中，$\boldsymbol{r}_0$ 为模板核在图像中的坐标，$\boldsymbol{r}$ 为模板区域内其他点的坐标。$I(\boldsymbol{r})$ 为 $\boldsymbol{r}$ 点的亮度值，$I(\boldsymbol{r}_0)$ 为点 $\boldsymbol{r}_0$ 点的亮度值。T 为表示亮度差值的阈值，控制角点提取数量。$C(\boldsymbol{r},\boldsymbol{r}_0)$ 为亮度值比较结果。

为了取得更加稳定可靠的结果，可以将式(3.24)改写为

$$C(\boldsymbol{r},\boldsymbol{r}_0)=\begin{cases}\exp\left\{-\left(\dfrac{I(\boldsymbol{r})-I(\boldsymbol{r}_0)}{t}\right)^2\right\}, & |I(\boldsymbol{r})-I(\boldsymbol{r}_0)|\leqslant T \\ 0, & |I(\boldsymbol{r})-I(\boldsymbol{r}_0)|>T\end{cases} \tag{3.25}$$

式中，t 为参数，一般设为 75。

模板内所有点与核亮度值比较的和(即区域的 SUSAN 值)为

$$n(\boldsymbol{r}_0)=\sum\nolimits_{\boldsymbol{r}} C(\boldsymbol{r},\boldsymbol{r}_0) \tag{3.26}$$

将 $n(\boldsymbol{r}_0)$ 与一给定阈值 g(称为几何阈值)比较，得到 SUSAN 算子对图像的边缘响应:

$$R(\boldsymbol{r}_0)=\begin{cases}g-n(\boldsymbol{r}_0), & n(\boldsymbol{r}_0)<g \\ 0, & 其他\end{cases} \tag{3.27}$$

假设模板能取得的最大值为 $n_{\max}$。为了消除噪声的影响，通常用阈值 g 控制角点的提取质量，通常取为 $3\times n_{\max}/4$。这样就可以确定边缘的位置。

当区域边界模糊时，SUSAN 算法会产生虚假的角点，为了消除虚假角点的影响，通常使用下式计算重心，即

$$\overline{\boldsymbol{r}}(\boldsymbol{r}_0)=\frac{\sum\nolimits_{\boldsymbol{r}} \boldsymbol{r}\, C(\boldsymbol{r},\boldsymbol{r}_0)}{\sum\nolimits_{\boldsymbol{r}} C(\boldsymbol{r},\boldsymbol{r}_0)} \tag{3.28}$$

然后求出核到重心的距离。对应正确角点，其重心距离核较远，通过该距离可以消除虚假的角点。最后使用非最大抑制(no max suppression)方法，即将一个边缘点作为 3×3 模板的中心，和它的八邻域范围内的点进行比较，将亮度最大的点保留，并将其设置为角点。

2. 基于边缘的图像匹配算法

基于边缘特征点的图像匹配，首先通过边缘检测寻找边缘特征点，然后将特征进行相似性度量，最终达到定位的目的。边缘检测的算法很多，主要分为以下几类。

(1) 微分检测边缘算法。一般是对边缘灰度曲线求一阶或二阶导数再取极值，如微分算子 Roberts、Sobel、Prewitt、Laplacian 等。

(2) 先滤波后检测边缘算法，如 LoG、Canny 等。

(3) 基于曲面拟合的边缘检测算法。

(4) 现代边缘检测算法，如神经网络边缘检测及小波分析法等。

其中，Sobel 和 Prewitt 算子对图像检测出来的边缘比较稳定，伪边缘比较少，但检测出的边缘比较宽，定位精度不高，对噪声较敏感；Roberts 和 Laplacian 算子的边缘定位精度较高，但对噪声也比较敏感；LoG 算子中的 σ 正比于低通滤波器的宽度，σ 越大，平滑作用越显著，去噪越好，但图像的细节的损失也越大，边缘定位精度也就越低，因此要根据具体问题对噪声水平和边缘定位精度的要求适当选取 σ，所以该算子的自适应能力不强；Canny 算子在理论上和实践中都有很好的边缘检测效果，去噪能力强，适用性广泛。下面主要介绍 Canny 算子。

Canny 算子自从被提出以来，就成为边缘检测中广泛应用的算法之一。其基本思想是：首先用高斯滤波器平滑图像；然后使用差分模板近似计算梯度值和方向；再在梯度方向上确定局部极大点，用双门限法去除噪声并保留边缘点；最后进行插值将边缘点连接起来以形成连贯的曲线。具体算法如下。

1) 高斯滤波平滑图像

设二维高斯滤波函数为

$$G(x,y)=\frac{1}{2\pi\sigma^2}\exp\left(-\frac{x^2+y^2}{2\sigma^2}\right) \tag{3.29}$$

其梯度向量为

$$\nabla G=\begin{bmatrix}\partial G/\partial x\\ \partial G/\partial y\end{bmatrix} \tag{3.30}$$

用分解的方法将梯度矢量 ∇G 的两个滤波卷积模板分解为两个一维的行列滤波器，以提高速度

$$\frac{\partial G}{\partial x}=kx\exp\left(-\frac{x^2}{2\sigma^2}\right)\exp\left(-\frac{y^2}{2\sigma^2}\right)=h_1(x)h_2(y) \tag{3.31}$$

$$\frac{\partial G}{\partial y}=ky\exp\left(-\frac{y^2}{2\sigma^2}\right)\exp\left(-\frac{x^2}{2\sigma^2}\right)=h_1(y)h_2(x) \tag{3.32}$$

其中

$$\begin{aligned}&h_1(x)=\sqrt{k}x\exp\left(-\frac{x^2}{2\sigma^2}\right),\ h_2(y)=\sqrt{k}\exp\left(-\frac{y^2}{2\sigma^2}\right)\\&h_1(y)=\sqrt{k}y\exp\left(-\frac{y^2}{2\sigma^2}\right),\ h_2(x)=\sqrt{k}\exp\left(-\frac{x^2}{2\sigma^2}\right)\end{aligned} \tag{3.33}$$

将这两个卷积模板分别与图像 $f(x,y)$ 进行卷积运算，得到输出图像 $I(x,y)$

$$E_x(x,y)=\frac{\partial G}{\partial x}*f(x,y)$$
$$I(x,y)=\frac{\partial G}{\partial y}*E_x(x,y) \tag{3.34}$$

式中，k 为常数，σ 为高斯滤波器分布参数，它控制着平滑强弱度。对于 σ 小的滤波器，虽然定位精度高，但图像平滑效果弱；σ 大的情况则相反。

2) 计算梯度的幅值和方向

Canny 算法采用 2×2 邻域一阶偏导的有限差分来计算平滑后的数据数组 $I[i,j]$ 的梯度幅值和梯度方向。其中 x 和 y 方向偏导数的两个数组 $P_x[i,j]$ 和 $P_y[i,j]$ 分别为

$$P_x[i,j]=(I[i,j+1]-I[i,j]+I[i+1,j+1]-I[i+1,j])/2$$
$$P_y[i,j]=(I[i,j]-I[i+1,j]+I[i,j+1]-I[i+1,j+1])/2 \tag{3.35}$$

像素的梯度幅值和梯度方向用直角坐标到极坐标的坐标转化公式来计算，梯度幅值为

$$M[i,j]=\sqrt{P_x[i,j]^2+P_y[i,j]^2} \tag{3.36}$$

梯度方向为

$$\theta[i,j]=\arctan(P_y[i,j]/P_x[i,j]) \tag{3.37}$$

3) 对梯度幅值进行非极大值抑制

为了获得较高的定位精度，需细化梯度幅值图像 $M[i,j]$ 中的宽屋脊带，保留幅值局部变化最大的点，这就是非极大值抑制。在这一过程中，Canny 算法使用包含 8 方向的 3×3 邻域对梯度幅值数组 $M[i,j]$ 中所有像素沿梯度方向进行插值。在每一像素点上，将中心点像素 $m[i,j]$ 与沿梯度方向的两个插值结果进行比较，$\xi[i,j]$ 为像素邻域中心处沿着梯度方向的扇区区域，非极大值抑制在此区域进行。如果邻域中心点的幅值 $m[i,j]$ 低于梯度方向上两个插值的结果，则认为其不是边缘，并将 $m[i,j]$ 对应的边缘标志位置为 0；反之认为 $m[i,j]$ 是边缘，将 $m[i,j]$ 对应的边缘标志位置为 1。通过非极大值抑制把 $M[i,j]$ 宽屋脊带细化为一个像素宽，同时还保留了屋脊的梯度幅值。非极大值抑制的过程用数学公式表示为

$$N[i,j]=\text{NMS}(M[i,j],\xi[i,j]) \tag{3.38}$$

式中，NMS 表示非极大值抑制运算。

4) 用双阈值算法检测和连接边缘

双阈值算法是对经过非极大值抑制的图像 $N[i,j]$ 分别使用高、低两个阈值 th1 和 th2 获得边缘图像 $T_h[i,j]$ 和 $T_l[i,j]$。由于图像 $T_h[i,j]$ 是由高阈值得到的，因此它不包含伪边缘，但其边缘闭合性也较低，因此，双阈值算法要在 $T_h[i,j]$ 中把边缘连接

成轮廓，就需要在达到轮廓端点时，在低阈值得到的边缘图像 $T_l[i,j]$ 的 8 邻域位置寻找可以连接到轮廓上的边缘，利用递归跟踪的算法不断在 $T_l[i,j]$ 中寻找边缘，直到将 $T_h[i,j]$ 中所有的不连续边缘都连接起来为止。

基于特征的匹配方法能够对整个图像的各种分析转化为对图像特征的分析，从而大大减少了图像处理过程的运算量，对灰度变化、图像变形，以及遮挡等都有较好的适应能力。但是此方法没有统一的模型，而且所提取的特征各不相同，因此每种方法都有各自的适用领域。

3.2.3 基于变换域的匹配

基于变换域信息的图像配准方法包括：傅里叶变换、小波变换和 Warsh 变换等。其中常用的是傅里叶变换图像配准方法，该方法主要有以下一些优点：图像的平移、旋转、仿射等变换在傅里叶变换频域中都能反映出来，同时傅里叶变换域的方法对抵抗噪声具有一定的鲁棒性。傅氏变换由于有成熟的快速算法且易于硬件实现，因而是图像配准中常用的方法之一。但它也有相当的局限性，如傅氏变换方法只能用来配准灰度属性有线性正相关的图像，图像之间必须严格满足定义好的变换关系等。

基于傅氏变换方法的相位相关方法通过相位关系来反映偏移量，而灰度变化在频域中主要影响幅值，对相位影响很小，所以相位相关法具有很高的稳定性。

1975 年，相位相关(phase correlation)的概念被应用到图像配准领域中，很好地解决了仅存在平移的图像之间的配准。相位相关方法的主要依据是傅里叶的平移性质。考虑两幅图像 f_1 和 f_2 存在 (d_x,d_y) 的平移，即

$$f_2(x,y)=f_1(x-d_x,y-d_y) \tag{3.39}$$

对其进行傅氏变换，反映到频域上具有以下形式：

$$F_2(w_x,w_y)=F_1(w_x,w_y)\mathrm{e}^{-\mathrm{j}2\pi(w_xd_x+w_yd_y)} \tag{3.40}$$

上式说明，两幅具有平移量的图像变换到频域中有相同的幅值，但有一个相位差，而这个相位差与图像间的平移量 (d_x,d_y) 有直接的关系。根据平移定理，可知以上相位差等于两幅图像的互功率谱的相位，即

$$\frac{F_1(w_x,w_y)F_2^*(w_x,w_y)}{|F_1(w_x,w_y)F_2^*(w_x,w_y)|}=\mathrm{e}^{\mathrm{j}2\pi(w_xd_x+w_yd_y)} \tag{3.41}$$

式中，“*”表示复共轭，式的右边部分为一个虚指数，其傅里叶反变换在平移量 (d_x,d_y) 处为一个单位冲击函数，指出了两图像间的平移位置。

De Castro 等将相位方法应用到存在旋转变换的图像之间的配准，当图像 f_1 和图像 f_2 间除平移量 (d_x,d_y) 外还存在角度为 θ_0 的旋转变换时，图像间的关系为

$$f_2(x,y)=f_1(x\cos\theta_0+y\sin\theta_0-d_x,-x\sin\theta_0+y\cos\theta_0-d_y) \tag{3.42}$$

由傅里叶变换的平移和旋转性质，图像 f_1 和图像 f_2 的傅里叶变换间的关系为

$$F_2(w_x,w_y)=\mathrm{e}^{-\mathrm{j}2\pi(w_x d_x+w_y d_y)}\times F_1(w_x\cos\theta_0+w_y\sin\theta_0,-w_x\sin\theta_0+w_y\cos\theta_0) \tag{3.43}$$

由式(3.43)可以看到平移信息仅存在于图像频谱的幅角中，若令 M_1 和 M_2 表示 F_1 和 F_2 的模，对上式两边取模可得

$$M_2(w_x,w_y)=M_1(w_x\cos\theta_0+w_y\sin\theta_0,-w_x\sin\theta_0+w_y\cos\theta_0) \tag{3.44}$$

所以，M_2 和 M_1 间仅相差一个旋转角度。利用极坐标的性质，可将旋转参数转化为平移参数，从而利用相位相关法求得

$$M_2(\rho,\theta)=M_1(\rho,\theta-\theta_0) \tag{3.45}$$

如果图像间还存在比例缩放因子s，则极坐标下其傅里叶变换频谱的模之间的关系变为

$$M_2(\rho,\theta)=M_1(\rho/s,\theta-\theta_0) \tag{3.46}$$

令 $u=\log\rho, v=\log s$ ，则式(3.46)变换为

$$M_2(u,\theta)=M_1(u-v,\theta-\theta_0) \tag{3.47}$$

可见，上述图像间也是相差一个平移量，同样可由相位相关法求得。

3.2.4　基于投影的匹配

投影匹配算法是把二维的图像灰度值投影变换成一维的数据，然后在一维数据的基础上进行匹配运算。这一过程通过减少数据的维数来提高匹配速度。投影坐标 (t,s) 与原坐标 (x,y) 间的对应关系见图 3.6。

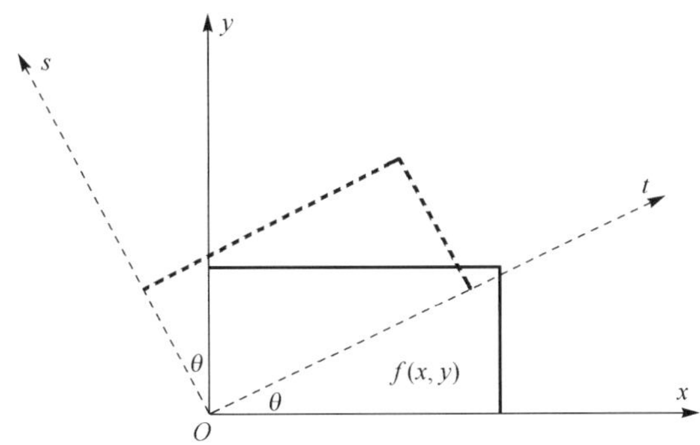

图 3.6　投影坐标与原坐标间的对应关系示意图

图中 $f(x,y)$ 为图像函数(实线围成的矩形框)，s 为投影方向，t 为其垂直方向，则 $f(x,y)$ 沿着 s 的投影定义为

$$p(t,\theta)=\int f(t\cos\theta-s\sin\theta,t\sin\theta-s\cos\theta)\mathrm{d}s \tag{3.48}$$

当θ固定时，$p(t,\theta)$为t的函数，是一个一维波形。当θ在 0～2π 间变化时，可以得到$f(x,y)$在不同方向上的投影，特别地在x,y轴上的投影为

$$\begin{cases}p_x=\int f(x,y)\mathrm{d}y\\ p_y=\int f(x,y)\mathrm{d}x\end{cases} \tag{3.49}$$

根据图像灰度的空间特性可以利用一维投影数据的差分字符串进行图像匹配的快速运算。考虑到两幅匹配图像相邻像素的灰度值的相对大小关系应该是相同的，所以如果某搜索窗口与参考图像匹配，那么相应像素之间的灰度大小关系一定与参考图像相一致。反之，如果不满足这个条件就可以认为与参考图像不匹配，而且灰度值之间的大小关系不随灰度值的线性变换改变而改变，这一特征对灰度的线性变换有“免疫性”。

基于以上考虑，对数据一维投影后，对数据串进行差分处理：相邻的两个数据，后面的减去前面的，结果为正，记为 1；结果为负，记为 0。这样，一个长度为N的一维数据可以得到$N-1$维的 0～1 字符串，这个字符串就构成了表征模板或者搜索窗口的特征。这样在模板匹配过程中，只需要将模板的 0～1 字符串和搜索窗口中的字符串进行匹配运算，就可以获得配准的结果。这种方法在保证匹配结果的前提下，可以提高匹配速度。

另外，为了能在输入图像中检测出已经旋转的模板，一些文献中引入圆投影方法。圆投影将圆形窗口中的二维图像函数变换为一个以一系列同心圆的半径为自变量的一维函数。二维图像的圆投影不仅具有旋转不变性，而且还大幅度降低了匹配的计算复杂度，是在输入图像中检测目标物体的一种快速有效的方法。

3.3 机器学习方法

机器学习已经成为视觉目标检测的主流方法，并且也被广泛应用于在线的视觉目标跟踪。其基本过程是通过标定学习样本，提取合适的特征，然后采用机器学习获得检测模型。以下分别对人工神经网络、支撑向量机、Boosting 等几种常用的机器学习方法的原理进行介绍，为后续的章节做好理论铺垫。

3.3.1 人工神经网络

人工神经网络(ANN)是通过模拟人类大脑或者动物神经基本特性而建立的数学模型。人工神经网络数学模型的提出，最早可追溯到 1943 年由 McCulloch 和 Pitts 所提出的 MP 模型。该模型给出了基本神经元的数学描述和神经网络构建方法，并

能用于实现一般的布尔运算。1957 年，Rosenblatt 提出的感知器(Perceptron)模型，实现了简单的线性分类器功能，使得这一阶段关于神经网络的研究出现了高潮。然而，在 1969 年，Minsky 和 Papert 在著作 *Perceptron* 中，指出了感知机模型的缺陷，即无法解决高阶谓词问题，使得对于人工神经网络的研究陷入了一个较长的停滞期。

1982 年，人工神经网络迎来了又一次的研究进展，Hopfiled 提出了一种反馈神经网络模型——Hopfield 神经网络模型，其在神经网络之上引入了“能量函数”的概念，运用非线性动力学的方法来研究人工神经网络的特性。而后 Hopfield 和他的同事将最初的模型由离散型推广为连续型，并提出了获得 NP 问题近似最优解的方法，极大地推动了神经网络的发展。1985 年，Hinton 等在 Hopfield 神经网络的基础上提出了 Boltzmann 机模型，引入了随机机制，保证系统能够收敛到全局稳定点。1986 年，Rumelhart 等提出了多层神经网络的学习算法——误差反向传播算法，即 BP 算法，解决了多层神经网络的学习问题。在此基础上，许多其他形式的神经网络也被逐渐提出，如径向基函数网络和函数链网络等。近年来，深层神经网络(deep neural network)的提出并成功应用于多任务学习中，使得人工神经网络再次得到了发展。

1. 感知器

人工神经网络的基本构成是以感知器为基础单元的，见图 3.7。单感知器网络也称为单层人工神经网络。

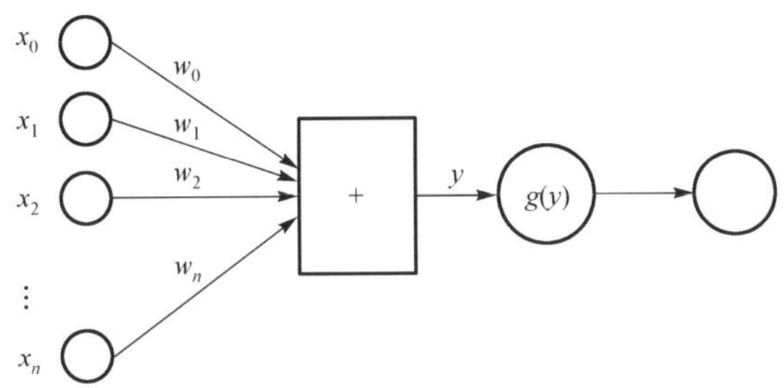

图 3.7　单层人工神经网络示意图

感知器以实数向量为输入，通过计算输入向量的带权组合，判别结果是否大于给定阈值，若是，则输出 1；否则，输出−1。计算公式为

$$g(y)=\begin{cases}1, & \sum\limits_{\mathrm{k}=1}^{K} w_k x_k > \text{threshold}\,(k\text{是维度索引}) \\ -1, & \text{其他}\end{cases} \tag{3.50}$$

对于单感知器的学习，就是要找到一个权值向量，使得对于给定的训练样本，

能正确地进行判别，即输出对应的+1 或者−1。感知器的学习主要是要保证其收敛性，常用的学习法则为两种：感知器法则和 delta 法则。

感知器法则的训练过程从随机设定的权值开始，迭代地对每个训练样本应用该感知器。若错分了样本，则修改感知器的权值，直到对于给定的训练样本全部正确分类为止。权值的修改法则为

$$w_i \leftarrow w_i + \Delta w_i \tag{3.51}$$

式中

$$\Delta w_i = \alpha(y_i - o_i)x_i, \quad i \text{ 是样本索引} \tag{3.52}$$

y_i 是第 i 个样本的标准输出，o_i 是感知器的输出，α 代表学习速率。学习速率的作用是调整权值修改的幅度，若过大，则算法不易收敛；若过小，则需要运算量较大。在应用中，常设一较小的数值。Minskey 和 Papert 在 1969 年证明了，在训练样本线性可分的条件下，能在通过有限次的使用感知器法则后，得到对所有训练样本都能正确分类的权向量。如果样本不是线性可分的，以上过程并不能保证最终收敛。

对于线性可分的样本，使用感知器法则就能得到对应的判别向量，当样本不是线性可分时，使用感知器法则不能够收敛，在此情况下，可求一个分类器的最佳近似，这时候可采用 delta 法则，其描述如下。

对于给定样本集，要寻找权向量 $\boldsymbol{w}^*$，使得输出 o_i 与期望 y_i 尽可能接近。对于给定的样本集，首先定义训练误差为

$$E = \frac{1}{2}\sum_k (y_k - o_k)^2 \tag{3.53}$$

式中，y_k 是各个样本的期望输出，$o_k = f(\boldsymbol{w}^* \cdot \boldsymbol{x}_k)$ 是第 k 个样本对应的输出。训练感知器即求分类向量，使训练误差最小。为使 E 最小，delta 法则从任意初始权向量开始，使用梯度下降方法对权向量进行更新，直到误差最小化。

计算 E 的梯度：

$$\nabla E = \frac{\partial E}{\partial w} = \left[\frac{\partial E}{\partial w_0}, \frac{\partial E}{\partial w_1}, \ldots, \frac{\partial E}{\partial w_n}\right] \tag{3.54}$$

$$\begin{aligned}\frac{\partial E}{\partial w_i} &= \frac{1}{2}\sum_k \frac{\partial (y_k - o_k)^2}{\partial w_i} = \sum_k (y_k - o_k)\frac{\partial}{\partial w_i}(y_k - o_k) \\ &= \sum_k (y_k - o_k)\frac{\partial}{\partial w_i}(y_k - \boldsymbol{w} \cdot \boldsymbol{x}_k) \\ &= \sum_k (y_k - o_k)(-x_{ik})\end{aligned} \tag{3.55}$$

至此，就可以由该梯度方向 $\frac{\partial E}{\partial w_i}$ 对权值进行更新。与感知器法则一样，delta 法则训练过程中对权值的更新为

$$w_i \leftarrow w_i + \Delta w_i \tag{3.56}$$

式中

$$\begin{aligned}\Delta w_i &= -\alpha \frac{\partial E}{\partial w_i} \\ &= \alpha \sum_k (y_k - o_k) x_{ik}\end{aligned} \tag{3.57}$$

其中，α 代表学习速率。注意，当 α 过大时，则算法容易超过最优值而不会收敛。因此 α 的选择对于算法十分重要，一般选择足够小的速率。

2. 多层神经网络

单层感知器或者单层神经网络其实质是数据空间中的一个线性判别平面，为达到非线性化判别的目的，我们可以采用多层感知器连接的方式，前层网络的输出作为后层网络的输入，典型的多层神经网络的结构见图 3.8。

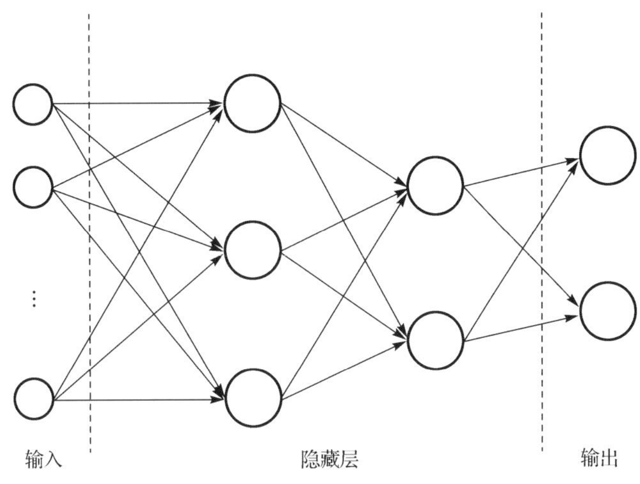

图 3.8　多层神经网络

多层神经网络中，信号只能由低层向高层传播，其中除输入和输出层之外的网络层都称为隐藏层，隐藏层在网络中不接受外界信号，也不对外界进行输出。多层神经网络可以实现非线性映射，如图 3.8 中的网络其输出函数为

$$f(x) = f_3(f_2(f_1(x \cdot w_1)w_2)w_3) \tag{3.58}$$

可见，引入多层结构之后，可以使神经网络实现更复杂的判别和决策，但这同

时也提高了学习的复杂度。前面小节所介绍的线性感知器单元并不适合于构建多层网络，由于其为不可微单元，训练时候会十分复杂，因此，一般采用 Sigmoid 单元作为基本单元来构建多层神经网络。Sigmoid 单元的输出为

$$f(y)=\frac{1}{1+\mathrm{e}^{-y}}=\frac{1}{1+\mathrm{e}^{-\sum w_i \cdot x_i}} \tag{3.59}$$

$$f'(y)=-\frac{1}{(1+\mathrm{e}^{-y})^2}(-\mathrm{e}^{-y})=f(y)(1-f(y)) \tag{3.60}$$

后面可以看到，Sigmoid 单元导数具有的性质对于采用梯度下降方法学习神经网络权值会带来极大的方便。对于多层神经网络的学习，BP 算法是最常用也是最简单的方法之一，其包含两个步骤：前向传播和反向传播，算法通过不断的迭代重复这两步，直到收敛。前向传播阶段依据训练样本计算实际的输出和测量误差，先利用该输出误差在后向传播阶段计算输出层的前导层的输出误差，然后利用所得的输出误差计算更前一层的输出误差，直到输入接受层；反向传播阶段就是测量误差向后逐层传递的过程。

对每一个训练样本 k，定义其训练误差为

$$E_k=\frac{1}{2}\sum_{p\in O_p}(y_{kp}-o_{kp})^2 \tag{3.61}$$

式中，o_p 代表的是输出单元，y_{kp} 和 o_{kp} 分别代表 p 单元的目标值和实际输出值。令 w_{pi} 代表 p 单元第 i 个输入的权值，则在训练过程中，权值的更新为

$$w_{pi}\leftarrow w_{pi}+\Delta w_{pi} \tag{3.62}$$

$$\Delta w_{pi}=-\alpha\frac{\partial E_k}{\partial w_{pi}} \tag{3.63}$$

接下来，分别针对输出层和隐藏层介绍其权值更新的计算方式。

1) 输出层权值更新

输出层权值更新见图 3.9，权值 w_{pi} 仅能通过输出节点 p 作用于网络。令 $o_p=f(y_p)$，则

$$\begin{aligned}\frac{\partial E_k}{\partial w_{pi}}&=\frac{\partial E_k}{\partial o_p}\frac{\partial o_p}{\partial w_{pi}}\\&=\frac{1}{2}\frac{\partial\sum_{p\in O_p}(y_{kp}-o_{kp})^2}{\partial o_p}\frac{\partial o_p}{\partial w_{pi}}\\&=-(y_{kp}-o_{kp})o'_{kp}x_{pi}\end{aligned} \tag{3.64}$$

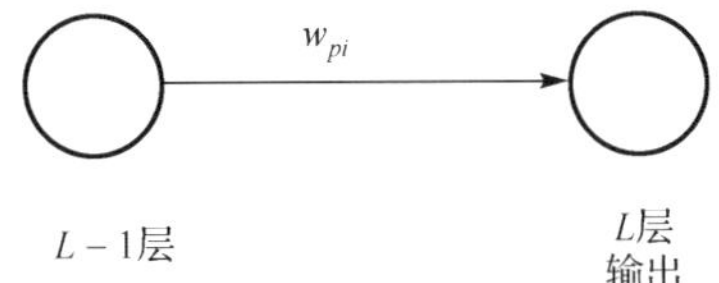

图 3.9　输出层权值更新

由前面 Sigmoid 函数性质可知 $o'_p = o_p(1-o_p)$，得到输出单元的权值更新为

$$\Delta w_{pi} = -\alpha \frac{\partial E_k}{\partial w_{pi}} = -\alpha(y_{kp} - o_{kp})o_{kp}(1-o_{kp})x_{pi} \tag{3.65}$$

2) 隐藏层权值更新

对于多层网络中的隐藏层单元来说，其输出作为下一层的输入，最终影响到输出误差 E_k，见图 3.10。由网络的联结结构，对于节点单元 p，所有 p 向前传播所经历的节点单元所造成的测量误差都应在更新 w_{pi} 时进行考虑。

$$\begin{aligned}\frac{\partial E_k}{\partial w_{pi}} &= \frac{\partial E_k}{\partial \mathrm{net}_p}\frac{\partial \mathrm{net}_p}{\partial w_{pi}} \\ &= \frac{\partial \mathrm{net}_p}{\partial w_{pi}}\sum_M \frac{\partial E_k}{\partial \mathrm{net}_m}\frac{\partial \mathrm{net}_m}{\partial \mathrm{net}_p}\end{aligned} \tag{3.66}$$

式中，$\mathrm{net}_p = \sum w_i \cdot x_i$，$\mathrm{net}_m$ 代表 p 前向传播所经历的单元。

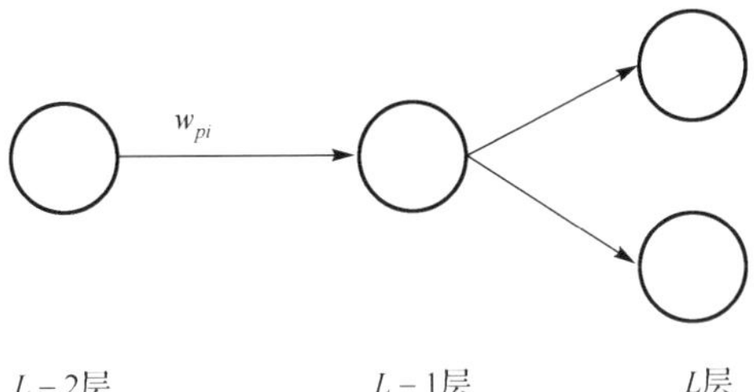

图 3.10　隐藏层权值更新

令 $\delta_m = -\dfrac{\partial E_k}{\partial \mathrm{net}_m} = -(y_{km} - o_{km})o_{km}(1-o_{km})$，则

$$\begin{aligned}\frac{\partial E_k}{\partial w_{pi}} &= x_{pi}\sum_M -\delta_m \frac{\partial \mathrm{net}_m}{\partial \mathrm{net}_p} \\ &= x_{pi}\sum_M -\delta_m \frac{\partial \mathrm{net}_m}{\partial o_p}\frac{\partial o_p}{\partial \mathrm{net}_p} \\ &= x_{pi}\sum_M -\delta_m w_{mp} o_p(1-o_p)\end{aligned} \tag{3.67}$$

权值的更新为

$$\Delta w_{pi} = -\alpha \frac{\partial E_k}{\partial w_{pi}} = -\alpha x_{pi} \sum_M -\delta_m w_{mp} o_p (1 - o_p) \tag{3.68}$$

可以看出，多层网络的权值训练是相当耗费计算的一个过程，在应用中，一般不使用超过四层的神经网络。尽管会带来计算复杂度上的增长，但是隐藏层中往往包含着许多十分有意义的信息，因此，多层网络的隐藏层设计也是一个研究的热点。

3.3.2　支持向量机

支持向量机(Support Vector Machine，SVM)最早由 Vapnik 等人提出，是一种基于最大化边界原则的学习方法。后来 Vapnik 等人证明最大边界原则是为了最小化结构风险(测试误差的上界)，这使得 SVM 具有坚实的理论基础。目前关于支持向量机的研究较多，它已被广泛用于分类、识别等问题中。下面依次介绍支持向量机的理论基础、线性支持向量机及非线性支持向量机。

1. 线性支撑向量机

如图 3.11 所示，假设在二维空间中有两类样本点，分别用圆点和三角形点表示，分类问题意在如何将两类样本点分开。线性支持向量机的原理是基于边界最大化原则，找到最优线性平面(若在高维空间中，称为线性超平面)。该平面要尽量地将两类样本分隔开，并且使得两类样本集中最近样本的间隔最大。

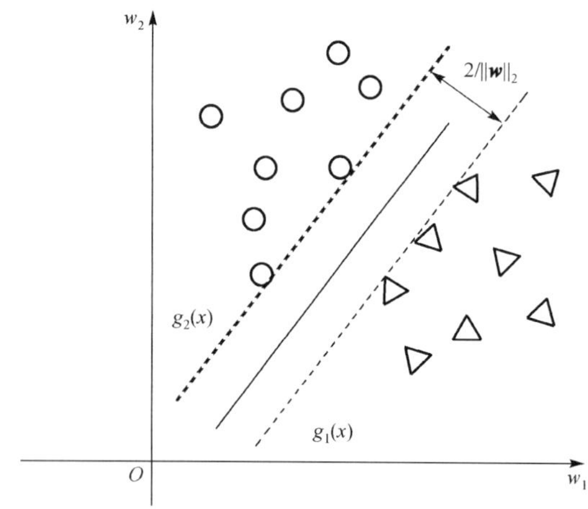

图 3.11　最大间隔分类器示意图

简单起见，先考虑线性可分的问题，设样本 $\{x_i, y_i\}, i = 1, \cdots, N$ ，其中 x_i 为第 i 个样本的特征向量， $y_i \in \{+1, -1\}$ 为它的类别标号。设线性超平面的方程形式为

$$g(x) = \boldsymbol{w}^{\mathrm{T}} \cdot x_i + b$$

式中，$\boldsymbol{w}$ 是线性超平面的法向量，b 是超平面的阈值。

对线性可分的正反例样本，拟构造两个平行的线性超平面，通过调整线性超平面方程的阈值，使得对正例样本有 $g_1(x)=\boldsymbol{w}^{\mathrm{T}}\cdot x_i+b\geqslant 1$，对反例样本有 $g_2(x)=\boldsymbol{w}^{\mathrm{T}}\cdot x_i+b\leqslant -1$。这样两条平行超平面之间的“间隔”为 $2/\|\boldsymbol{w}\|_2$。要使“间隔”最大，即要使 $\|\boldsymbol{w}\|_2$ 最小，并要求正反例样本尽量地被正确分类。因此，优化模型可以表示为

$$
\begin{aligned}
&\min \quad \frac{1}{2}\|\boldsymbol{w}\|^2 \\
&\text{s.t.} \quad y_i[(\boldsymbol{w}^{\mathrm{T}}\cdot x_i)+b]-1\geqslant 0 \qquad i=1,\cdots,N
\end{aligned}
\tag{3.69}
$$

式(3.70)所描述的模型是一个连续可微的凸二次规划，因此可以通过求解其对偶规划得到法向量 $\boldsymbol{w}$ 和阈值 b 的解析式。在实际中，样本的分布比较复杂且容易受到噪声的影响，使得其分布不是严格线性可分的，此时式(3.69)是无解的，即不存在一条线性超平面将正反例样本全部分对，因此，需要对每个样本加入分类误差扰动项。改进后的优化模型如式(3.70)所示，即

$$
\begin{aligned}
&\min \quad \frac{1}{2}\|\boldsymbol{w}\|^2+C\sum_{i=1}^{N}\xi_i \\
&\text{s.t.} \quad \begin{cases} y_i[(\boldsymbol{w}^{\mathrm{T}}\cdot x_i)+b]\geqslant 1-\xi_i \\ \xi_i\geqslant 1 \end{cases} \qquad i=1,\cdots,N
\end{aligned}
\tag{3.70}
$$

式中，ξ_i 表示第 i 个样本被误分的程度，C 是平衡误分程度与边界之间的惩罚因子。为方便求解，将上述凸规划模型转换为其对偶规划。可以通过引入 Lagrange 函数对原变量求偏导的方式，将原模型转换成对偶规划。针对式(3.70)，它的 Lagrange 函数如下：

$$
L=(\boldsymbol{w},b,\xi,a_i,t_i)=\frac{1}{2}\|\boldsymbol{w}\|^2+\sum_{i=1}^{N}\xi_i(C-a_i-t_i)-\sum_{i=1}^{N}a_iy_i(\boldsymbol{w}^{\mathrm{T}}\cdot x_i+b)+\sum_{i=1}^{N}a_i \tag{3.71}
$$

式中，α_i,t_i 为 Lagrange 系数。根据 Wolfe 对偶定理，式(3.71)分别对 $\boldsymbol{w},\alpha_i,b$ 求偏导之后，获得对偶表示形式，回代到优化模型中，就可以把上述问题转换为一个原模型的对偶问题，即

$$
\begin{aligned}
&\min \quad \frac{1}{2}\sum_{i=1}^{N}\sum_{j=1}^{N}\alpha_i\alpha_jy_iy_jx_ix_j-\sum_{i=1}^{N}\alpha_i \\
&\text{s.t.} \quad \begin{cases} \sum_{i=1}^{N}\alpha_iy_i=0 \\ 0\leqslant\alpha_i\leqslant C \end{cases} \qquad i=1,\cdots,N
\end{aligned}
\tag{3.72}
$$

通过求解对偶规划 α_i，再根据对偶变量 α_i 与原变量 $\boldsymbol{w},b$ 之间的关系，可以求解到法向量 $\boldsymbol{w}$ 和阈值 b。最终的线性分类超平面为

$$f(x)=\boldsymbol{w}^{\mathrm{T}}\cdot x_i+b=\sum_{i=1}^{N}a_i y_i(x_i\cdot x)+b \tag{3.73}$$

2. 非线性支撑向量机

若样本分布是非线性的，则虽然用上述的线性支持向量机算法可以得到一个线性超平面，但是强行使用线性分类器训练非线性分布的样本，得到的识别率和分类率会大大降低。因此，需要设计一个能够处理非线性情况的分类器。

SVM 理论认为：对于低维空间中非线性可分的样本，可以将样本映射到一个高维空间，在高维空间中样本可以认为是近似线性可分的，仍然可以使用线性超平面去分类。然而，一般样本的特征向量本身维度很高，再对样本进行升维会极大地增加运算费用。SVM 理论巧妙地采用了“核函数”（Kernel function）技巧来解决这一问题。核函数是样本间的某种内积形式，在高维空间中它反映的是样本的相似程度。在线性 SVM 的对偶规划中，存在样本内积的二次项形式，核函数是一种内积形式的度量，所以对偶规划中的样本内积可以合理地由某种核函数来代替，这样即使对样本升维，在高维空间中的内积计算量不会比原空间中优化模型的计算量更大。

从上述介绍可知，核函数之所以受到极大的欢迎是因为其内积性质既度量了样本的相似性，又减少了计算费用。下面引入核函数的数学表达式。

定义 3.1　（核函数）Hilbert 空间 H 中，点集 $X=\{\overline{x}_1,\overline{x}_2,\cdots,\overline{x}_m\}$，$\overline{x}_i\in H(i=1,2,\cdots,m)$，从 X 映射到矩阵空间 $\mathbf{R}^{m\times m}$ 的函数 $K(X)=K(\overline{x}_i,\overline{x}_j)_{m\times m}$ 称为核函数，如果存在 H 上的变换 ϕ，使得 $K=(\overline{x}_i,\overline{x}_j)=\phi(\overline{x}_i)\cdot\phi(\overline{x}_j),i,j=1,2,\cdots,m$，则此时 $K(\overline{x}_i,\overline{x}_j)_{m\times m}$ 是半正定的。

从上述定义可知，核函数其实是 Hilbert 空间上的一种内积运算。因此，选取不同的映射 ϕ 即可构造相应的核函数。常见的核函数有以下几种。

（1）多项式核函数

$$K(x,\overline{x})=(x\cdot\overline{x}+c)^d \tag{3.74}$$

其中，$c\geqslant 0$。

（2）径向基核函数

$$K(x,\overline{x})=\exp(-\sigma\|x-\overline{x}\|^2) \tag{3.75}$$

其中，$c\geqslant 0$。

（3）傅里叶核函数

$$K(x,\overline{x})=\frac{1-q^2}{2(1-2q\cos(x-\overline{x})+q^2)},\quad 0<q<1 \tag{3.76}$$

（4）Sigmoid 核函数

$$K(x,\overline{x})=\tan(c(x\cdot\overline{x})+d) \tag{3.77}$$

其中，$c\geqslant 0,d<0$。

在引入核函数之后，将 SVM 的线性优化模型(式(3.72))中样本的内积 $x_i \cdot x_j$ 替换为核函数的形式，便可得到非线性支持向量机在样本升维之后的对偶规划，这个对偶规划和原来的样本单独升维到高维空间，再使用 Lagrange 函数求解出来的对偶规划一致。同理，通过求解对偶规划得到 SVM 的对偶变量，可以获得在高维空间中的线性超平面的法向量和阈值。

非线性支持向量机的优化模型如下：

$$\begin{aligned} &\min \quad \frac{1}{2}\sum_{i=1}^{N}\sum_{j=1}^{N}\alpha_i\alpha_j y_i y_j K(x_i,x_j)-\sum_{i=1}^{N}\alpha_i \\ &\text{s.t.} \quad \begin{cases} \sum_{i=1}^{N}\alpha_i y_i=0 \\ 0\leqslant \alpha_i \leqslant C \end{cases} \quad i=1,\cdots,N \end{aligned} \tag{3.78}$$

通过优化求解对偶变量 α_i 能够得到高维空间中，线性超平面的法向量 $\boldsymbol{w}$ 和 b。最后，非线性支持向量机的判别函数如下：

$$f(x)=\boldsymbol{w}^{\mathrm{T}}\cdot x_i+b=\sum_{i=1}^{N}a_i y_i K(x_i,x)+b \tag{3.79}$$

3. 经验风险与结构风险

对于分类问题，如何建立一个决策函数 f (这里称决策函数为“假设”)，使得其能够更好地处理分类问题并具有更好地推广能力？是否一个决策函数在训练样本集上的分类误差率越低其推广能力越好呢？回答这些问题，需要引进几个概念，它们分别是损失函数、结构风险、经验风险、VC 维和学习算法在概率下近似正确等。

设样本集 $X\subset \mathbf{R}^n$，$Y=\{-1,1\}$，(x,y) 是随机向量，其中 $x\in X, y\in Y$，记函数 $P(\bar{x},\bar{y})=P(x\leqslant \bar{x}, y\leqslant \bar{y})$ 为 $X\times Y$ 上的概率分布。损失函数是评价预测准确程度的一种度量，根据某个假设的结果定义损失函数。

定义 3.2 (损失函数)记 $(x,y,f(x))\in X\times Y\times Y$，是一个三元组，其中 $f(x)$ 是一个预测值。若映射 $c: X\times Y\times Y\to[0,\infty)$ 对任意的 $x\in X, y\in Y$，都有 $c(x,y,y)=0$，则称 c 是一个损失函数。一种比较常用的损失函数是 0-1 损失函数，其定义为

$$c(x,y,f(x))=\begin{cases} 0, & y=f(x) \\ 1, & \text{其他} \end{cases} \tag{3.80}$$

定义 3.3 (结构风险)设 $P(x,y)$ 为 $X\times Y$ 上的概率分布，$c: X\times Y\times Y\to[0,\infty)$ 为给定的损失函数，那么假设 $f(x)$ 关于概率分布 $P(x,y)$ 的结构风险是指：

$$R[f]=E[c(x,y,f(x))]=\int_{X\times Y} c(x,y,f(x))\mathrm{d}P(x,y) \tag{3.81}$$

定义 3.4 (学习算法在概率意义下近似正确，PAC 原则)如果对任意给定实数

$\delta(0<\delta<1)$ 和 $\varepsilon(0<\varepsilon<1)$，对 $X\times Y$ 上的任意概率分布 $P(x,y)$，存在 l_0，使得基于长度大于等于 l_0 的按分布 $P(x,y)$ 选取的独立同分布的训练集 $T=\{(x_1,y_1),\cdots,(x_l,y_l)\}$（$l\geqslant l_0$）学习得到的 $f(x)$ 满足 $P\{R[f]\leqslant\varepsilon\}\geqslant 1-\delta$，则称算法在概率意义下近似正确。

因此可以看出，若使学习算法能够在概率意义下近似正确，则可以寻找一个决策函数让结构风险比较小。如果已知损失函数和样本的概率密度分布 $P(x,y)$，当然可以通过最小化结构风险求得决策函数。但是在现实应用中，样本的分布非常复杂，它们的概率分布通常是未知的，已知的只是训练集 T，因此想通过最小化结构风险这个标准来构造决策函数是不可能的，所以必须通过别的方式去评价决策函数的好坏。因此，引入经验风险的概念。

定义 3.5 （经验风险）设任意给定训练集 $T=\{(x_1,y_1),\cdots,(x_l,y_l)\}\in(X\times Y)^l$，并且给定损失函数 c，所谓决策函数 $f(x)$ 的经验风险是指：

$$R_{\text{emp}}[f]=\frac{1}{l}\sum_{i=1}^{l}c(x_i,y_i,f(x_i)) \tag{3.82}$$

衡量一个学习算法好坏的直观想法是，对决策函数集进行一定范围的限制，然后在这个范围内寻求使得经验风险最小的假设 $f(x)$。是否一味地追求经验风险最小会得到最优的 $f(x)$，并使得它对样本的结构风险也最小呢？也即会使得假设函数 $f(x)$ 对于测试样本效果非常好呢？答案是否定的。因为结构风险不是单调的。那么结构风险与经验风险之间是什么关系呢？

首先介绍 VC 维的概念。VC 维是统计学习理论中比较重要的一个概念，VC 维最初由 Vapnik 和 Chervonenkis 提出，意在评判一种学习算法（决策函数）的表达能力。假设 F 是由决策函数组成的集合，则 VC 维表示函数“打散”集合 F 的能力。下面引入一个点集被 F“打散”的概念。

定义 3.6 （$N(F,Z_m)$）设 F 是一个假设集，它的定义域是 $X\subset\mathbf{R}^n$，值域是 $\{-1,1\}$。令 $Z_m=\{x_1,\cdots,x_m\}$ 是由 X 中 m 个点组成的集合。考虑当决策函数 f 遍历 F 中所有可能的假设，产生一个 m 维向量 $(f(x_1),\cdots,f(x_m))$。记 $N(F,Z_m)$ 为上述 m 维向量中不同向量的个数。

定义 3.7 （Z_m 被 F 打散）设 F 是一个假设集，如果 $N(F,Z_m)=2^m$，则称 Z_m 被 F 打散。

定义 3.8 （VC 维）定义假设集 F 的 VC 维为：$\text{VC}(F)=\max\{m:N(F,Z_m)=2^m\}$，如果 $\{m:N(F,Z_m)=2^m\}$ 是一个无限集时，定义 $\text{VC}(F)=\infty$。

例如，一个 2 维平面上，对于任意不共线的 3 个点，一条直线的 VC 维是 3。推广到一般情况，对于一个线性分类面 $y=\boldsymbol{w}^{\mathrm{T}}x+\theta$，其中 $\boldsymbol{w}\in\mathbf{R}^n$ 是分类面的法向量，θ 是分类面的常数项（阈值），则线性分类面的 VC 维 $\dim(\boldsymbol{w})+1=n+1$。

VC 维与结构风险（测试误差）之间存在如下关系。

定理 令 F 的 VC 维 h，若 $N>h$，且 $h(\ln(2N/h)+1)+\ln(4/\delta)\geqslant 0.25$，则对于任意概率分布 $P(x,y)$ 和任意的 $\delta\in(0,1]$，F 中的任意假设 f 都可以使得下列不等式至少以 $1-\delta$ 的概率成立。

$$R[f]\leqslant R_{\text{emp}}[f]+\sqrt{\frac{h(\ln(2N/h)+1)-\ln(\eta/4)}{N}} \tag{3.83}$$

从上述定理可以得知，结构风险 $R[f]$ 的上界是经验风险 $R_{\text{emp}}[f]$ 与 VC 维之和的某个函数，其中不等式(3.83)右边的两项之和也被称为结构风险。此处的经验风险即对应着训练误差，结构风险对应着测试误差。当经验风险(训练误差)一定时，最小化 VC 维，会导致结构风险变小，因此会使得测试误差的上界变小，有利于提高决策函数的推广能力。

由于 VC 维较难定量刻画，后来 Vapnik 等人证明最大化边界 $1/\|\boldsymbol{w}\|_2$ 也可以间接实现 VC 维最小化，从而达到最小化结构风险的上界。自此，支持向量机的理论逐渐完善，并获得广泛应用。

3.3.3 Boosting 方法

Boosting 由 Freund 和 Schapire 于 20 世纪 90 年代提出，该算法是一种提升算法，意在将多个“弱学习”算法组合提升为一个“强学习”算法。在 Boosting 算法中，首先根据已有的训练样本集设计一个分类器，然后依次地添加多个分量分类器，最后形成一个总体的分类器使它对训练样本集的准确率能够不断增长。

下面针对两类样本问题，举例说明 Boosting 算法是如何产生分量分类器的。首先，从大小为 n 的原始样本集 D 中随机抽取 n_1 个样本点，组成样本集 D_1。根据样本集 D_1，训练得到第一个分类器记为 g_1。现在继续构造第二个样本集 D_2，该样本集应该根据分类器 g_1 得到的最富信息的样本点组成。更明确地说，D_2 中一半的样本应该能被 g_1 正确分类，而另一半则是被 g_1 错分。具体的构造方式如下：取 D 中剩余的样本点，并逐个地送入 g_1 进行分类，保留被 g_1 正确分类的正例样本，保留通过 g_1 但被其错分的反例样本，这样得到的集合 D_2 便是根据 g_1 得到的最富信息的样本构成。同理构造第三个训练样本集 D_3 时，其构造方式类似于 D_2 的构造，只不过这次挑选样本点的时候，要用 g_1 和 g_2 进行分类，若样本通过 g_1 和 g_2 的判别，即被认为是“正例”(包括虚假正例)的反例样本，那么就把该样本加入集合 D_3，再用 D_3 训练第三个分类器 g_3。

Boosting 算法中的典型代表算法分为两大类：Majority Boosting 和 Adaboost 算法。Adaboost 在目标的检测和识别中应用很广泛，后来的 Logitboost 算法是在 Adaboost 算法基础上的一种改进，本节将分别介绍 Adaboost 和 Logitboost 算法的原理。

3.3.4 Adaboost 算法

Adaboost 算法是 Boosting 系列算法的一种，意在将弱学习算法提升为强学习算法。Adaboost 算法中的弱学习算法也称为弱分类器，强学习算法也称为强分类器。它采用加权投票机制，将一些有投票权的弱分类器线性组合起来形成强分类器。Adaboost 采用贪婪的迭代方式，每次迭代选择一个最好的弱分类器，最后将所有迭代中选择出的弱分类器进行线性加权组合，形成强分类器。

在每次迭代中，Adaboost 对每个训练样本赋予一个权重，这样在每次迭代中所有样本的权重形成一套概率分布。每次迭代中选择分类误差最小的弱分类器参与到强分类器的构建中，并调整每个训练样本的权重。权重调整的原则是更加重视被误分的样本，被误分的样本获得较大的权重，被正确分类的样本权重则减少。随着迭代次数及权重的增加，算法会更加关注难以训练的样本上。最后，将每次迭代选择出的弱分类器的加权组合，形成强分类器，并且弱分类器的权重为其在训练集上的权重。

一个弱分类器对应一个特征，在选择哪些弱分类器形成强分类器的同时，也即完成了特征选择的功能，因此 Adaboost 算法可以同时实现特征选择与分类器的设计。一个弱分类器 $h_j(x)$ 对应一个特征 f_j，一个阈值 θ_j，还有一个用来指示不等式符号方向的函数 p_j，其表示形式为

$$h_j(x)=\begin{cases}1, & p_j f_j(x)<p_j\theta_j \\ 0, & \text{其他}\end{cases} \tag{3.84}$$

对于每一个特征，相应的弱分类器学习得到一个最佳的分类函数，使得训练样本的错误分类数达到最小。换句话说，在当前权重分布的情况下，每个弱分类器需要训练一个最佳的阈值 θ_j，使得这个弱分类器对所有训练样本的分类误差最小。

最佳阈值的确定方式如下。

对于第 j 个特征 f_j，计算所有训练样本关于该特征的特征值，并将其排序，通过观察特征值的分布，为这个分类器确定一个最优的阈值。具体来说，对排好序的表中每个特征值，分别计算下面四个值：

(1) 全部正例样本的权重之和 W^+；

(2) 全部反例样本的权重之和 W^-；

(3) 在此特征值之前的正例样本的权重之和 S^+；

(4) 在此特征值之前的反例样本的权重之和 S^-。

这样，当选取当前特征值和它前面的一个特征值之间的实数作为阈值时，这个阈值所带来的分类误差为

$$e = \min(S^+ + (W^- - S^-),\ S^- + (W^+ - S^+)) \tag{3.85}$$

通过对所有排好序的特征值的扫描，选择分类误差最小的那个阈值作为弱分类器的最佳阈值。Adaboost 算法流程如图 3.12 所示。

(1)给一组训练样本 $\{x_i, y_i\}, i = 1, \cdots, N$，其中，$y_i$ 为样本 x_i 的类别标号。

(2)分别将正例样本和反例的权重初始化为

$$\omega_{1,i} = \frac{1}{2m}, \frac{1}{2l}$$

这里的 m 和 l 分别为反例样本和正例样本的数量。

(3)循环迭代 $t = 1, 2, \cdots T$。

① 归一化权重

$$\omega_{t,i} \leftarrow \frac{\omega_{t,i}}{\sum_{j=1}^{n} \omega_{t,j}}$$

② 对于每一个特征 j，训练一个弱分类器 h_j 都要严格的遵守使用一个特征的原则。

计算每个弱分类器的误差：

$$\varepsilon_j = \sum_i \omega_i \left| h_j(x_i) - y_i \right|$$

③ 选择本次迭代中误差 ε_t 最小的那个弱分类器。

④ 更新权重：

$$\omega_{t+1,i} = \omega_{t,i} \beta_t^{1-e_i}$$

式中，如果样本被正确分类，则 $e_i = 0$；否则，$e_i = 1$，并且 $\beta_t = \dfrac{\varepsilon_t}{1 - \varepsilon_t}$。

(4)最终的强分类器为

$$h(x) = \begin{cases} 1, & \sum_{t=1}^{T} \alpha_t h_t(x) \geqslant \frac{1}{2} \sum_{t=1}^{T} \alpha_t \\ 0, & \text{其他} \end{cases}$$

式中，$\alpha_t = \log \dfrac{1}{\beta_t}$。

图 3.12　Adaboost 算法流程

3.3.5　Logitboost 算法

Logitboost 算法是 Friedman 等人于 2000 年提出的，其基本思想与 Adaboost 算法相似，都是基于现有样本数据集构建一系列的“弱分类器”，反复调用该“弱分类器”，通过计算每个样本的相应值和权重拟合弱分类器，最后采用组合的方法将各轮的弱分类器构成强分类器。其与 Adaboost 的区别主要在于，Adaboost 的权重更新函数是指数型，Logitboost 的更新函数是对数型。相对于 Adaboost，Logitboost 鲁棒性更好，可以在显著降低训练误差的同时提高泛化能力，并改善 Adaboost 存在的过拟合以及对噪声敏感等问题。

Logitboost 算法的具体过程如下：首先考虑二分类问题，样本 x 属于类别 1 的概率记为 $p(x)=\mathrm{e}^{F(x)}/(\mathrm{e}^{F(x)}+\mathrm{e}^{-F(x)})$ ，强分类器 $F(x)=\sum_{t=1}^{T}f_t(x)$ 是弱分类器的 $f_t(x)$ 组合，其中 $f_t(x)$ 基于牛顿迭代法最小化负的对数似然函数求得。Logitboost 算法的求解的核心是使用最小二乘回归法拟合样本点加权响应的值。算法的具体步骤如下：

(1) 初始化样本权重 $w_i=1.0/N,\ i=1,2,\cdots,N$ ，初始化概率密度，初始的分类函数 $F(x)=0$ 。

(2) 循环迭代 $t=1,2,\cdots,T$ 。

① 计算所有样本点的响应值和权重：

$$\begin{aligned} z_i &= \frac{y_i - p(x_i)}{p(x_i)(1-p(x_i))} \\ w_i &= p(x_i)(1-p(x_i)) \end{aligned} \tag{3.86}$$

② 使用加权的样本点响应值拟合弱分类器 $f_t(x)$ 。

③ 更新判别函数 $F(x)=0$ 和概率密度 $p(x_i)=1/2$ 。

(3) 得到最后的强分类器 $F(x)=\sum_{t=1}^{T}f_t(x)$ 。

第 4 章　目标检测的典型应用

人类所感知的外界信息 80%以上来自于视觉。目标感知是视觉系统的基本功能，为人类了解周围的环境和景物提供了至关重要的信息。人类天生具有这样一种能力，可以从纷繁复杂的外部世界中，迅速而准确地找到感兴趣的物体，如街道、人脸、行人、汽车、文字、建筑物等。目前，即使最好的计算机系统也难以模仿上述人类视觉系统的过程。为了了解人类的视觉感知过程，科学家们从生理学、心理学、神经学等各方面对人类视觉系统进行了探索，并在视觉的物理性质与组织结构方面发现了许多有价值的规律。但是，视觉感知的机理及其与神经系统之间的内在关系至今仍没有被掌握。

在计算机科学与工程领域，机器对自然界目标的自动识别与定位的过程被称为目标检测。让计算机或者机器人具有包括目标检测在内的感知能力是人类多年来的梦想。人们尝试采用各种计算机算法来模拟人类的视觉功能，所采用的工具包括了数字图像处理与机器学习等。沿着目标检测这个方向所取得的研究进展包括各种计算机视觉技术的原理、算法和系统。

随着各种机器学习算法的不断发展，一些典型的视觉目标检测技术，如人脸检测、行人检测、车辆检测与字符类目标检测取得了飞速发展，距离实际应用越来越近。本章针对几类典型目标检测算法进行阐述。

4.1　人 脸 检 测

人脸目标的自动获取与识别在视频监控、人机交互和电子商务安全等领域具有很高的应用价值。与人脸目标相关的研究主要包括人脸检测与人脸识别。最初人脸研究主要集中在人脸识别领域，而且早期的人脸识别算法是在假设已经得到一个正面人脸或者人脸很容易获得的情况下进行的。随着人脸应用范围的不断扩大和实际系统需求的不断提高，以上假设往往不复存在，因此，人脸检测开始作为独立的研究内容发展起来[1]。目前，国内外的文献中所涉及的人脸检测算法已经有很多种，许多重要的国际会议和期刊也都涉及人脸检测问题。人脸检测的例子如图 4.1。

人脸检测是一个具有挑战性的目标检测问题，主要体现在两方面。一方面是由于人脸目标内在的变化所引起，包括：①人脸具有相当复杂的细节变化和不同的表情(眼、嘴的开与闭等)，不同的人脸具有不同的外貌，如脸形、肤色等；②人脸的遮挡，如眼镜、头发和头部饰物等。另一方面是由于外在条件变化所引起，包括：

①由于成像角度的不同造成人脸的多姿态，如平面内旋转、深度旋转以及上下旋转等，其中深度旋转影响较大；②光照的影响，如图像中的亮度、对比度的变化和阴影等；③图像的成像条件，如摄像设备的焦距、成像距离等。

图 4.1　人脸检测的示例(见彩图)

4.1.1　人脸检测数据库

人脸图像数据库对于算法的研究、训练和测试是不可或缺的。在算法训练阶段，所采用的人脸库的规模、光照条件、表情、姿势等在很大程度上影响着算法的精度和鲁棒性。在算法测试时所用到的人脸数据库的规模同样决定了实验设计的合理性和结果的有效性。以下介绍 3 个在人脸检测中常用的人脸数据库。

1) MIT 人脸检测数据库[2]

该数据库由麻省理工学院多媒体实验室(MIT Media Laboratory)于 1989 年建立，训练集合中包含了 2429 幅人脸图像，4548 幅非人脸图像；测试集合中包含了 472 幅人脸图像，23 573 幅非人脸图像。

2) CMU 人脸检测数据库[3]

该数据库由卡耐基梅隆大学计算机系建立，包含了训练集合与测试集合，实际应用中较多使用其测试集合。CMU 人脸库包含了 CMU 与 MIT 数据库的人脸检测测试图像，分为 A、B、C 三个正面人脸测试集合与一个旋转人脸测试集合。正面人脸测试集合共有 127 幅图像、507 个人脸测试样本，旋转人脸测试集合共有 50 幅图像、100 多个人脸测试样本。

3) LFW 自然环境人脸数据库[4]

LFW 人脸数据库是一个在自然拍摄条件下采集的较大规模的数据库，包含了各种光照、姿态、表情的人脸图像。该数据库包含了彩色图像和灰色图像两个版本，共有 5749 个人，每个人有 1～10 张左右的人脸图像，同一个人的图像存放在同一个目录下，并以姓名作为目录名。总共有 26 466 张人脸图像，是做人脸识别、人脸检测等研究的常用数据库。

4.1.2　人脸检测的计算模型

通常所说的人脸检测是基于光学图像定位出现的人脸的具体位置和大小的简称。光学图像中的人脸图像(简称人脸图像)是外界光源(包括太阳、室内人造光源和其他物体表面反射)发出的光线照射在人脸上,经人脸表面反射后传播到电荷耦合元件(Charge-Coupled Device，CCD)的光线强度的度量[5]。

一般来说,一幅人脸图像是一个 3D 的人头或者一幅 2D 人脸图像在一定光照条件下的 2D 投影。人脸图像的变化可由许多因素导致，具体来说，这一成像过程实际上涉及以下三大类关键要素。

1) 人脸内部属性

包括人脸组件(眼睛，鼻子和嘴巴等)的基本形状、人脸表面的反射属性(如反射系数等，通常简称为纹理)、人脸的 3D 形状(表面法向量方向)，以及人脸表情、胡须等属性的变化。

2) 外部成像条件

包括光源(位置和强度等)、其他物体(比如眼镜、帽子)或者人体其他部件(如头发)对人脸的遮挡、头部姿态等。

3) 摄像机成像参数

摄像机成像参数包括摄像机位置(视点)，摄像机的焦距、光圈、快门速度，成像设备的畸变等内外部参数。

光学人脸图像的成像过程可以简单地形式化为

$$I = f(F;L;C) \tag{4.1}$$

式中，函数 f 表示成像函数； F , L 和 C 分别表示人脸内部属性、外部成像条件和摄像机成像参数这三类要素； I 为生成的人脸图像。如果进一步假设：人脸皮肤的反射属性满足朗伯(Lambertian)反射模型，人脸为凸表面结构，光源为无穷远处的单色点光源，则上述成像公式可以进一步改写为

$$I(x,y)= f_c(\rho_{(x,y,z)} \cdot \boldsymbol{n}_{(x,y,z)} \cdot \boldsymbol{s}_{(x,y,z)}) \tag{4.2}$$

式中， (x,y,z) 表示人脸表面的一点 P 的三维坐标； $\rho_{(x,y,z)}$ 表示 P 点的表面反射率； $\boldsymbol{n}_{(x,y,z)}$ 表示 P 点的表面法向量； $\boldsymbol{s}_{(x,y,z)}$ 表示光源的方向和强度； f_c 则表示摄像机的成像函数；而 $I(x,y)$ 则为摄像机最终输出的对应 P 点的图像像素的强度。

在上述成像过程中，人脸表面 3D 结构及其反射属性是人脸相对稳定的本质属性；而人脸表情变化、有无胡须等属于人脸内部属性，它们并不能改变人脸区别于非人脸的本质属性。至于光源等外部成像条件以及摄像机参数等外部因素就更不能作为人脸检测所依赖的特征属性。

在理想情况下，要描述人脸样本的不变性，基于统计学习的方法就应该从人脸图像表观中统计出人脸稳定不变的本质属性，输入到后端的判别分类器中进行判断。设输入图像为 I，这一过程可以形式化为以下 3 个步骤。

(1) 属性分离。分离人脸本质属性要素与光源条件 $\boldsymbol{s}^*$、摄像参数 c^*等外部参数要素：

$$(\rho^*_{(x,y,z)},\boldsymbol{n}^*_{(x,y,z)},\boldsymbol{s}^*,c^*)=f_c^{-1}(I(x,y)) \tag{4.3}$$

(2) 特征提取。从人脸属性要素中提取能够体现人脸的特征：

$$F^*=T(\rho^*_{(x,y,z)},\boldsymbol{n}^*_{(x,y,z)}) \tag{4.4}$$

式中，T 表示特征提取过程。

(3) 分类判别。根据图像中输入子窗口 w_i 提取的特征，判断该子窗口的模式：

$$y=g(F^*,w_i) \tag{4.5}$$

式中，$g(\cdot)$表示统计学习得到的分类器；$y=\{+1,-1\}$，其中，+1 表示输入的子窗口 w_i 为人脸，−1 为非人脸。

4.1.3 人脸检测算法

1. 基于肤色特征的检测

过去若干年中对于肤色检测问题的研究有很多，这为人脸检测中使用肤色特征打下了良好的基础。Jones 等[6]基于大量的样本图像对肤色检测问题进行了统计分析，比较了用直方图模型和混合高斯模型进行肤色检测的情况；Martinkauppi 等[7]对不同光照条件下的肤色分布问题作了细致分析，指出在特定的摄像机条件下，各种光照条件下的肤色分布可以用两个二次或者多次的多项式来完全描述，这为解决肤色光照问题提供了依据。

肤色用于人脸检测时，可采用不同的建模方法，主要有高斯模型、高斯混合模型，以及非参数估计等。利用高斯模型和高斯混合模型可以在不同颜色空间中建立肤色模型来进行人脸检测。Soriano 等[7]建立的肤色模型通过提取彩色图像中的面部区域以实现人脸检测，该方法能够处理多种光照的情况，但是算法需要在固定摄像机参数的前提下才有效。Comaniciu 等[8]提出使用非参数的核函数概率密度估计法来建立肤色模型，并使用 mean-shift 方法进行局部搜索实现了人脸的检测和跟踪。其方法提高了人脸的检测速度，对于遮挡和光照也有一定的鲁棒性。该方法的不足是和其他方法的可结合性不是很高，同时，用于人脸检测时，处理复杂背景和多个人脸时存在困难。

为了解决光照问题，可以针对不同光照进行补偿，然后再检测图像中的肤色区域，如图 4.2 所示。这样可以解决彩色图像中偏光、背景复杂和多个人脸的检测问题，但对人脸色彩、位置、尺度、旋转、姿态和表情等具有不敏感性。

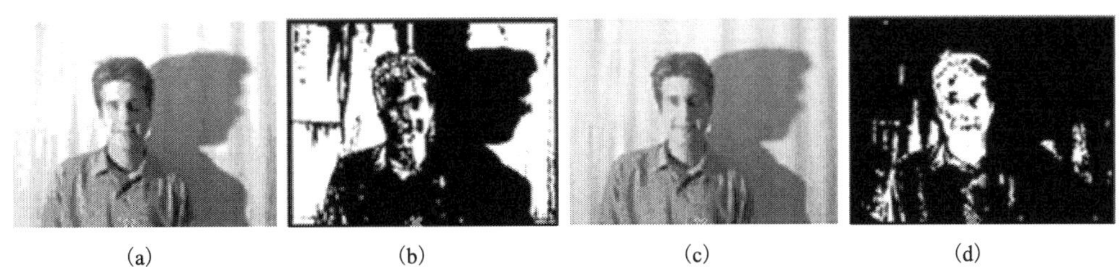

(a) (b) (c) (d)

图 4.2 肤色检测(见彩图)

(a)黄色光照条件下的图像；(b)检测到的肤色(白色部分)；(c)光照补偿后的图像；(d)从图(c)中检测到的肤色

使用肤色和形状信息来定位人脸和提取面部特征的方法，可在 HSV 颜色空间中进行颜色分割以确定肤色区域，然后在低分辨率图像中进行区域增长实现各肤色区域的连接。对于每个连通区域，用几何矩的方法拟合椭圆区域，并将那些与椭圆相近的连通区域作为候选的人脸。接下来，在这些候选的区域中进行面部特征的匹配以确认人脸目标所在的范围。

2. 基于边缘特征的检测

利用图像的边缘特征检测人脸时，其计算量相对较小，可以实现实时检测。大多数使用边缘特征的算法都是基于人脸的边缘轮廓特性，利用建立的模板(如椭圆模版)进行匹配。也有研究者采用椭圆环模型与边缘方向特征，实现简单背景的人脸检测。Fröba 等[9]采用基于边缘方向匹配(Edge-Orientation Matching，EOM)的方法，在边缘方向图(图 4.3)中进行人脸检测。该算法在复杂背景下误检率比较高，但是与其他的特征相融合后可以获得很好的效果。

图 4.3 图像边缘方向的向量场示例

3. 基于级联 Adaboost 与 SVM 的检测[1]

图 4.4 中的人脸检测系统级联了两个人脸检测器，第一个是采用 Adaboost 算法学习得到的检测器，第二个是采用 SVM 算法学习得到的检测器。将 Adaboost 算法作为第一级检测器主要是因为该算法不仅计算速度快，而且还可以达到和其他算法相当的性能。采用 SVM 算法作为第二级检测器是因为在采用 Adaboost 算法学习的过程中，最后总有一些人脸和非人脸模式难以区分，而且其检测的结果中存在一些与人脸模式并不相像的窗口。实验发现，那些 Adaboost 算法难以区分的人脸和非人脸模式对于 SVM 来说却相对容易区分。同时，采用 SVM 作为第二级检测器也可以去除 Adaboost 误判断为人脸模式的非人脸窗口。因此，在这种意义上来说，级联 Adaboost 和 SVM 组成的分类器可以提高人脸检测系统的性能。

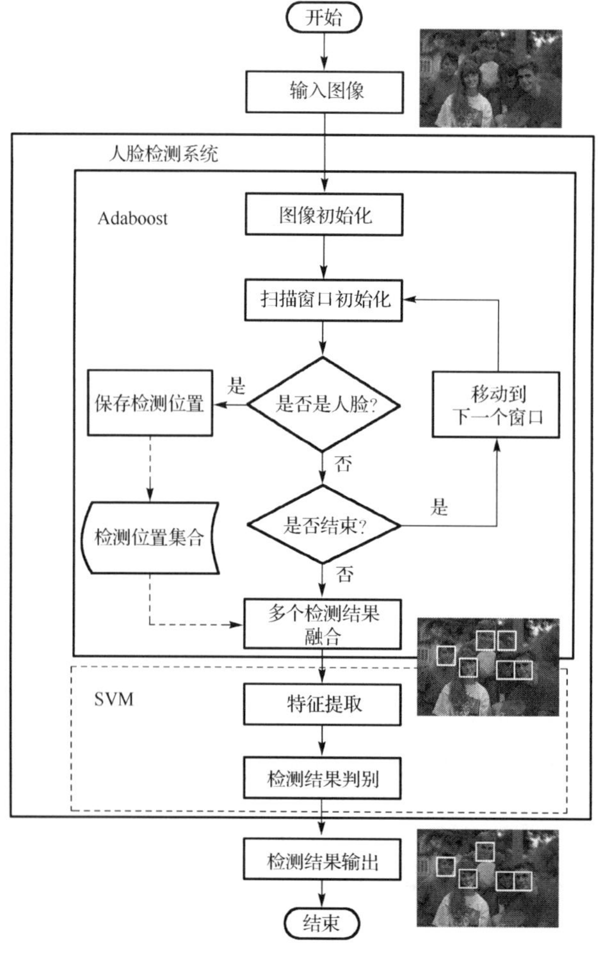

图 4.4　基于级联 Adaboost 与 SVM 人脸检测系统框图

如图 4.4 所示，基于级联 Adaboost 与 SVM 人脸检测器的检测步骤如下：①将输入的图像初始化，主要是计算输入图像的积分图，其中需要对图像进行多次缩放，最终使缩放得到图像的大小和训练的人脸样本相等(20×20)，并对所有缩放的图像计算积分图；②对输入检测器的子窗口进行初始化，主要包括对每个输入子窗口的方差归一化(这样可以在一定程度上减弱光照的影响)和输入子窗口的特征值计算；③将这些子窗口的特征值送入 Adaboost 分类器进行计算以判断该窗口是否为人脸窗口，并对那些 Adaboost 判断为人脸的子窗口保留其大小和位置信息，在 Adaboost 扫描完一幅图像后，对所有判断为人脸的子窗口进行合并；④对合并后得到的窗口提取特征并送入 SVM 进行验证，排除那些不可能是人脸模式的字窗口；⑤输出 SVM 验证后的人脸子窗口的参数(包括该窗口的大小和位置信息)作为人脸检测系统的输出。图 4.5 给出了基于上述流程的人脸检测结果。

图 4.5　人脸检测结果(见彩图)

图像主要来自于(a) MIT+CMU 正面人脸测试集，(b) 网络上下载的图像，(c) 体育视频，(d) 视频监控

图 4.6 所示的现有的几种人脸检测方法，主要包括 Brubaker 等[10]、Garcia 等[11]、Hou 等[12]、Li 等[13]、Schneiderman[14]、Viola 等[15]与 Chen[1]，在同一个公用的测试集合(MIT+CMU)上的性能比较。

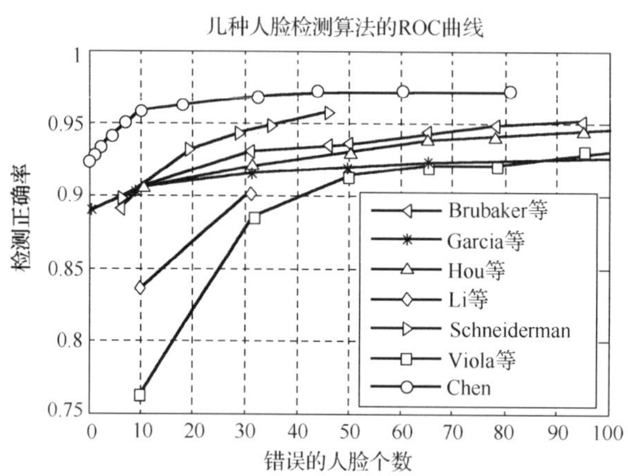

图 4.6 几种人脸检测方法在 MIT+CMU 数据库上的性能[1]

4.2 行人目标检测

行人是一种重要的目标，对行人目标进行自动检测具有重要应用价值。在国防领域，行人目标检测可以应用电子探测设备自动识别危险目标，帮助特种部队及空降兵探测周边区域的情况并保卫军营的安全、防止偷袭和破坏等；在民用领域，该技术可用于重点建筑(核电站、水电站、水库、银行、重要桥梁等)及重要地点(国家重点保护建筑、博物馆、体育场馆、地铁站、监狱等)的安全保卫工作，增强小区安全监控、减少犯罪，从而增强居民的安全感；在智能交通领域，该技术可以及时监控交通事故并对可能对道路交通造成威胁的行人进行安全预警。

4.2.1 人体检测数据库

表 4.1 列出了目前常用的几个行人检测数据库。根据图像获取装置的不同，数据库大致可以分为两类：静态图像和视频。INRIA 数据库针对较高分辨率图像中的行人目标，自 2005 年发布以来，一直备受关注，推动了行人检测技术的快速发展。PascalVOC2007 数据库是近年来目标检测领域最具影响力和挑战性的数据库，最优秀的检测算法在这个数据库上的检测结果也不是很理想，说明行人目标检测还有很大的研究空间。Caltech 数据库是通过车辆上的移动摄像机拍摄行人目标，其分辨率相对较低，行人高度一般在 50～100 个像素之间，反映了行人目标检测算法在低分辨率移动检测平台上的应用。

表 4.1　行人检测公开数据集

数据集	训练集	测试集	注解
INRIA Dataset [16]	1218 个行人样本	453 个行人样本	彩色图像、背景复杂
Caltach Dataset [17]	250 000 帧图像，350 000 个行人样本		驾驶员视角、视频帧序列
TUD-Brussels [18]	508 幅 640×480 的图像，1326 个行人样本		多尺度、多视角的行人
VOC2007 Dataset[19]	4096 个行人样本	4528 行人样本	彩色图像、最具挑战和影响
TUD Dataset[20]	4732 幅彩色图像(含标定数据)	250 幅彩色图像	图像尺寸不一、含部位标定共 8 个视角
SDL Dataset[21]	正面人体样本 1000 个、侧面人体样本 3050 个、多视角样本 7550 个	140 幅彩色图像+258 幅多视角图像	包含正面/侧面/多视角 64×128 像素(训练)

4.2.2　人体检测常用特征

人体检测常用的特征包括了第 2 章中的 Haar-like 特征和 HOG 特征。这里主要介绍可变尺寸 HOG(variable-size HOG，v-HOG)特征和多尺度方向(Multi-scale Orientation，MSO)特征，它们是上述典型特征的扩展。

1. v-HOG 特征

v-HOG 特征[22]是基于 HOG 特征演变出来的一种变尺度块状特征。HOG 特征是固定位置、固定尺度块上的梯度方向直方图特征，而 v-HOG 特征则是由变尺度、非固定位置块上的梯度方向直方图组成的。根据特征选择与分类器分类的结果，可以挑选出用来表示人体目标的 v-HOG 块。v-HOG 块的长宽比一般为 1∶1、1∶2、2∶1，块的大小在 12×12 到 64×128 的像素区域内变化。所有块仍然像 HOG 一样由 2×2 个 cell 组成，每个 cell 里面统计的是一个 9 维的梯度方向直方图，cell 的大小随着块的大小而改变。但是，无论 cell 大小如何变化，仍然是向 9 个方向进行投影，因此每个 cell 均得到一个 9 维梯度直方图。相应地，每个 v-HOG 特征向量是 4×9＝36 维。图 4.7 显示了 v-HOG 特征的提取过程。

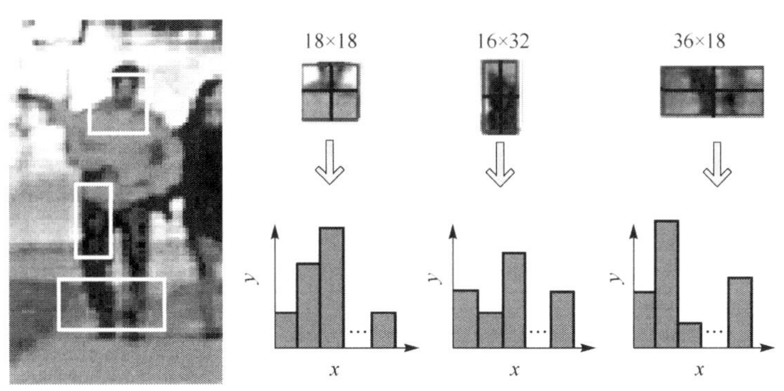

图 4.7　v-HOG 特征(见彩图)

2. MSO 特征

MSO 特征[23]受到 Haar-like 特征[24]与 HOG 特征[25,26]的启发，融合了两种特征的优点，从而能够更好地捕捉人体模式的变化并提高了计算效率。MSO 特征分为单方向、多方向两种形式。单方向 MSO 特征由尺度不同、位置各异的块组成，它以图像的颜色特征为基础，通过对特征块像素的颜色值进行累加计算，得到块的方向特征来描述块的整体方向。多方向 MSO 特征结合了 HOG 的思想，对块内所有像素的梯度方向进行统计，得到一个 8 维特征向量。多方向 MSO 特征可以很好地把握图像的整体信息，而且由于其块的维数小于 HOG 特征块的维数，所以具有较高的运算速度。

MSO 特征使用 8 个尺度扫描训练图像，得到在 8 个尺度下的正方形特征块，见图 4.8(a)。在某个尺度上单方向 MSO 特征的特征值计算可分为两步：①计算正方形区域的梯度方向；②将梯度方向映射成固定的特征值编码。将正方形区域划分成水平和竖直两个方向的四个子区域，分别计算两种划分下的水平灰度差 dx 和竖直灰度差 dy。计算水平灰度差 dx 时，首先需要将正方形分为左右两个等分，分别计算两个小区域的所有像素的灰度值之和，得出水平灰度差；再将正方形分为上下两等份，用同样的方法计算出竖直灰度差 dy，见图 4.8(b)。

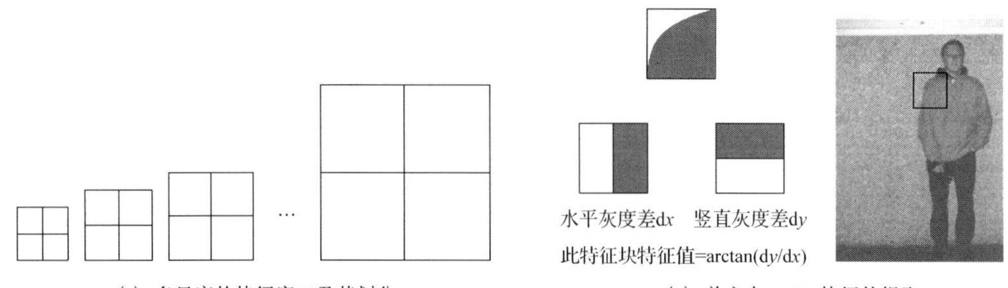

(a) 多尺度的特征窗口及其划分　　(b) 单方向 MSO 特征的提取

图 4.8　MSO 特征

然后，根据所求出的 dx 和 dy 计算出这个特征区域内的梯度方向 Ori_Rect：

$$\text{Ori\_Rect} = F(\arctan(\mathrm{d}y / \mathrm{d}x)) \tag{4.6}$$

式中，$F(\cdot)$ 为一个离散的映射，取值在非负整数集合 $\{0,1,\cdots,8\}$ 中。它等价于将介于 $0^\circ \sim 360^\circ$ 的每个梯度方向 $\arctan(\mathrm{d}y / \mathrm{d}x)$ 分别向 9 个方向投影。当 $\arctan(\mathrm{d}y / \mathrm{d}x)$ 的值在 $0^\circ \sim 20^\circ$ 或 $180^\circ \sim 200^\circ$ 之间时，$F(\arctan(\mathrm{d}y / \mathrm{d}x))$ 的值为 1；当 $\arctan(\mathrm{d}y / \mathrm{d}x)$ 的值在 $21^\circ \sim 40^\circ$ 或 $201^\circ \sim 220^\circ$ 之间时，Ori_Rect 的值为 2，依此类推，可以得到所有块的梯度方向。

相对于单方向 MSO 特征，多方向 MSO 特征主要是对所选的特征区域使用一个

8 维的直方图作为此区域的特征值。计算该特征时，首先利用水平和垂直方向的 Prewitt 算子[−1, 0, +1]分别计算特征区域内像素点(x, y)的水平和竖直灰度差 dx 和 dy，然后计算区域中每个像素位置的梯度方向，最后将所有像素点的梯度方向投影到 9 个方向上形成直方图向量。

4.2.3　实例分析

基于机器学习的目标检测框架是为了对图像中的单个区域进行分类而建构起来的。这种目标检测框架可以分成两部分：训练和检测。训练的目的是为了创建一个二值分类器，用于区分图像中的某个区域(或窗口)是否是所检测的目标。而检测的任务是对测试图像中的检测区域进行扫描，并利用分类器对扫描结果进行决策。最后，将所有决策融合成最终的检测结果。训练和检测都包括三个步骤，如图 4.9 所示。这就构成了一个目标检测的通用框架。检测结果不仅取决于分类器的准确度，同时取决于最后结果的融合情况。

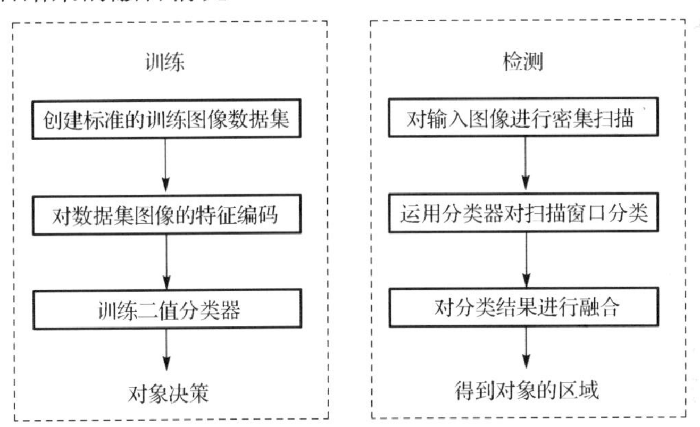

图 4.9　基于机器学习的目标检测框架

训练的第一步是创建训练样本集。训练的正样本是目标分布在正中的图像窗口，而负样本则从不含任何正例目标的图像中进行随机抽样生成。分类器就是从这样的样本集合中训练得到的。理想的情况下，每个正样本应该只包含一个正例目标，正样本的尺寸应略大于检测窗口的尺寸。

基于机器学习的目标检测框架具有很多的优点，例如，它可以兼容传统的分类器进行检测，并且使传统分类器更加灵活；在窗口的位置和尺寸改变时，不影响分类器的效果，我们称之为位置不变性和尺寸不变性(虽然还有一些其他的转换也不影响分类器的效果，但是姿态、视角和光照等因素不在此范围)。基于机器学习的目标检测框架的优点还在于分类器能够工作在相关的坐标系中(如与当前窗口中心相关的特征位置)，这就使得一些相关的刚性特征集能够被使用。然而，这同时也意味着分类器是运行在大量的窗口之上的，需要花费大量的计算资源，同时也使得整体的检测结果对正样本的错误率非常敏感。实际上，一个 640×480 像素的图像中可以包含 10 000 个以上的窗口，所以正样本错误率的有效范围通常需要控制在单位窗口 10^{-4} 以下。

基于 SVM 的人体检测算法的简单流程见图 4.10，主要包含 6 个步骤：颜色空间标准化、梯度计算、空间和方向上的梯度统计、对比度标准化、特征向量生成，以及基于 SVM 的分类器的训练。前 5 个步骤的作用是从输入图像中提取 HOG 特征，这个过程不仅可以用于分类器的训练，也可以用于分类器的检测，是整个算法的核心部分。下面给出整个算法的流程和前 5 个算法的实现。

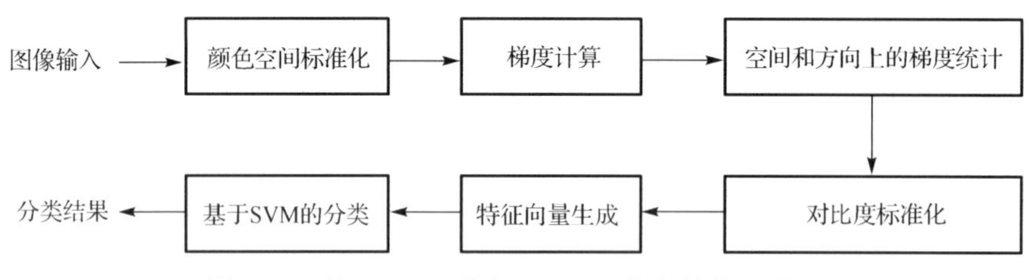

图 4.10　基于 HOG 特征和 SVM 的人体检测流程

1) 颜色空间标准化(Gamma 标准化)

我们评估了图像像素点的几种不同表示方法，包括灰度信息、RGB 和 Lab 颜色空间信息，并选择性地进行了幂处理。结果表明，当颜色信息可用时，会提升目标检测效果。比如，在人体检测中，RGB 和 Lab 颜色空间信息对结果的影响大致相同，而使用灰度信息时则可以将每万个单位窗口的错误检测率(10^{-4} FPPW(False Positives Per Window))降低 1.5%。

平方根和 log 压缩是两种不同方式的 Gamma 标准化。这两种方式都需要在颜色空间的所有通道上进行。通过 log 压缩可以判断出图像的信息形式形成是一个乘法过程，所以可以断定，从反曝光率到曝光率，log 因素对照明影响的变化是很缓慢的。同样，CCD 检测器的光子噪音与光照的平方根成正比，所以平方根标准化能够有效抑制噪音的影响。对大多数目标类来说，平方根压缩对检测效果的提高都能够有一个很小的保证，这个保证之所以小是因为后面的特征归一化也能够达到相似的效果。对人体检测器来说，平方根压缩能够在很小的程度上(每万个单位窗口的错误正检测率降低 1%)提高检测效果。然而 log 压缩的作用力太强，使得检测效果降低 2%(10^{-4} FPPW)。经验证明，平方根压缩对于自行车、摩托车、汽车、公交车，以及人等目标的检测表现更加优越。对于包括动物在内一些以颜色变化为主的目标，如猫、狗、马等，未经标准化的 RGB 信息要更适合一些，然而，对于牛和羊来说，平方根压缩要更加优秀。这也许就如同一个典型的图像背景和目标本身的问题一样，难以区分。

2) 梯度计算

我们采用一种离散的平滑模板对图像进行可选的高斯平滑。对于颜色图像(RGB 空间或 Lab 空间)来说，首先分别计算每个颜色通道的梯度，然后选出最规范的一个作为像素的梯度向量。在 Dalal 等在文献[26]中，对各种尺度的平滑包括 $\sigma=0$ 进行了评估。计算梯度时的平滑会严重破坏检测的效果。对于高斯导数，将 $\sigma=0$ 逐渐增加到 $\sigma=1.0$ 将会使错误率提高将近一倍，从 11%～20%(10^{-4} FPPW)。导数模板的测试包括了多个一维的点导数模板、3×3 的 Sobel 模板和 2×2 的对角矩阵模板 $\begin{bmatrix} 0 & 1 \\ -1 & 0 \end{bmatrix}$ 和 $\begin{bmatrix} -1 & 1 \\ 0 & 1 \end{bmatrix}$ (这两个是最简洁的中心二维导数模板)。其中，简单的模板(−1,0,1)得到的效果是最佳的。采用诸如立方修正、3×3 的 Sobel 模板或者 2×2 的对角矩阵模板的平滑方式会显著地降低效果。不同类型导数运算的比较如表 4.2 所示。

表 4.2　不同梯度模板对检测结果的影响

模板类型	一维中心	一维非中心	一维立方修正	2×2 对角	3×3 Sobel
操作符	[−1,0,1]	[−1,1]	[1,−8,8,−1]	$\begin{bmatrix} 0 & 1 \\ -1 & 0 \end{bmatrix}$ $\begin{bmatrix} -1 & 1 \\ 0 & 1 \end{bmatrix}$	$\begin{bmatrix} -1 & -2 & -1 \\ 0 & 0 & 0 \\ 1 & 2 & 1 \end{bmatrix}$
错误率(10^{-4} FPPW)	11%	12.5%	12%	12.5%	14%

总体说来，检测器的效果对于梯度计算的方式是非常敏感的，而最简单的一维中心模板(−1,0,1)在 $\sigma=0$ 情况下取得的效果最佳。使用其他形式的平滑或者更大更复杂的模板都会损坏最终的检测效果。造成这种结果最可能的原因是图像中的归整信息对目标检测是非常重要的：从根本来说，图像是基于边缘的，而平滑会降低边缘信息的对比度，从而减少图像中的信号信息。一个有用的结论就是最佳的图像梯度应该能够快速且简单地计算得到。

3) 空间和方向上的梯度统计

这一步是描述符的基本非线性化。每个像素为梯度方向贡献一个加权的值，这个方向是指梯度元素中心的方向。接下来将一个局部空间内所有像素点的梯度加权值累积到所有的梯度方向上。这个局部空间被称之为“单元格”，可以是矩形，也可以是圆形。梯度方向平均地分布在单元格的空间里。对于无符号的梯度值，分布空间为 0°～180°；对于有符号的梯度值，分布空间为 0°～360°。为了避免混淆，梯度权值将在方向和位置上三角插值到相邻的两个方向中心上。权值是像素梯度量级的一个函数，无论是量级本身，量级的平方，量级的平方根，还是量级的省略形式都能够反应像素上的边缘信息。根据 Dalal 等论文的测试结果，采用量级本身得到的检测效果最佳，使用量级的平方根会轻微降低检测结果，而使用二值的边缘权值表示会严重降低效果(约为 5%个单位 10^{-4} FPPW)。

对于所有的目标分类，好的效果绝大程度上取决于优良的方向编码，而空间梯度方向上的插值影响较弱。实验证明，关于人体数据集，对于无符号梯度值(0°～180°)，增加空间中梯度方向的数量可以提高分类效果；然而，当方向数量大于 9 时，效果的改变就不是很明显了。对于有符号的梯度值，即使将方向数量翻倍，分类效果也会降低。因此，可以推断的是梯度符号重要性不高，这是因为对于人体目标来说，衣服和背景颜色的变化范围较广，梯度符号无法发挥作用。但是需要指出的是对于其他目标，如车辆与人脸等，梯度值的符号却扮演着很重要的角色。

4) 对比度标准化

由于图像中局部的曝光率和前景-背景对比度的多样化，梯度值的变化范围也非常广。因此，有效的局部对比标准化对于好的运行效果至关重要。标准化的方式有很多种，大多数的原理都是将一组单元格放到一个更大的空间块中，然后在每个空间块中分别进行标准化。实际上，块基本上都是互相重叠的，所以每一个单元格的标量会在不同的块中计算多次，并且以不同的值出现在最终的特征向量中。这样虽然看上去很繁复，但是包含重叠块的信息能够大大地改善分类结果。

5) 特征向量生成

在单元格大小(η)和块中单元格数量(ς)不同的情况下，检测的错误率(单位：10^{-4}FPPW)会有所变化。对于人体目标检测，块中包含为 3×3 个单元格，单元格的大小为 6×6 个像素时，检测效果是最好的，错误率约为 10%(10^{-4} FPPW)左右。块中单元格数量为 2×2，单元格大小为 8×8 个像素时，也相差无几。实验表明，6～8 个像素宽的单元格，2～3 个单元格宽的块，其错误率都在最低的一个平面上。块中单元格数量多时标准化的作用会被削弱，从而导致错误率上升，而块中单元格数量少时，有用的信息反而会被过滤掉。

在将梯度累加到相邻的方向之前，通过对空间窗口进行高斯处理，可以降低块边缘像素的权值，进而可以改进检测效果。当采用 $\sigma=0.5$ 倍块宽度的高斯处理时，检测性能可提高 1%(10^{-4}FPPW)。

与此同时，也可以采用不同的块对特征进行编码，这种不同包括块尺寸的不同和块中所包含单元格的尺寸的不同。如果在特征中只使用 3×3 和 2×2 的单元格(单元格尺寸为 $\eta=8\times8$)的话，效果的改善很微小，而使用多种不同尺寸的单元格($\eta=8\times8$，$\varsigma=2\times2$ 和 $\eta=4\times4$，$\varsigma=3\times3$)能够提高约 3%(10^{-4} FPPW)的检测效果。然而，$\eta=8\times8$，$\varsigma=2\times2$ 和 $\eta=4\times4$，$\varsigma=4\times4$ 在块尺寸为 16×16 的情况下，对结果的影响却不那么明显。所以，多种块的编码方式应该同时考虑单元格和块尺寸的大小。当然，这样也会付出一些代价，与之对应的特征向量也会因此而增加，所以它更适用于一些特征选择机制，如 Adaboost，以避免对过大的特征向量进行编码。

图 4.11 给出了实验中采用的训练集合，包括正例图像(上一行)2416 幅和反例图像(下一行)约 3000 幅，样本尺寸为 64×128 像素。

图 4.11　人体目标检测的正例和反例学校样本(见彩图)

6) 实验效果

图 4.12 中列举了一些具有代表性的图像，包含了背景复杂、姿态多变的人体样本。通过选择合适的特征描述和分类器，基本解决了直立人体的多视角和多姿态的检测问题。尽管如此，在某些视角的人体检测方面仍然不够完美，还存在着一定问题。例如，在图 4.12 中，当人体目标比较多的时候，或者当人与人之间有比较多的相互遮挡时，就会出现一些错误的窗口。这说明目前的一些特征描述和分类算法还并不可以彻底解决人体检测中的视角问题，算法还有待进一步的提高。尤其对于一些人体形变特别大的目标，比如，处于蹲、趴状态的人体目标往往被分类器漏检。这些也是目前人体检测研究的热点和难点。

(a)　　(b)　　(c)

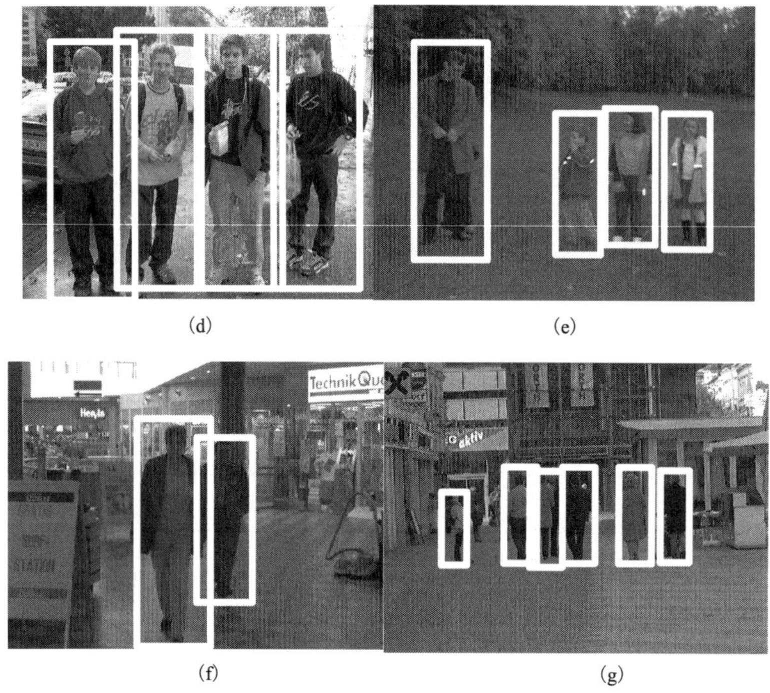

(d) (e)

(f) (g)

图 4.12 部分检测结果(见彩图)

本节提及的两种方法 v-HOG[22]、MSO[23]和经典的 COV[24]、VJ[25]、HOG[26]、LatSVM-V2[27]方法在 INRIA 和 Caltech 行人检测数据集上的检测性能如表 4.3 所示，其中 COV、v-HOG 和 MSO 采用 Miss Rate vs. FPPW (False Positive per Window)，VJ、HOG、LatSVM-V2 采用 Miss Rate vs. FPPI (False Positive per Image)。

表 4.3 行人检测性能

方法	特征	分类器	Miss Rate	
			INRIA	Caltech
COV[24]	COV	Logitboost	10% (FPPW)	—
v-HOG[22]	v-HOG	SVM	12% (FPPW)	—
MSO[23]	MSO	SVM	9% (FPPW)	—
VJ[25]	Haar	Adaboost	72.48% (FPPI)	94.73% (FPPI)
HOG[26]	HOG	SVM	45.98% (FPPI)	68.46% (FPPI)
LatSVM-V2[27]	HOG	LatentSVM	19.96% (FPPI)	63.26% (FPPI)

4.3 车辆检测

交通事故给司机和行人带来越来越多的危害。司机面临的主要危险来自路面的其他车辆，因此，有必要开发智能交通系统(Intelligent Transportation Systems，ITS)

以减少交通事故的发生。智能交通系统是 20 世纪 60 年代提出，在 90 年代发展起来的，它是本世纪交通发展的方向。目前，世界各国根据本国国情制定了相应的交通发展计划，确定了本国的交通发展重心。美国投资 6000 亿美元用于 ITS 的研究和开发利用，欧洲联盟简称(欧盟)也投资 1000 亿美元制定了庞大的 ITS 发展计划。亚洲国家如日本、韩国、新加坡等也将大力发展 ITS 技术；我国也加入了研究和开发利用 ITS 的行列，并朝着世界一流的研究开发水平努力。

车辆辅助驾驶系统是智能交通的一个重要组成部分，其主要研究内容是车辆检测，特别是路面车辆检测，通过准确的车辆定位与跟踪为驾驶员提供周围环境信息。在车辆检测中使用的传感器通常有两种类型：主动式和被动式。激光测距仪、毫米波雷达、电磁感应线圈等为主动式传感器。基于主动式传感器进行车辆检测，算法实现简单，性能较好。其不足是分辨率较低、传感器之间互有干扰、成本昂贵，以及可能带来的环境问题等。CCD 摄像机以及目前在军事、民事领域广泛使用的红外热像仪则属于被动式传感器。CCD 摄像机价格较低，并且能够提供丰富的视频资料信息，通过采用计算机视觉技术对视频资料进行分析，在车辆行驶路线发生改变(如转弯)时，可以实现有效的车辆目标检测跟踪。其缺点是目前的计算机视觉可靠性还不够高，因此难以提供高精度的车辆目标定位。伴随着计算机硬件和软件技术、图像处理技术、机器学习理论方法的发展，人们始终在提高视觉车辆目标检测的性能，并且将基于视觉被动传感器的车辆检测与基于主动传感器的检测方法相结合，用于解决实际应用问题。

4.3.1　主要的车辆检测数据库

MIT-CBCL 车辆检测数据库[28]。该数据集由麻省理工学院 MIT-CBCL 实验室建立，包含了不同形状、颜色、视角，并且有局部遮挡和光照变化的图像。车辆的视角分为正视角和后视角，每幅图片由原始图片归一化到 128×128 像素大小，且车辆位置居中，共 516 幅车辆图片。

Pri-SDL 车辆检测数据库[29]。该数据集由中国科学院大学模式识别与智能系统实验室 Pri-SDL 建立，包含了 1528 幅训练集图片，164 幅测试集图片。车辆训练集图片视角同样包括正视角和后视角。

4.3.2　车辆检测的一般方法

基于计算机视觉的车辆检测系统包括两个基本步骤：假设产生阶段和假设验证阶段。在假设产生阶段，图像中可能存在车辆的区域被假设出来；在假设验证阶段，采取一些测试措施来验证图像中的车辆区域[30]。

假设产生的方法大体分为三类：基于知识的方法、基于立体视觉的方法和基于运动信息的方法。基于知识的方法利用先验知识(如对称性、颜色、阴影、角点和水平垂直边缘、纹理、车灯等)来确定车辆在图像中的初始位置。该方法简单、直观，易于编程实现，但需要估计多个经验阈值，如车辆长宽的经验比值、车辆边缘的最小长度、车辆阴影与道路的灰度差异阈值等。经验阈值的准确与否，直接关系着系统性能的优劣。基于立体视觉的方法建立在视差或频差理论基础上，运用两个或多个摄像机对同一景物从不同位置成像获得立体像对，通过各种算法匹配出相应像点，从而恢复深度(距离)信息，并使用这些信息利用逆投影变换[31]来估计车辆在图像中的位置。这种方法要求对摄像机进行正确标定，而且还会受到车辆运动与天气及光照等因素的影响。基于运动信息的方法主要利用序列图像之间存在的大量相关信息进行车辆的初始假设，主流算法有帧差法和光流法。

假设验证的方法主要有两类：基于模板的方法和基于外观的方法。基于模板的方法首先建立车辆类在不同情况下的各种模板，然后计算输入图像和模板之间的相关性，通过对相关性的分析来完成验证。基于外观的方法从大量的训练数据中学习车辆类的特性。首先，每一个训练样本都用一组局部或全局特征来表示；然后，通过训练一个分类器，通过学习得到车辆和非车辆的决策边界；最后，利用该决策边界来对一个新输入的图像进行判断。对于训练数据，通常需要大量不同外观的车辆图像作为正例样本和许多不同的非车辆图像作为反例样本。

特征提取方法和分类器的选择是基于外观的检测方法的核心问题。PCA[32]、局部方向编码(Local Orientation Coding，LOC)[33]、Haar 小波特征[34]、梯度方向直方图特征(HOG)[25]都已经被用于特征表述。常用的基于统计的分类器包括神经网(Neural Network)[32-34]，支持向量机 SVM 和 Adaboost 分类器等[34]。

与其他目标检测问题类似，在车辆目标检测过程中需要为车辆选择一个适当的特征描述以产生较大的类间散度，同时最小化类内散度[34]。为了对一个车辆的形状结构进行编码，必须在一个特定的分辨率上来识别车辆目标的特征。在这个特定的分辨率上，车辆目标内部具有一定的一致性，同时可以抑制噪声。

在某种分辨率下无法发现的特性在另一种分辨率下可能很容易被发现。小波变换就是捕捉多分辨率特性的一种常用工具。Haar 小波是小波的一种，通过将图像进行 Haar 小波变换，将图像由像素空间变化为小波系数空间，从而形成一个完备的特征字典，形成对图像的描述。它使用不同尺度的小波特征对图像进行多分辨率的描述，获取图像不同层次上的细节特征。字典中的特征集可以反映图像局部区域在几个不同方向上的灰度差。Papageorgiou 等[34]在行人检测中使用两个尺度上的小波函数对图像进行 Haar 小波变换，并在所有的小波系数中选择能够表现类内一致性的系数作为简单的特征。Viola 等[15]又对基本的 Haar 特征进行了拓展，实现了对图像更精细的描述，该特征在人脸检测上取得了好的效果。

Gabor 小波是一种被高斯函数调制的带有特殊频率和方向的正弦波。它可以在捕获图像空间频率结构的同时保留空间关系信息，因此，它适用于提取方向依赖性较强的模式信息。最初，它只用于一维的信号分解。从 20 世纪 80 年代开始，由于生物学方面发现二维 Gabor 滤波器和视觉外皮神经细胞之间的相似性，研究者开始在计算机视觉应用中使用 Gabor 滤波器作为空间和卷积滤波器。目前，Gabor 滤波器已经成功地应用于不同的图像分析领域，包括边缘检测、图像编码、纹理分析、手写数字识别、人脸识别、车辆检测和图像检索等。尽管 Gabor 滤波器在模式识别系统中已广泛应用，但是它的主要应用领域是特征提取。它能够同时获取空间和频率信息，优于传统信号表达(后者只能获取空间或频率信息的一种)。Sun 等[30]使用 Gabor 滤波器的幅值响应作为特征用于车辆检测。也有研究者结合遗传算法(genetic algorithms)来选择适当的 Gabor 滤波器，利用幅值响应的矩作为特征，提高了检测性能。

直方图描述子计算简便有效，并且对噪声和图像局部变化具有一定的鲁棒性，因此，已经被广泛地应用于表述、分析和识别图像。如前面章节所述，Dalal 提出使用 HOG 描述子用于人体检测。然而，由于一定程度上的不变性，HOG 特征对于一般的目标检测不一定具有同样好的效果。直方图描述子丢失了物体的某些结构信息，对于一些目标来说，这样的描述是不够精确的。为了在不变性和敏感性两个方面达到一个平衡，多分辨率的直方图被提出来。通过将图像与高斯滤波器、Gabor 滤波器等进行卷积，可以实现对图像的表观结构进行更精确的编码。

4.3.3 实例分析

本书采用假设产生和假设验证两个步骤来进行车辆检测[35]。

在假设产生阶段，采用一种快速且有效的方法定位出车辆的候选区域。通过对 Haar-Like 特征进行改进，结合图像的梯度特征，采用多尺度方向特征(MSO)来对车辆进行表述，利用 Adaboost 级联分类器进行车辆候选区域的检测。

在假设验证阶段，需要更有效、表述更精确的特征和更准确有效的分类器进行车辆区域的最后判别。通过对目前国内外所使用特征的分析，提出了一个新的特征集——多尺度方向直方图(Histograms of Multi-Scale Orientations，H-MSO)，来用于车辆的表述，采用 SVM 分类器进行分类判别。多尺度方向特征通过将图像与不同尺度和方向的 Gabor 滤波器卷积得到。它从 HOG 特征演化而来，使用 Gabor 方向响应代替梯度方向，从而获得了多尺度的方向，并且能够捕捉更多的细节特征。特征集合能够将空间直方图和多尺度方向结合起来，从而使得算法在车辆检测中更加鲁棒。

检测算法的框架如图 4.13 所示。首先，使用 MSO 特征集来描述所有的正例和反例训练样本，并对所有的样本经过 Adaboost 分类器进行训练，形成初始的分类模型，从而完成车辆假设的产生过程。然后，使用 H-MSO 特征集来描述所有的正例和反例训练样本，并对所有的样本用 SVM 分类器进行训练，形成最后的分类模型。在车辆检测过程中，逐行逐列地扫描固定大小的图像块，然后将图像块依次用 Adaboost 分类器和 SVM 分类器进行判别，最终完成图像中车辆区域的检测。

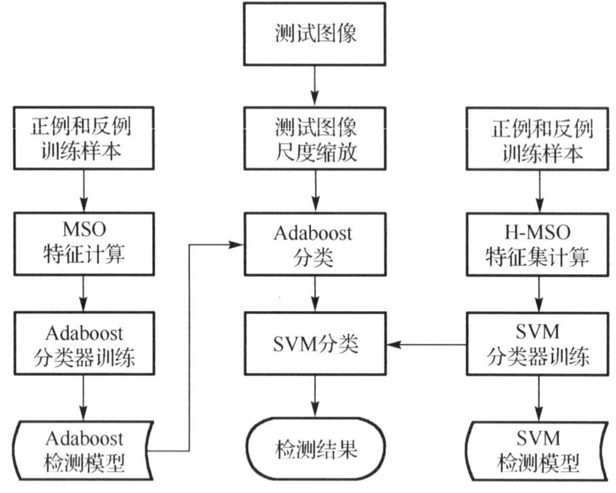

图 4.13　车辆检测算法框架

对于车辆检测来说，实验数据的作用也非常重要。训练数据的选择直接影响到分类器模型的好坏，而测试数据则用来评估算法的性能。由于本书研究的路面车辆主要是正视的车辆，因此，在训练过程中，主要使用正视的车辆作为正例样本。我们一共收集了 1500 多幅正视的车辆图像作为正例样本和多于 5000 幅的非车辆图像作为反例样本(如图 4.14 所示)。所有的训练样本都是手工收集和标定的。为了确保数据的多样性，我们分别在不同的时间和条件下收集了大量的样本；为了保证训练样本的一致性，训练集中的每一个样本都被归一化到 64×64 大小。

(a) 正例样本

(b) 反例样本

图 4.14　训练样本集(见彩图)

测试数据用于评估算法的性能。我们共使用了 684 幅 MIT-CBCL 数据集合的图像来定量地评估本书所提出方法的有效性。这些图片包含了不同的形状、颜色、视角，并且有局部遮挡和光照变化的影响等。所使用的一些测试图片如图 4.15 所示。

(a)　(b)　(c)

(d)　(e)　(f)

(g)　(h)　(i)

图 4.15　测试图像示例(见彩图)

图 4.16 显示了用本书的算法进行假设验证过程的结果，可以看到在假设产生阶段的基础上，验证阶段又过滤掉了大量的误检区域。(f) 图表明本算法对一定程度的光照变化具有鲁棒性；(g) 图表明算法可以检测到不同类型的车辆；在 (d) 图中，存在一定视角变化的车辆和不同形状的车辆都被成功检测，该图还说明，在本图所处的复杂背景下，没有错误的检测发生；(a) 图、(b) 图、(c) 图、(e) 图等表明了本算法对视角变化具有一定的鲁棒性；(i) 图说明算法对部分遮挡具有一定的鲁棒性。所有的检测结果可以表明，本书使用的算法在各种复杂背景下，不仅对正视车辆具有很好的效果，并且对视角的轻微变化也具有一定的鲁棒性，同时，对轮廓与轿车类似的其他车型，也可以成功检测到。

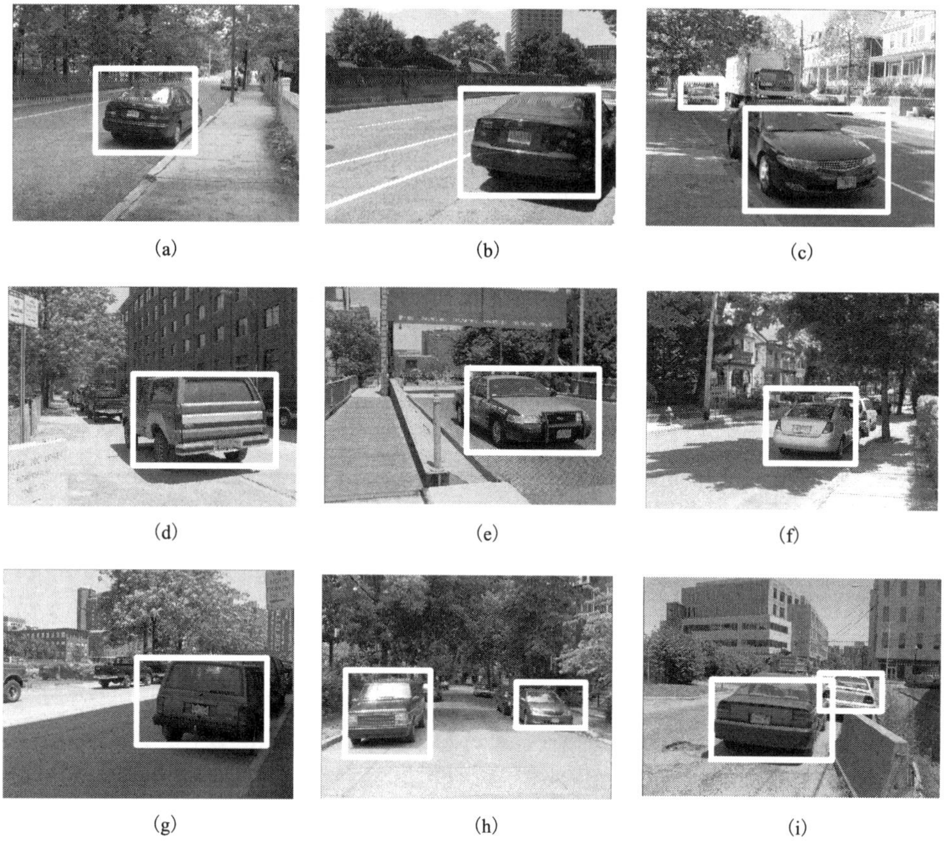

(a)　(b)　(c)

(d)　(e)　(f)

(g)　(h)　(i)

图 4.16　车辆检测结果示例(见彩图)

为了验证本书提出的算法是否能够满足实时检测路面车辆的需要，我们对路面环境拍摄的视频图像进行了检测，检测结果如图 4.17 所示。通过查全率和误检率对检测效果进行评估。查全率是指检测到的车辆数与实际的所有车辆数的比值，误检率是指所有错检的窗口数目与所有测试图片中所扫描的所有窗口的数目的比值。从图 4.18 中可以看出，本书提出的 H-MSO 特征的性能要优于 HOG 特征。

图 4.17　视频帧图像路面车辆检测结果(见彩图)

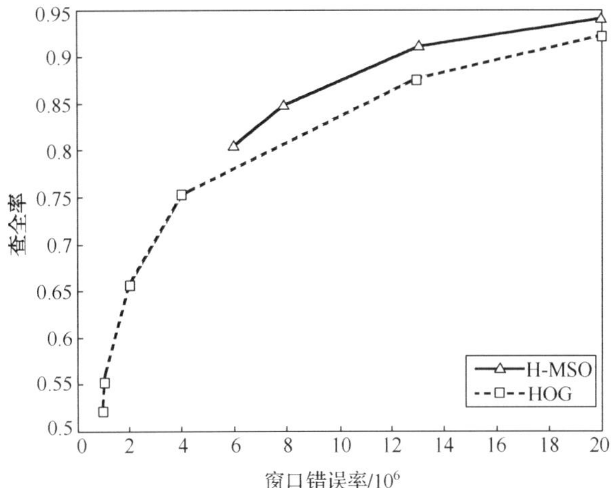

图 4.18　H-MSO 特征与 HOG 特征的性能比较

4.4　文字目标检测

数字媒体资源的飞速增长加速了近年来基于内容的图片和视频检索技术的兴起。对基于内容的视频检索来说，文字是一种重要的对象，因为它包含了直接的高层语义信息。例如，网页图片中的文字对于网站内容分析具有重要作用，数字化的书籍和杂志上的封面文字有助于从数据库中检索这些资源，新闻视频的标题文字往往包含正在播报的新闻时间、地点或者人物信息，体育视频中的记分牌等往往包含了比赛分数、运动员信息或者精彩事件的出现。另一方面，随着便携式摄像机的普及，人们获取自然场景中的文字图像更加方便。自动的场景文字检测识别对于智能交互、视觉导航也具有重要的指导意义。因此，近年来，不少研究人员开始进行图片和视频帧中的文字检测和识别技术研究[36,37]。

“文字检测”是对文字检测系统的一个统称。完整的系统应该包含“文字检测”、“文字识别”两个部分。为了方便阐述文字检测系统，图 4.19 中给出了一个示意。“文字检测”是在一幅图像中找到文字行的位置，并且准确确定出其外轮廓的过程；而“文字识别”则是将检测到的文字行中的内容读取出来的过程。识别过程中可以使用光学字符识别(Optical Character Recognition，OCR)软件或者针对图像中的文字字符研究专门的识别算法。

在文字检测系统中，需要深入研究的主要内容是如何从图像中找到文字的精确位置，即定位问题。与传统的模式识别问题一样，特征提取和选择是解决该问题的关键。结合具体特征和样本特点，选择合适的模型也是需要解决的问题。同时，在文字行检测过程中，还需要研究图像区域分割和字符排列布局的问题。

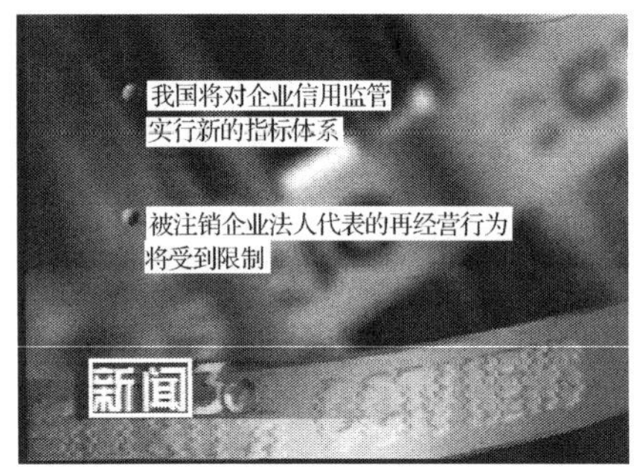

(a) 视频叠加文字

(b) 自然场景中的文字目标

图 4.19　文字图像(见彩图)

文字检测的目的是从一幅图像中找到只包含文字信息的区域。可以通过将这个区域输入到光学字符识别软件中进行识别，最终将图像像素转换为文字字符串。在某些情况下，仅仅检测到文字行也是有意义的。例如，在新闻视频中检测文字行可用于新闻视频的结构分析，或者用于新闻条目分割。图 4.20 是视频文字检测和识别的一个系统框图。

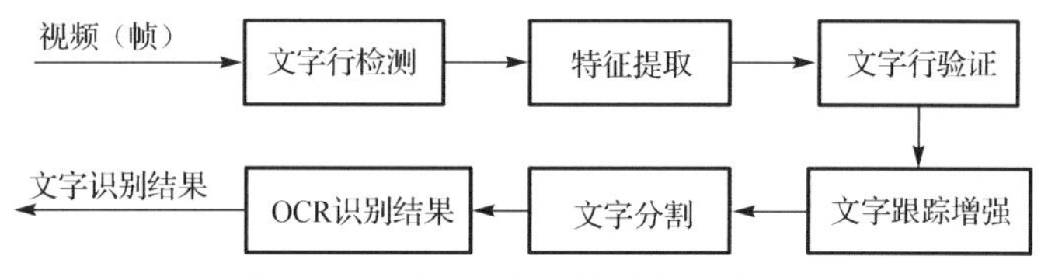

图 4.20　视频文字检测和识别框图

研究人员已经提出了许多种文字检测的方法，但是快速并且鲁棒的文字检测方法，尤其是适应复杂背景的检测方法仍然需要深入研究。这里“鲁棒性”可以归结为以下内容：

(1) 对于字体大小、颜色、方向、背景与文字语言的变化能够保证较好的检测性能(较高的查全率和较低的错误率)；

(2) 稳定的检测性能，不需要经常的手工调整参数或者重新选择训练样本、更换分类模型等，能够给实际应用带来方便。

在实际应用中，开发一种快速而且鲁棒的文字检测算法并非易事，因为在其中确实存在着许多困难，包括：

(1) 文字可能被镶嵌到复杂背景中；

(2) 难于提取有效的底层特征用于文字/非文字的分类，尤其是区分文字和一些很像文字的目标，如树叶、窗帘等纹理；

(3) 文字模式因字体的不同、字体颜色的差别、语言的不同，而发生较大的变化；

(4) 在图片，尤其是视频帧中，文字质量会因为图像编(解)码而降低，有些低分辨率的文字甚至用肉眼都无法分辨。

在一些检测算法研究中，考虑到以上困难和问题，较多地采用了文字的以下属性来研究文字检测算法：

(1) 密集灰度变化；

(2) 文字和其背景的对比度；

(3) 文字行的结构信息；

(4) 文字区域的纹理特性。

4.4.1　文字目标检测方法

在文字目标检测中有两种常用的方法[38]：①检测与识别分步处理的方法，如图 4.21(a)所示。该方法是用一个前馈流程进行文字检测、分割与识别，认为无论字符如何排列、内容如何变化，都会构成一种特有的“文字”模式。在进行文字定位时，可采用连接成分分析或者扫窗方法。边缘点、角点、笔画特征(Stroke Width Transform，SWT)、最大稳定极值区域(Maximal Stable Extreme Region，MSER)都可以作为文字定位的特征。在定位的基础上采用纹理、结构、颜色等特征，可以将“文字”模式与背景进行分类。②集成的文字检测识别方法。这种方法认为，虽然文字的模式随其中包含的字符不同而发生较大的模式变化，但是，文字模式变化再大，构成文字的字符仍具有较为固定的模式，因此，字符的识别结果是文字检测与识别的核心。如图 4.21(b)所示，文字的检测与识别都依赖于字符的模式分类结果进行，检测与识别过程不能分开。检测可以为识别提供预定位，减少识别需要考虑的窗口数目；结合自然语言先验，识别则可以将文字与非文字模式分开，完成最终的文字目标确认。

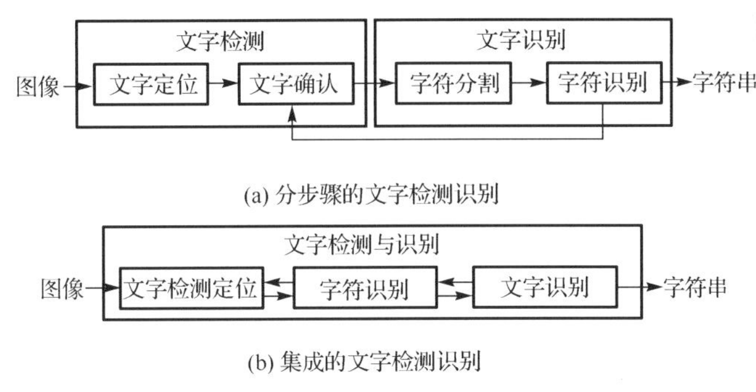

图 4.21　两种典型文字目标检测方法

4.4.2　文字目标检测数据集合

目前，可公开获取的文字检测识别数据集合大概有 20 个。其中代表性的拉丁语叠加文字数据集合包括 MSRA-I[38]与 TAN[39]，代表性的拉丁语场景文字数据集合包括 ICDAR2003[40]、ICDAR2011[41]、SVT[42]与 NEOCR[43]，代表性的东亚语言场景文字数据集合包括 MSRA-II[44]与 KIST[45]。

表 4.4 给出了代表性文字检测方法的性能。其中的文献表明，在自然场景文字检测(图 4.22)方面，基于 MSER 进行文字定位和通过混合特征进行分类的方法取得了较好的性能。在视频文字检测方面，融合多种特征的检测方法性能较好。

表 4.4　文字目标检测代表性方法及性能

方法	年份	方法描述	数据集	查全率/%	精度/%
Ye 等[38]	2015	小波预定位、纹理结构等特征 SVM 分类	MSRA-I 叠加文字	94.2	2.4(误检率)
Shivakumara 等[39]	2012	Fourier-Laplacian 滤波，骨架分析、几何约束	MSRA-I 叠加文字	93.0	81.0
Yao 等[44]	2012	SWT、混合特征与随机森林分类	MSRA-II 场景文字	66.0	76.0
Yin 等[46]	2014	MSER、单链接区域聚类、混合特征分类	ICDAR13 场景文字	66.5	88.5

(a)

(b)

(c)

图 4.22　叠加文字(a)、定位拍摄场景文字(b)与非定位拍摄场景文字(c)(见彩图)

4.4.3　快速视频文字检测方法

一般认为，文字可以看做一种纹理模式。但是，通过研究我们发现其纹理属性，如规则性、方向性等是很差的。因此，与其说文字是一种纹理，不如说它是一些包含了突变信号的图像块。这些突变信号在固定尺度内具有一定宽度，并且这些突变信号在特定方向上形成了一个矩形结构，我们称之为“文字行”。简单的一种纹理特征很难反映文字行的纹理特性，因为纹理特征往往依赖于纹理的几个基本统计量，如规则性、方向性、相关性和熵等。本书给出一种将纹理和结构特征进行融合的方法。其中三种小波域上的纹理特征主要用来反映文字区域内突变信号的分布和属性，一种基于梯度的结构特征统计沿文字行方向的整体突变信号的周期性特点。梯度信号在原始灰度图像上提取，小波域的纹理特征将在包含当前候选文字像素最多的尺度(suitable scale)上提取。

文字中的字符笔画宽度会随着文字大小和字体的变化而变化。我们认为宽的文字笔画是宽度较大的阶跃信号，窄的文字笔画是宽度较小的阶跃信号或者是脉冲信号。根据小波分解的理论，小波由一组带通滤波器构成，不同的带通滤波器对于宽度不同的信号响应不同，但是由较宽的带通滤波器对宽信号滤波的结果应该和较窄的滤波器对较窄的信号的滤波结果相似。也就是说，字体较大的文字在较深的小波分解尺度上的结果和字体较小的文字在较浅的小波分解尺度上的结果经过规整能够相似。因此，在合适的尺度内提取特征将能够把字体大小不同的文字模式统一起来。同时，更为重要的是大字体的文字将在较深的分解尺度上具有较强的小波响应，而小字体的文字在较浅的分解尺度上具有较大的响应，这将有利于区分文字模式和非文字模式。如果一个文字行在尺度 n 上检测到的候选像素最多，我们就可以认为尺度 n 是其合适的尺度，而所有的纹理特征将从这个尺度内提取。表 4.5 给出了提取的特征的描述。小波域的特征已经被研究者们在纹理分类上得到了应用，穿越线直方图特征则反映字符沿着文字行方向的周期性的信号特征。

表 4.5　特征描述

特征集	特征描述	特征数目	选用的特征数目
小波矩特征	均值、二阶和三阶中心	9	6
小波直方图特征	小波能量直方图和方向直方图	20	10
小波共生特征	能量、熵、和谐性和相关性	180	16
穿越线直方图特征	穿越线直方图	16	9
总数		225	41

本节介绍的方法没有完全通过监督学习的方法将图片块分类成文字块和非文字块，而是在由粗到精的检测框架下，通过在不同的检测阶段使用不同的检测特征来实现检测。在粗检测阶段，可以认为所有的文字区域都包含密集的灰度变化以及和背景的高对比度，从而可以利用这两个属性粗略地定位文字候选区域。通过属性 3(结构信息)可以将候选文字区域分割成候选文字行。在精确分类的过程中，利用属性 4(纹理属性)判别文字和非文字模式，这是因为在候选块当中，非文字和文字一样具有强的灰度变化，仅仅使用灰度和结构信息难于区分。在此过程中，我们提取了三类纹理特征和一种结构特征用于分类，其中纹理特征包括小波矩特征、小波直方图特征、小波共生特征，结构特征是穿越线直方图特征。这里使用了前向搜索的特征选择方法找到有效的特征组合，并且使用了 SVM 方法进行分类。图 4.23 是算法的框图。

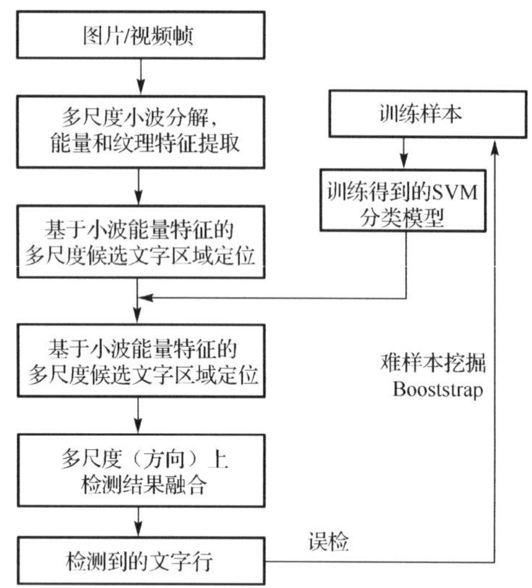

图 4.23　一种基于小波特征的文字检测算法框图

算法的优势在如下几个方面。

(1) 快速检测。该检测方法是在由粗到精的框架下进行的，这样就避免了对图像进行扫窗分类，大大减少了计算复杂度，提高了检测速度。同时，特征选取程序也降低了特征维数，提高了分类效率。

(2) 多尺度检测。文字的模式会随着文字大小的变化而变化。在本书中，作者使用多尺度的小波特征来检测字体大小不同的文字，因此不需要对原图像做缩放。不同于只是提取了小波系数的均值、二阶和三阶、中心矩特征，对于所有的文字都是使用所有前三个小波分解尺度上检测文字。这里提出的方法，使用对应尺度内的小波特征检测大小一定的文字。

(3) 特征融合的方法。在以前的方法中，研究者们一般简单地使用传统纹理特征来判别纹理和非纹理模式。这里我们融合了三种纹理特征和一种结构特征进行分类，并且对于提取的特征，还使用了特征选择的方法寻找优化的特征融合。

(4) 鲁棒性的检测方法。此处提出的方法能够检测尺度和颜色不同的文字。通过检测模版，还能够检测不同方向的文字。精确分类程序降低了检测的错误率，从而使得提出的检测方法在复杂背景下也能够工作良好。更为重要的是，精确分类的特征是在一整行文字上提取的，这些特征比从一小块图像中提取的特征更为鲁棒，因为后者可能包含不了足够的可用于分类的纹理和结构特征。

以上方法都保证了算法的鲁棒性。

1. 小波矩特征

文字和非文字具有不同的空间灰度分布，并且形成了不同的空间灰度变化。小波系数均值和中心矩特征可用来反映这种变化，这些特征也是小波域最常用的纹理特征，它们反映了小波系数的大小和分布均匀情况。这些特征在文字块的检测方面已经被证明是十分有效的。

给定一个尺寸为 $M \times N$ 的文字行 T，其均值（m），二阶中心矩（μ_2）和三阶中心矩（μ_3）可以用如下公式计算：

$$m(T) = \frac{1}{M \times N} \sum_{i=0}^{M-1} \sum_{j=0}^{N-1} T(i,j) \tag{4.7}$$

$$\mu_2(T) = \frac{1}{M \times N} \sum_{i=0}^{M-1} \sum_{j=0}^{N-1} (T(i,j) - m(T))^2 \tag{4.8}$$

$$\mu_3(T) = \frac{1}{M \times N} \sum_{i=0}^{M-1} \sum_{j=0}^{N-1} (T(i,j) - m(T))^3 \tag{4.9}$$

式中，$T(i,j)$ 表示像素 (i,j) 的小波系数。

这些公式中的特征都是在小波分解的高频子带(HL，LH 和 HH 子带)上提取的。通过在一个固定的尺度提取 3 个小波子带上的 3 维特征，总共可得到 9 维小波矩特征。

2. 小波直方图特征

直方图是一种一阶的能够反映信号分布的特征。在本节中，我们使用能量直方图（WEH(i)，$i = 0,\cdots,15$）和方向直方图（WDH(i), $i = 0,1,2,3$）两个统计量反映文字区域的能量分布及其突变信号的方向。为了计算 WEH(i)，$i = 0,\cdots,15$，需要首先对小波能量进行量化。本书采用均匀量化的方法得到 16 级离散的能量值，其中离散值的计算方法为

$$\mathrm{WE_q} = \mathrm{WE} \cdot 16 / (\mathrm{WE_{max}} - \mathrm{WE_{min}}) \tag{4.10}$$

式中，WE 表示一个像素的小波能量，$\mathrm{WE_{max}}$ 和 $\mathrm{WE_{min}}$ 分别表示一幅图片中小波能量的最大和最小值。根据最大值和最小值，可以确定小波能量的分布范围，并且使用式(4.10)实现均匀量化。根据量化结果，小波能量直方图 WEH(i) 可以通过计算能量等于 i 的像素数目占所有像素数目的百分比得到。对于一个文字行来说，直方图 WEH(i) 的前几个和后几个位的数值应该比较大，而中间部分比较小(如图 4.24 所示)。这正是由于文字和其背景之间的对比度造成的。对于一个非文字模式，直方图 WEH(i) 则不一定具有这样的特点。因此我们说直方图 WEH(i) 具有一定的区分性。

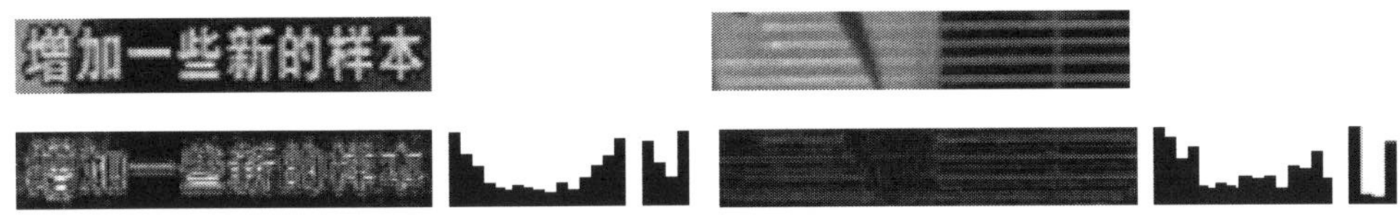

图 4.24　图像的小波直方图

WDH(i)包含了水平（i=1）、竖直(i=2)、对角线(i=3)和无方向(i=0)四个位。一个候选文字像素的方向定义为其水平、竖直和对角线方向系数的最大值。也就是，如果 D_{n1}（D_{n2}，D_{n3}）是 $\{D_{nk}\}_{k=1,2,3}$ 中最大的，则可以说一个像素在尺度 n 上是水平(竖直、对角线)方向的。所有非文字像素都被认为是没有方向的。WDH(i) 在方向 i 上的数值是在这个方向上的像素数目的百分比。一般文字区域的灰度变化方向都是比较零乱的，WDH(i) 可以用来区分那些具有较好方向性的纹理(如图 4.24 中柱状图所示)。

3. 小波共生特征

直方图特征是信号的一阶统计，它只能反映信号的总体分布，不能反映信号的局部特性，尤其是相互之间的关系。当一阶统计不足以区分所有文字/非文字模式时，二阶统计能够通过反映相邻像素之间的相互关系提高判别能力。共生特征就是一种能够反映信号之间相互关系的统计特征。共生矩阵 $\boldsymbol{C}(d,\theta)$ 是一个方阵，元素(i, j)的数值定义为小波系数 $D_{nk}=i$ 和小波系数 $D_{nk}=j$ 在方向 θ 和距离 d 同时发生的概率。随着 θ 和 d 的改变，同一幅图像可以得到多个共生矩阵。

通过统计共生矩阵的系数，可以得到小波域内的共生特征，这些共生特征包括了能量、熵、惯性矩、局部和谐性和相关性，其计算方法如下所示。

(1) 能量

$$E(d,\theta)=\sum_{i,j}\boldsymbol{C}^2(d,\theta) \tag{4.11a}$$

(2) 熵

$$H(d,\theta)=\sum_{i,j}\boldsymbol{C}(d,\theta)\cdot\log\boldsymbol{C}(d,\theta) \tag{4.11b}$$

(3) 惯性矩

$$\boldsymbol{I}(d,\theta)=\sum_{i,j}(i-j)^2\boldsymbol{C}(d,\theta) \tag{4.11c}$$

(4) 局部和谐性

$$L(d,\theta)=\sum_{i,j}\frac{1}{1+(i-j)^2}\boldsymbol{C}(d,\theta) \tag{4.11d}$$

(5) 相关性

$$R(d,\theta)=\frac{\sum_{i,j}(i-\mu_x)(j-\mu_y)\boldsymbol{C}(d,\theta)}{\sigma_x\sigma_y} \tag{4.11e}$$

式中，μ_x，μ_y 和 σ_x，σ_y 表示共生矩阵 $\boldsymbol{C}(d,\theta)$ 的均值和方差；θ 是共生矩阵的方向，

在实验中作者选用了 0°、45°、90°和 135°四个方向；d 是共生距离，实验中选用 1、3、5 个像素。由于在一个固定尺度内，文字笔画的宽度一般在几个像素的范围内，因此，选用更大的共生距离已经没有意义。通过在 3 个小波域内(HL，LH 和 HH)计算 12 个共生矩阵上的统计特征，总共得到了 180 维的共生特征(3 小波子带×12 共生矩阵×5 种特征)。

4. 穿越直方图特征

以上提取的特征只是考虑文字信号的整体分布特征，并没有考虑字符沿着文字行方向的周期性特点。实际上，这种“字符-空格-字符-空格”的分布是一种重要的特征，它能够区分文字行和其他杂乱无章的对象。在信号处理领域，信号周期性的特点可以通过“空域-频域”的变换反映出来。然而，由于文字行的长度有限，有时候只有几个字符，因此，“空域-频域”的变换很难反映出文字行周期性的特点。因此，作者提出了一种在空间域直接使用穿越线捕捉文字周期性特点的特征——穿越直方图特征(Cross Color Histogram，CCH)。

CCH 是水平方向上的穿越线和梯度投影(Gradient Projection Map，GPM)相交次数的直方图统计。计算过程中，为了得到简化的空间信号分布，我们首先提取文字的梯度图(图 4.25(b))，然后将竖直方向上的所有像素投影到一维信号空间，得到梯度投影(图 4.25(c))。对 GPM 进行高斯平滑后，可以观察到，在 GPM 上有近似的周期性和规则性存在。在水平方向上画一些穿越线(图 4.25(d))，然后统计每一个穿越线和 GPM 的交汇次数(图 4.25(d)中包含了 4 根示意的穿越线)。假设有 N 个穿越线，第 K 个穿越线的穿越次数是 $\mathrm{CC}(k), k=1,2,\cdots,N$，那么穿越线直方图可以通过下式计算：

$$\mathrm{CCH}'(k)=\frac{\mathrm{CC}(k)}{\sum_{i=1}^{N}\mathrm{CC}(i)} \tag{4.12}$$

例如，如果梯度投影图的最大值是 300，我们使用 $N=300$ 条线扫描 GPM，得到 300 个直方图位 $\mathrm{CCH}'(k)$，$k=1,2,\cdots,300$，通过均匀的划分直方图的位 $\mathrm{CCH}'(k)$，并且按式(4.13)将其累加，就可以得到 16 位的穿越直方图。

$$\mathrm{CCH}(i)=\frac{1}{16}\sum_{k=i\cdot\frac{N}{16}}^{(i+1)\cdot\frac{N}{16}}\mathrm{CCH}'(k), i=1,2,\cdots,16 \tag{4.13}$$

式中，$\left(i\cdot\frac{N}{16},(i+1)\cdot\frac{N}{16}\right)$表示一个无重叠的窗口，窗口内的直方图位数累加起来形成直方图的一维。

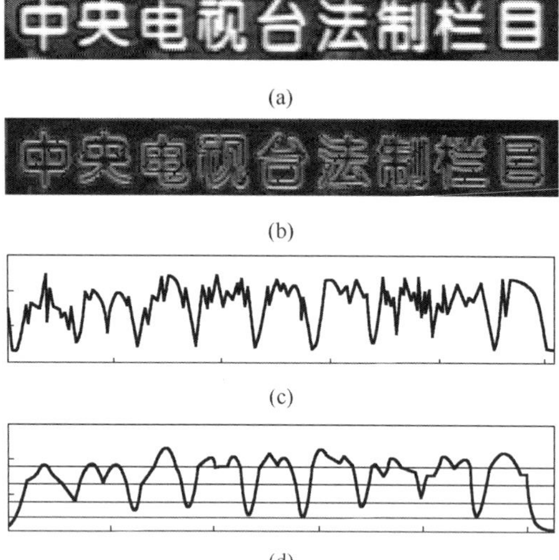

图 4.25　图像的穿越线直方图(见彩图)

经过以上分析和特征提取过程可以看出，穿越直方图特征反映的是水平方向上信号被穿越的一个整体统计，它能够粗略地反映出文字行中字符的周期性特点，同时实验证明它对于周期性比较差的文字行不是很敏感。

4.4.4　特征选择

基于上面的特征提取方法，对于整个文字行，我们一共提取了 225 维特征。尽管所有的特征都能够用于区分文字和非文字模式，但是，其中一些特征的区分性可能较好，而另一些较差。当然，有些特征可能和别的特征组合起来分类性能更好，一些则会变差。在有些时候，使用特征集合的子集反而会取得更好的效果。因此，需要从特征集合选取有效的特征组合提高分类性能。更为重要的是，在有限训练样本集合的情况下，降低特征的维数有利于提高分类模型的性能。

在本书中，我们没有使用 PCA 或者 LDA 的降维方法，而是使用前向搜索的方法进行特征选择。这是因为提取的特征已经具有中层的含义，而不是原始的灰度或者结构信息，因此，不需要对特征进行变换。当然，使用特征选择的方法选择的特征是次优的，而且会保留一些相关性，不过这种方法能够降低分类时的复杂度。

前向特征选取过程中，特征的评价是基于 SVM 分类精度进行的，其具体的算法如图 4.26 所示。

图 4.27 是特征选择过程中的分类精度曲线。从曲线上可以看出随着所选用的特征数目的增加，分类精度首先有很大的增加，但是当选用的特征数目超过 41 维时，分类精度又会下降。于是选用 41 维特征用于分类。在选用的特征中，几乎所有的小

波矩特征都被选用，这表明这些特征的区分性最好。大约一半的穿越线直方图被选用，这表明它们的区分能力是中等的。有较少的共生特征被选用，这表明其区分能力是比较差的，至少可以说和前面的特征组合起来以后区分能力是比较差的。

特征集合 F 首先被划分为选用特征集合 F_S 和未选用特征集合 F_U，接着使用如下步骤逐个选择特征。

(1) 初始化 $F_S = \varnothing$， $F_U = F$。

(2) 将集合 F_U 中的特征设定为未测试。

(3) 从 F_U 中任意选择一个未测试的特征 f，并且标记它为已测试。

(4) 将 f 放入到集合 F_S 中，形成临时特征集合 $\tilde{F}_S$。

(5) 评估 $\tilde{F}_S$ 的分类性能。

在此过程中，使用 1000 个文字样本和 2500 个非文字样本组成样本集合进行训练和分类。样本被均匀地分成 10 份，一份用来训练，其余用来测试。训练和测试不断循环直到所有的样本都曾做过样本和测试样本。分类精度(Accuracy)计算公式为

$$\text{Accuracy} = \frac{\text{正确分类的样本数目}}{\text{总的样本数目}}$$

平均的分类精度就是当前特征集合的分类精度。

(6) 如果 F_U 不为空，则转到步骤(3)。

图 4.26　前向特征选取算法

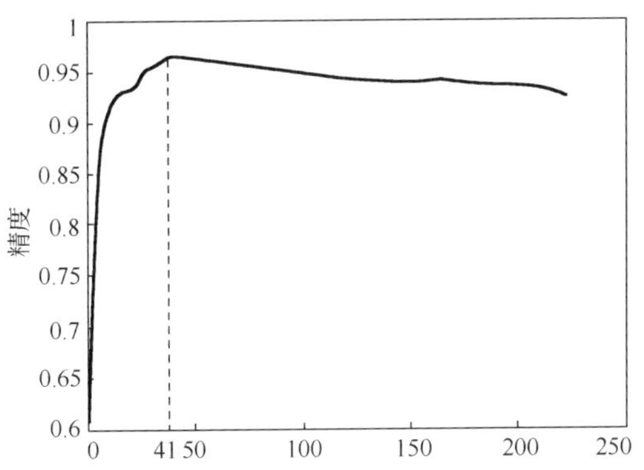

图 4.27　特征选择(最好的分类结果在特征数目是 41 维时)

4.4.5　文字检测分类器及方法

我们选用了 SVM 作为分类器。和其他分类器(如人工神经网络、决策树等)相比，SVM 更易于训练，需要更少的训练样本。更为重要的是，SVM 在粗糙的训练集合上仍然能够经过训练得到推广性较好的分类模型，保证结构风险最小化。考虑到文字模式的分散性，本节选用了 SVM 作为分类器。

SVM 在近年的许多模式分类问题中取得了很好的效果，尤其是在二类分类问题中成果显著。传统的统计分类方法使用经验风险最小化训练分类模型，在推广性方

面缺少数学上的证明。SVM 使用结构风险最小化准则寻找优化的能够分开两个类别的超平面。在本节中，通过分类性能比较，为 SVM 选择了多项式核函数。

我们准备了一个包含 3200 个文字样本和 8000 个非文字样本的训练集合用于训练 SVM 分类模型。图 4.28 给出了一些文字(正例)和非文字(反例)样本的例子。尽管可以比较容易地标注正例样本，但是反例样本却难于寻找，尤其是有代表性的反例样本，因为非文字的模式多种多样，不一而足。于是，在得到一个初始的分类模型以后，使用了“Bootstrap”对模型进行重复训练以提高分类性能。在重复训练的过程中，一些容易被误检为文字的样本需要作为反例进行训练。从图 4.29 中的例子可以看出，在粗定位的过程中，算法产生了许多错误的候选。在经过精确分类以后，许多错误的候选被去除，这说明了精确分类过程在降低误检率方面是十分有效的。

(a) 正例样本

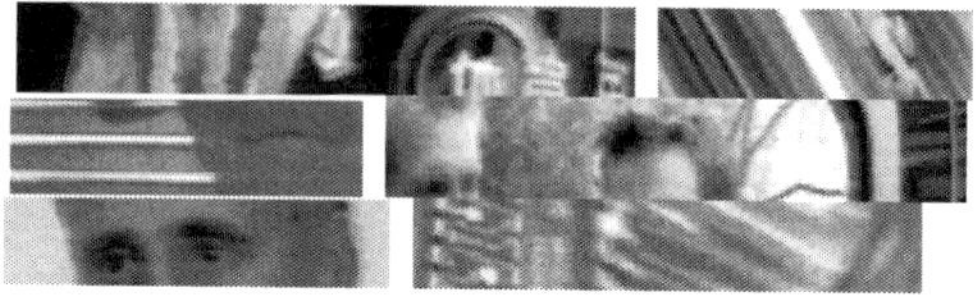

(b) 反例样本

图 4.28 训练样本例子

(a) 原始图像

(b) 粗定位的结果

(c) 精确分类后的结果

(d) 经过多尺度(方向)合并后的最终检测结果

图 4.29 文字检测结果的例子

有时一个文字行或者文字行的部分会在多个方向或者尺度上被检测到，这样检测结果会在原始的图像内发生重叠(如图 4.29(b)所示)。当两个候选文字行的重叠部分超过原文字行面积的一半时，我们认为其中的一个候选应该被删除。按照比较直观的做法，是文字概率较小的文字行被删除。此概率可以通过 SVM 的分类过程粗略估算得到，具体方法可以参照文献[36]。同时，文字行被重叠的次数也可以参考。图 4.29(d)是经过多尺度检测结果合并的最终结果。

4.5　多类目标检测

多类视觉目标检测与特定类的目标识别(如人脸识别、字符识别)相比，最大的不同点在于后者面对的是一个有限类别分类问题，而前者则需要面对多类别的反例。特定类的目标识别往往局限于某一类特定的环境或者光照条件，而多类别的目标检测往往需要面对不同的图像背景、光照条件等。多类目标检测中的目标往往包含不同的长宽比与视角姿态变化，使得定位变得困难。如果采用传统的滑动窗口分类的方法，需要在尺度、位置、长宽比几个维度空间内进行搜索，这不仅会耗费大量的计算量，也会带来很多错误检测。因此，多类视觉目标检测的难度远远超过特定类的目标识别。

4.5.1　代表性数据集合

1) PascalVOC[47]

PascalVOC(2005—2012)是图像分类和目标识别的一个基准测试集，它包含了 10 000 多幅训练与测试图像，包括 20 个类别：人、动物(鸟、猫、牛、狗、马、羊)、交通工具(飞机、自行车、船、公共汽车、小轿车、摩托车、火车)、室内外物体(瓶子、椅子、餐桌、盆栽植物、沙发、电视)等。这些目标是日常生活中最常见的物体，对这些目标的有效检测与定位能够体现算法的先进性与实用性。

PascalVOC 数据集合中的几个示例目标如图 4.30 所示。

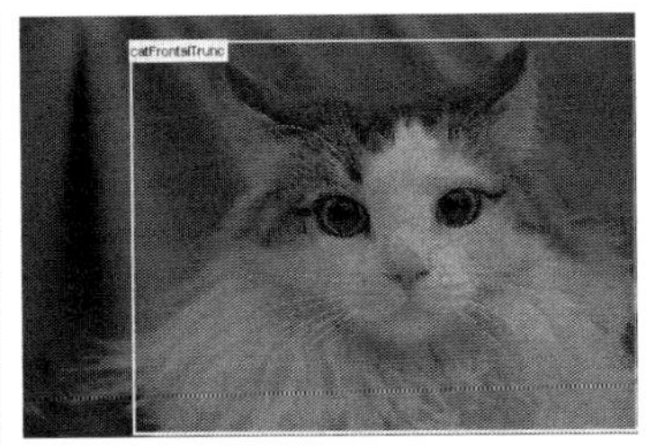

图 4.30　PascalVOC 多类目标示例(见彩图)

2) ImageNet[48]

ImageNet 是一个主要从互联网搜集图像而形成的数据集合。数据集有超过 1500 万张、约 22 000 类带标记的高分辨率图像。从 2010 年开始，ImageNet 每年举行一次目标定位与检测竞赛。除此之外，ImageNet 还包含图像分类等竞赛。ILSVRC 是 ImageNet 的子集，截止到 2014 年共有 1000 类图像，每类 1000 张左右，用于目标定位与检测的图像包含 200 个目标类别，共涉及几十万张图像(图 4.31)。

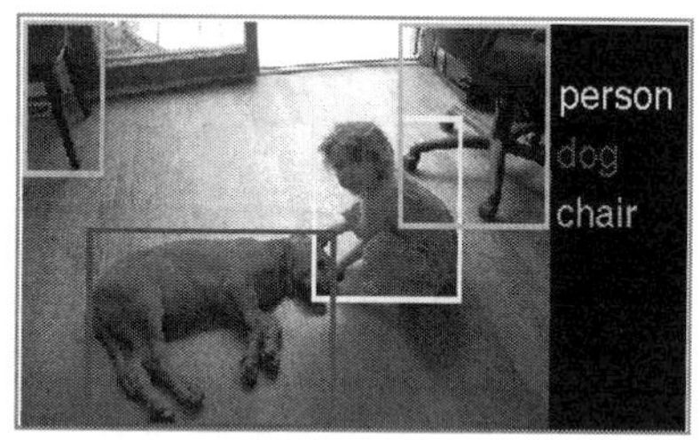

图 4.31　ImageNet 多类目标检测示例(见彩图)

4.5.2　多类目标检测方法

1) DPM 方法[42]

Deformable Part Model(DPM)是一种经典的视觉目标检测方法，在 2010 年 PascalVOC 竞赛中取得了较好的效果，其作者也因此获得了组委会授予的终身成就奖。DPM 是在 SVM 与 HOG 目标检测方法的基础上发展的一种多类别视觉目标检测方法。为了适应视角与长宽比变化较大的目标检测，DPM 采用了混合模型的策略，通过将训练样本按照长宽比分类，训练出多个模型以适应目标的视角与长宽比的变化。

当目标存在多种姿态和局部形变时，检测模型的匹配程度会因此而显著降低。如果为每一种姿态都分别训练一种模型，则需要很多模型和很大的计算代价。在采用混合模型策略解决长宽比与视角问题的基础上，DPM 采用了一种“形变”模型进行局部形变处理。在模型训练时，需要训练每一个“部件”的分类模型以及衡量“部件”位置分布的代价模型，这样就将带有局部形变的目标检测转换为带有隐参数的学习问题。因为 DPM 采用支持向量机作为分类模型，相应的隐参数学习方法称为隐参数支持向量机(latent SVM)方法。Latent SVM 将“部件”的位置分布作为隐参数，采用迭代优化方法更新隐参数并获得最终判别模型。

为了提高检测速度，DPM 采用了根模型(root filter)和部件模型(part filter)相结合的检测方式。如图 4.32 所示，根模型对目标进行粗检测，部件模型负责描述“部件”的精确检测。检测过程中，通过位置搜索找到根模型周围“部件”的最佳响应位置。由于物体的各个部件之间有空间关系约束，部件模型在搜索获得较大分类响应时，需考虑自身相对于根模型的位置偏移所需要付出的惩罚代价。根模型与部件模型的综合匹配响应公式为

$$\text{Score}(p_0,p_1,\cdots,p_n)=\sum_{i=0}^{n}F_i\cdot\phi(H,p_i)-\sum_{i=1}^{n}d_i\cdot\phi_d(\text{d}x_i,\text{d}y_i)+b \tag{4.14}$$

式中，H 表示 HOG 特征金字塔，$(p_0,p_1,\cdots,p_i,\cdots,p_n)$ 表示根模型和部件模型在 H 中的位置，$(F_0,F_1,\cdots,F_i,\cdots,F_n)$ 为根模型和部件模型，$\phi(H,p_i)$ 为 H 中 p_i 位置对应的特征，$\phi_d(\text{d}x_i,\text{d}y_i)=(\text{d}x_i,\text{d}y_i,(\text{d}x_i)^2,(\text{d}y_i)^2)$ 为位置偏移量，d_i 是 p_i 位置偏移的惩罚系数，b 是分类模型偏移量。在图 4.32(b)中，最右图是位置偏移代价可视化的结果。图中黑色圆圈中心是各个部件的中心位置，如果检测出来的部件模型恰好在此位置，则位置偏移代价为 0。如果检测出来的部件模型偏离该位置，就要付出一定代价，偏离越远，代价越大。最终，通过部件的局部搜索匹配，找到一个合适的位置，最大化式(4.14)。

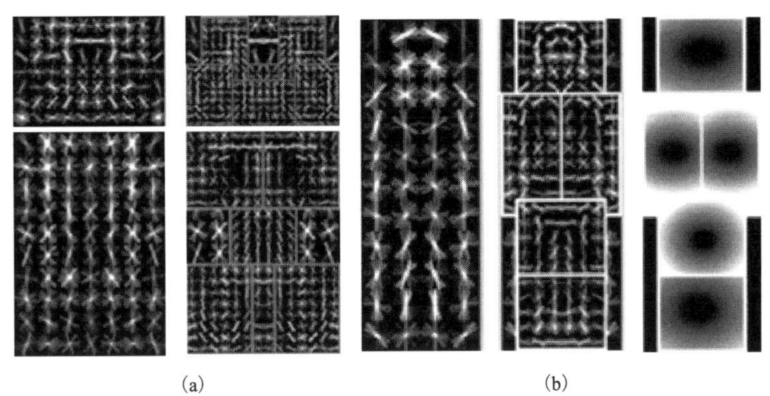

(a)　　(b)

图 4.32　DPM 可视化模型

(a)两种自行车模型，左侧为根模型，右侧为部件模型，(b)行人模型，左侧为根模型，中间为部件模型，右侧是位置偏移的惩罚模型[27]

2) R-CNN 方法[49]

R-CNN 是一种基于深度特征的检测方法。此方法针对多类别目标检测设计，并

且能够处理目标的长宽比有较大变化的情况。R-CNN 采用了一种“粗定位+精分类”的新框架替代此前广泛使用的“滑窗分类”(sliding windows)方法，其检测过程如图 4.33 所示。

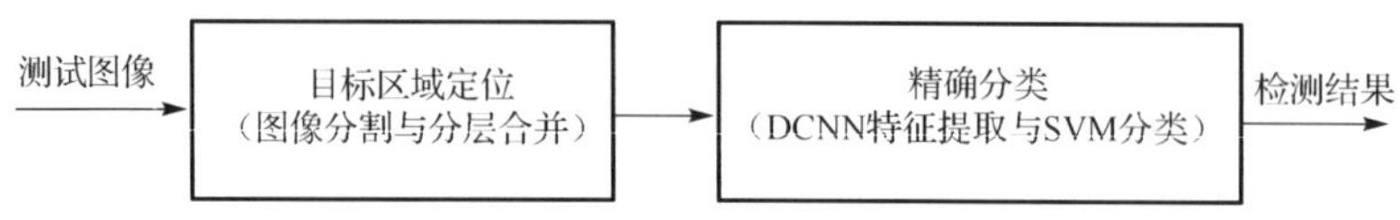

图 4.33 R-CNN 方法采用的“粗定位+精分类”检测

R-CNN 框架采用了目标区域预定位算法替代传统的滑动窗口过程[44]。从现有的 Objectness、Selective search[45]与 EdgeBox[46]等目标预定位方法中，R-CNN 选择了 Selective Search 的方法定位候选窗口。Selective Search 是一种基于图像分割和分层区域合并的方法，在候选目标区域达到几千到几万的区间内，对待检测目标的预定位覆盖率能够达到 95%。

在精确目标分类阶段，R-CNN 采用了深度卷积神经网(Deep Convolutional Neural Network，DCNN)进行特征提取，并采用线性 SVM 进行分类。因为 DCNN 需要大量的训练数据以获得较好的网络权值参数，因此采用 ImageNet 的大数据集合学习通用的 DCNN 模型，然后通过网络参数调优将通用的模型转移到目标检测问题。通用模型用到目标检测数据集合时，需要将 DCNN 的输出层节点个数调为 N+1(N 个目标类别+1 个反例类别)，并将与标定的训练样本面积重合率大于 50%的候选目标区域当成正样本，其他区域作为反例样本进行 DCNN 网络参数调优。调优学习率设置为 0.1。

基于调优的 DCNN，通过提取深度特征可以进行精确的目标分类。实验表明，DCNN 的第 5、6、7 层特征具有相似的目标分类性能，表明了深度卷积的特征表示能力主要体现在深层。在目标精确分类过程中，考虑到较高维度的 DCNN 特征，选择了线性 SVM 训练分类模型。对于分为目标的候选区域，进行位置回归与非极大值抑制，获得最终目标检测结果。

4.5.3 多类目标检测方法性能对比

在 PascalVOC2007 的 20 类目标检测数据集合上，DPM 与 R-CNN 方法体现出了优越的性能。如表 4.6 所示，DPM 的性能较 SVM+HOG 方法提升了 18%左右；R-CNN 方法在 DPM 的基础上提升了约 25%，达到了 58%的平均检测精度(查全率和精度的平均值)。实验结果表明，在目标长宽比、视角等变化较大的情况下，R-CNN 及其所采用的“粗定位+精分类”的检测框架具有性能优势。

表 4.6　多类目标检测性能(查全率与检测精度)

检测方法＼目标类别	飞机	自行车	鸟	船	瓶子	公共汽车	小汽车	猫	椅子	奶牛	餐桌	狗	马	摩托车	人	植物	绵羊	沙发	火车	显示器	平均值
HOG+SVM/%	13	28	4	2	7	27	29	13	10	12	6	7	33	24	9	7	11	9	24	27	15
DPM/%	33	60	10	16	27	54	58	23	20	24	26	12	58	48	43	12	21	36	46	43	33
R-CNN/%	68	72	56	43	36	66	74	67	34	63	54	61	69	68	58	33	62	51	62	64	58

参 考 文 献

[1] 陈杰. 人脸检测中的训练集优化[博士学位论文]. 哈尔滨: 哈尔滨工业大学, 2007.

[2] http://cbcl.mit.edu/projects/cbcl/software-datasets/FaceData1Readme.html.

[3] http://vasc.ri.cmu.edu//idb/html/face/frontal_images/index.html.

[4] http://vis-www.cs.umass.edu/lfw/.

[5] 山世光. 人脸识别中若干关键问题的研究[博士学位论文]. 北京: 中国科学院计算技术研究所, 2004.

[6] Jones M J, Rehg J M. Statistical color models with application to skin detection[J]. International Journal of Computer Vision, 2002, 46(1): 81-96.

[7] Soriano M, Martinkauppi B, Huovinen S, et al. Skin detection in video under changing illumination conditions[C]//Proceedings of International Conference on Pattern Recognition, 2000, 1: 839-842.

[8] Comaniciu D, Ramesh V, Meer P. Kernel-based object tracking[J]. IEEE Transactions on Pattern Analysis and Machine Intelligence, 2003, 25(5): 564-577.

[9] Fröba B, Küblbeck C. Robust face detection at video frame rate based on edge orientation features[C]//Proceedings of IEEE International Conference on Automatic Face and Gesture Recognition, 2002: 342-347.

[10] Brubaker S C, Mullin M D, Rehg J M. Towards Optimal Training of Cascaded Detectors[M]. Berlin: Springer, 2006: 325-337.

[11] Garcia C, Delakis M. Convolutional face finder: A neural architecture for fast and robust face detection[J]. IEEE Transactions on Pattern Analysis and Machine Intelligence, 2004, 26(11): 1408-1423.

[12] Hou X, Liu C L, Tan T. Learning boosted asymmetric classifiers for object detection[C]//IEEE Computer Society Conference on Computer Vision and Pattern Recognition, 2006, 1: 330-338.

[13] Li S Z, Zhang Z Q. Floatboost learning and statistical face detection[J]. IEEE Transactions on Pattern Analysis and Machine Intelligence, 2004, 26(9): 1112-1123.

[14] Schneiderman H. Feature-centric evaluation for efficient cascaded object detection[C] //Proceedings of IEEE Computer Society Conference on Computer Vision and Pattern Recognition, 2004, 2: 29-36.

[15] Viola P, Jones M. Rapid object detection using a boosted cascade of simple features[C]// Proceedings of IEEE Computer Society Conference on Computer Vision and Pattern Recognition, 2001, 1: 511-518.

[16] http://pascal.inrialpes.fr/data/human/.

[17] Dollár P, Wojek C, Schiele B, et al. Pedestrian detection: A benchmark[C]//IEEE Conference on Computer Vision and Pattern Recognition, 2009: 304-311.

[18] Wojek C, Walk S, Schiele B. Multi-cue onboard pedestrian detection[C]//IEEE Conference on Computer Vision and Pattern Recognition, 2009: 794-801.

[19] http://pascallin.ecs.soton.ac.uk/challenges/VOC/voc2007/index.html.

[20] http://www.mis.tu-darmstadt.de/tud-brussels.

[21] http://www.ucassdl.cn.

[22] Xu R, Zhang B, Ye Q, et al. Cascaded L1-norm minimization learning (CLML) classifier for human detection[C]//IEEE Conference on Computer Vision and Pattern Recognition, 2010: 89-96.

[23] Ye Q, Jiao J, Zhang B. Fast pedestrian detection with multi-scale orientation features and two-stage classifiers[C]//IEEE International Conference on Image Processing (ICIP), 2010: 881-884.

[24] Tuzel O, Porikli F, Meer P. Pedestrian detection via classification on riemannian manifolds[J]. IEEE Transactions on Pattern Analysis and Machine Intelligence, 2008, 30(10): 1713-1727.

[25] Viola P, Jones M J. Robust real-time face detection[J]. International Journal of Computer Vision, 2004, 57(2): 137-154.

[26] Dalal N, Triggs B. Histograms of oriented gradients for human detection[C]//IEEE Computer Society Conference on Computer Vision and Pattern Recognition, 2005, 1: 886-893.

[27] Felzenszwalb P F, Girshick R B, McAllester D, et al. Object detection with discriminatively trained part-based models[J]. IEEE Transactions on Pattern Analysis and Machine Intelligence, 2010, 32(9): 1627-1645.

[28] http://cbcl. mit. edu/software-datasets/index. html.

[29] www. ucassdl. cn/resource. asp.

[30] Sun Z, Bebis G, Miller R. On-road vehicle detection using evolutionary Gabor filter

optimization[J]. IEEE Transactions on Intelligent Transportation Systems, 2005, 6(2): 125-137.

[31] Broggi A, Bertozzi M, Fascioli A, et al. Visual perception of obstacles and vehicles for platooning[J]. IEEE Transactions on Intelligent Transportation Systems, 2000, 1(3): 164-176.

[32] Matthews N D, An P E, Charnley D, et al. Vehicle detection and recognition in greyscale imagery[J]. Control Engineering Practice, 1996, 4(4): 473-479.

[33] Goerick C, Noll D, Werner M. Artificial neural networks in real-time car detection and tracking applications[J]. Pattern Recognition Letters, 1996, 17(4): 335-343.

[34] Papageorgiou C, Poggio T. A trainable system for object detection[J]. International Journal of Computer Vision, 2000, 38(1): 15-33.

[35] 孔凡静. 基于图像的路面车辆检测算法研究[硕士学位论文]. 北京: 中国科学院研究生院, 2010.

[36] 叶齐祥. 图像与视频文字检测技术研究[博士学位论文]. 北京: 中国科学院研究生院, 2006.

[37] Wang H. Automatic character location and segmentation in color scene images[C]//Proceedings of 11th International Conference on Image Analysis and Processing, 2001: 2-7.

[38] Ye Q, Doermann D. Text detection and recognition in imagery: A survey[J]. IEEE Transactions on Pattern Analysis and Machine Intelligence, 2015, 37(7): 1480-1500.

[39] Shivakumara P, Sreedhar R P, Phan T Q, et al. Multi-oriented video scene text detection through Bayesian classification and boundary growing[J]. IEEE Transactions on Circuits and Systems for Video Technology, 2012, 22(8): 1227-1235.

[40] Lucas S M, Panaretos A, Sosa L, et al. Robust reading competitions[C]//International Conference on Document Analysis and Recognition (ICDAR), 2003: 682.

[41] Karatzas D, Mestre S R, Mas J, et al. Robust reading competition-challenge 1: Reading text in born-digital images (web and email)[C]//2011 International Conference on Document Analysis and Recognition (ICDAR), 2011: 1485-1490.

[42] Wang K, Babenko B, Belongie S. End-to-end scene text recognition[C]//IEEE International Conference on Computer Vision (ICCV), 2011: 1457-1464.

[43] Nagy R, Dicker A, Meyer-Wegener K. NEOCR: A Configurable Dataset for Natural Image Text Recognition[M]. Berlin: Springer, 2011: 150-163.

[44] Yao C, Bai X, Liu W, et al. Detecting texts of arbitrary orientations in natural images[C]//IEEE Conference on Computer Vision and Pattern Recognition (CVPR), 2012: 1083-1090.

[45] Lee S H, Cho M S, Jung K, et al. Scene text extraction with edge constraint and text collinearity[C]//International Conference on Pattern Recognition (ICPR), 2010: 3983-3986.

[46] Yin X C, Yin X, Huang K, et al. Robust text detection in natural scene images[J]. IEEE Transactions on Pattern Analysis and Machine Intelligence, 2014, 36(5): 970-983.

[47] Everingham M, van Gool L, Williams C K I, et al. The pascal visual object classes (voc) challenge[J]. International Journal of Computer Vision, 2010, 88(2): 303-338.

[48] Deng J, Dong W, Socher R, et al. ImageNet: A large-scale hierarchical image database[C]//IEEE Conference on Computer Vision and Pattern Recognition. 2009: 248-255.

[49] Girshick R, Donahue J, Darrell T, et al. Rich feature hierarchies for accurate object detection and semantic segmentation[C]//Proceedings of the IEEE Conference on Computer Vision and Pattern Recognition, 2014: 580-587.

第 5 章　目标跟踪方法

基于视觉的目标跟踪技术(以下简称为视觉跟踪或者目标跟踪)作为计算机视觉领域的核心研究课题之一，其主要目的是模仿生理视觉系统的运动感知功能，通过对摄像头捕获到的图像序列进行分析，计算出运动目标在每一帧图像中的位置；然后，根据运动目标相关的特征值，将图像序列中连续帧间的同一运动目标关联起来，得到每帧图像中目标的运动参数以及相邻帧图像间运动目标的对应关系，从而得到各个运动目标完整的运动轨迹。简单来说，目标跟踪技术就是一种在下一帧图像中找到目标的确切位置并反馈给跟踪系统进行跟踪，进而为平台随动控制、视频序列分析和理解等提供运动信息和数据的手段。

5.1　跟踪目标描述

5.1.1　跟踪目标的特征表示

目标描述与特征的选择密切相关。选择适当的特征在目标跟踪中具有重要的作用。通常，好的特征应该具有可区别性好、可靠性高、独立性好、数量少等特点，因此可以很容易地将目标从特征空间中区分出来，在特征空间中进行聚类、分散等操作[1]。目标跟踪过程中常用的特征如下。

1) 颜色

颜色特征是最显著、最可靠、最稳定的视觉特征。颜色与图像中所包含的物体、场景的相关性很高，人们对一幅图像的印象，往往从图像中颜色的空间分布开始。目标的颜色主要由两个物理因素决定：一个是光源的功率谱分布，一个是目标的表面反射性质。在图像处理领域，现在采用的大多数颜色空间都是面向硬件或面向应用的。迄今为止，已提出的颜色空间已经有上百种，如 RGB、CMY、HSI、Lab 等。RGB 空间是最常用的颜色空间，但是 RGB 在颜色感知上是不均匀的。LUV 和 Lab 是感知均匀的颜色空间，而 HSV 是近似均匀的颜色空间，但是这些空间对噪声很敏感。

2) 边缘

边缘是一幅图像中不同区域之间的边界线，边缘检测的目的是捕捉亮度急剧变化的区域，而这些区域通常是视觉目标跟踪所关注的。同时，针对于目标跟踪，边缘检测所得到的结果将会大大减少图像数据量，从而过滤掉很多不需要的信息，留下图像的重要结构，使所要处理的工作大大简化，实现实时的视觉目标跟踪。由于边缘是由于图像深度不连续、图像(梯度)朝向不连续、图像光照(强度)不连续、纹理变化等因素所造成的，因此与颜色特征相比，边缘的一个重要性质是对光照变化不敏感。目前最为流行的边缘检测方法是 Canny 算子和 Sobel 算子。

3)纹理

纹理是一种普遍存在的视觉现象，是对图像局部区域亮度变化性质(如平滑性、规则性等)的一种描述。一般来说，可以认为纹理由许多相互接近、相互交织的元素构成，并常富有周期性。纹理的定义大体可以从三个方面来描述：①具有某种局部的序列性，并在该序列更大的区域内不断重复；②序列由基本部分非随机排列组成；③各个部分大致都是均匀的统一体。纹理是区域属性，并且与图像分辨率或称尺度(resolution 或 scale)密切相关。同时，纹理具有重复性、规则性、方向性等特征。和颜色相比，纹理需要一个预处理过程来产生纹理描述子。已有的纹理描述子有很多种，如灰度共生矩阵、自相关函数、Markov 随机场、分形、频域滤波等。与边缘特征相似，纹理特征对于光照的变化也不敏感。

在各种特征中，颜色在跟踪领域是使用得最为广泛的特征。但是，颜色对于光照的变化很敏感，因此，如果应用环境中光照变化较大，则应该采用其他特征(如边缘、纹理等)进行跟踪。同时，基于各种特征的组合特征来更加准确完备地描述目标的方法在跟踪中也有比较广泛的研究。

5.1.2　跟踪目标的表示方法

被跟踪对象可以定义为任意的想要跟踪的感兴趣的物体，如水面上的船只、天上的飞机、地面上的汽车和行人等。要对感兴趣的对象进行跟踪，首先需要给出对象的表示。通常，被跟踪对象可以用它们的形状和表观来表示。这一小节我们给出在对象跟踪领域常用的对象表示方法，首先是对象的形状表示方法，然后是对象的表观表示方法。

常用的对象形状表示方法有以下几种。

1)点

对象可以用一个点来表示，也就是对象的质心，如图 5.1(a)所示。通常这种表示方法适用于被跟踪对象在图像中占有较小的区域的情况。对象也可以用一组点来表示，如图 5.1(b)所示。

2)基本几何形状

对象可以用矩形框(如图 5.1(c)所示)或椭圆(如图 5.1(d)所示)来表示。这种情况下，通常采用的对象运动模型包括平移、仿射变换或投影变换。尽管这种表示方法主要适用于简单的刚性对象，它们仍然可以用来表示非刚性对象。

3）轮廓和廓影

轮廓（如图 5.1(g)、(h)所示）定义了对象的边界，而轮廓以内的区域被称为廓影(silhouette)如图 5.1(i)所示。轮廓和廓影的表示方法适用于跟踪复杂的非刚性的对象形状。

4）关节形状模型

有关节的对象由通过关节连接在一起的部件组成。例如，人体就是通过关节将头、躯干、腿、胳膊、手和脚等部件连接在一起的。人体不同部件之间的运动符合一定的运动学模型，例如，关节的活动具有一定的角度限制等。为了表示有关节的对象，可以将它的每一个组成部件用圆柱体或椭圆来表示，如图 5.1(e)所示。

5）骨架模型

对象的骨架（如图 5.1(f)所示）可以通过应用某种变换从对象的廓影中提取。骨架模型既可以用来表示有关节的对象，也可以用来表示刚性的对象。这种表示方法通常用来做物体识别。

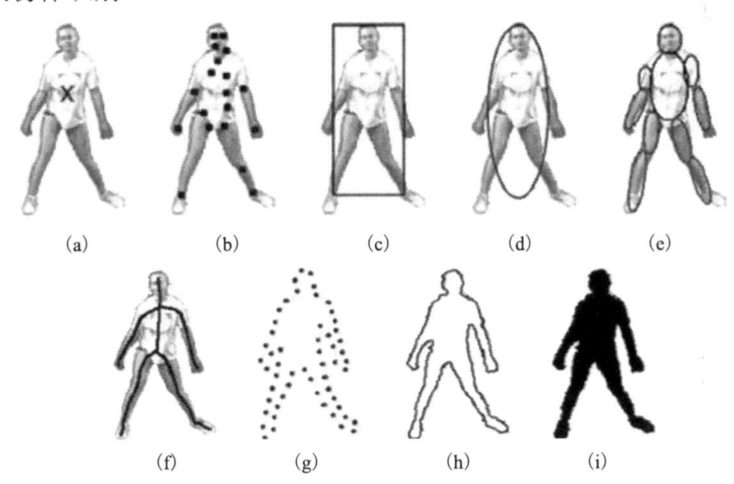

图 5.1　对象的表示方法

(a) 对象的质心；(b) 对象上的多个点；(c) 矩形框；(d) 椭圆形框；(e) 基于部件的多个区域；(f) 对象的骨架；(g) 轮廓上的控制点；(h) 对象的整个轮廓；(i) 对象的廓影

除了形状表示之外，对象还可以用表观模型来表示。形状和表观也可以联合使用来对对象进行跟踪。

常用的表观表示方法有以下几种。

1）概率密度

对象表观的概率密度可以是参数的，也可以是非参数的。参数的表示包括高斯和混合高斯两种类型，非参数的表示包括核密度估计和直方图。对象表观特征（颜色、纹理等）的概率密度可以从形状模型（椭圆、轮廓等）指定的图像区域计算得到。

2) 模板

模板通常由简单的几何形状(如矩形等)或廓影组成。模板的优点是它同时包含了对象的空间和表观信息。但是，通常模板只包含单一视点的对象的表观信息，因此它们只适用于在跟踪过程中对象的姿态变化不大的情况。

3) 主动表观模型

主动表观模型同时模型化了对象的形状和表观信息。通常情况下，对象的形状由一些特征点定义。和基于轮廓的表示方法类似，特征点通常位于对象的边界上，当然，也可以位于对象区域上。对于每一个特征点，都有一个表观向量与其对应，这个表观向量可以是从颜色、纹理或梯度产生的。主动表观模型的参数需要进行训练得到。通常采用的训练方法是主成分分析法。

4) 多视表观模型

这种模型模型化了对象的不同视角。一种表示对象不同视角的方法是从这些视角的样本中产生一个子空间，主成分分析方法仍然可以应用到这种情况。另外一种表示对象不同视角的方法是从这些样本中训练得到一个分类器，例如，可以采用支持向量机和光流结合进行对象跟踪。多视表观模型的一个主要局限性是需要考虑所有不同视角的表观。

被跟踪对象的表示方法往往和采用的跟踪算法紧密相连，并且和具体的应用领域相关。如果被跟踪对象在图像中占有的区域很小，那么采用点表示是适当的。如果被跟踪对象的形状能够很好地由矩形或椭圆近似，那么采用基本几何形状来表示是可行的。如果被跟踪对象具有复杂的形状(如人体跟踪)，那么采用轮廓及廓影来表示被跟踪对象是再恰当不过的了。以矩形框目标形状描述模式和颜色直方图特征为例，跟踪目标表示如下。

目标区域定义为 $h\times w$ 的矩形框(图 5.2)，目标的特征 $\{F_i(x,y)\}, i=0,1,\cdots,N$ 从以 (x,y) 位置为中心的目标区域的像素中提取。设 $h\times w$ 的矩形框包含 M 个像素，在 RGB 颜色空间中以 R 颜色分量为例，其被量化成 n 个不同颜色级。颜色直方图特征定义为

$$p_i=h_i \tag{5.1}$$

图 5.2　目标区域定义(见彩图)

式中，h_i 为第 i 种颜色级在矩形框所对应的图像中具有的像素数。对颜色直方图进行归一化，则

$$p_i = h_i / M \tag{5.2}$$

5.1.3　视觉目标跟踪的分类

视频目标跟踪算法依据不同的分类标准可以进行不同的分类。

1) 被跟踪目标的数目

根据被跟踪目标的数目可以将跟踪算法分为单目标跟踪算法和多目标跟踪算法。相比于单目标跟踪，多目标跟踪具有更多的难点，例如，需要解决当前测量和已有轨迹之间的对应、目标之间的相互遮挡及目标之间的分裂与合并等。

2) 被跟踪目标的类型

根据被跟踪目标的类型可以将跟踪算法分为刚性目标跟踪和非刚性目标跟踪算法。刚性目标跟踪的典型代表是车辆跟踪。这类目标可以通过建立简单的三维模型对其进行描述。非刚性目标跟踪的典型代表是人体的跟踪。这类目标可以通过将其分解为若干刚性目标及其之间的相互关联来进行建模。

3) 摄像机的数目

根据摄像机的数目可以将跟踪算法分为单目摄像机跟踪算法和多目摄像机跟踪算法。由于单个摄像机的视野有限，无法覆盖场景的整个区域，所以采用多个摄像机的主要优点是扩大了摄像机的视野。另一方面，由于多个摄像机的使用使得部分深度信息的恢复成为可能，因此，多目摄像机跟踪算法能够为多目标跟踪中遮挡问题的解决提供有效的辅助。

4) 摄像机是否运动

根据摄像机是否运动可以将跟踪算法分为静止背景下的跟踪算法和运动背景下的跟踪算法。在摄像机静止的情况下，可以对背景进行建模然后采用背景减除进行运动目标的检测，进而采用数据关联技术对检测到的目标进行跟踪。在摄像机运动的情况下，如果是针对特定目标的跟踪，则可以通过事先训练得到的检测器来检测特定目标，进而对其进行跟踪。

5) 传感器的类型

根据传感器的类型可以将跟踪算法分为可见光图像跟踪算法和可见光谱以外的图像跟踪算法，如红外图像跟踪等。相比于可见光图像，红外图像可以提供全天候的信息。需要指出的是，目标跟踪在雷达、声呐等领域已经具有很长时间的研究历史，计算机视觉领域中的一些目标跟踪算法正是从这些领域借鉴过来的。

6) 跟踪的速度

根据跟踪速度的要求可以将跟踪算法分为实时跟踪算法和非实时跟踪算法。实时跟踪对跟踪算法的速度要求很高，主要用在需要系统做出快速反应的场合。例如，在视频监控中当一个人在一辆汽车附近有异常举动时，监控系统要迅速做出反应。非实时跟踪主要用在视频编辑等领域，如特技制作等。这时对于算法的实时性要求不高，反而对精度有更高的要求。

除了上述直观的目标跟踪分类方法之外，相关研究学者通过目标跟踪方法的特点将其分为确定性方法和随机方法两大类，此分类方法作为经典的目标跟踪方法被广泛使用。典型的确定性跟踪方法在对感兴趣目标进行跟踪时，将目标先验知识，如表观、颜色分布、轮廓信息等用于目标模板的建立；然后根据事先设定的相似性度量函数，在当前视频帧局部区域内，通过搜索或者迭代算法找到与目标模板或者目标表观最为相似的区域。随机跟踪方法利用状态空间对当前跟踪系统的运动进行模型化。该方法引入了概率统计的思想，将不确定性观察(如概率密度函数)与不同的状态相联系，从而不再假设运动系统输入与输出的完全确定性。

5.2　经典视觉目标跟踪方法

5.2.1　确定性目标跟踪方法

确定性视觉目标跟踪方法根据跟踪目标的表示方法和相似性度量方法的不同可以分为：基于特征匹配的跟踪方法[2]、基于区域统计匹配的跟踪方法[3]、基于模型匹配的跟踪方法[4]和基于 Mean-Shift 的跟踪方法[5]。

(1) 基于特征匹配的跟踪方法不考虑运动目标的整体特征，即不关心具体的运动目标，而只通过其特征(如 SIFT 特征点等)来进行跟踪。由于图像采样时间间隔通常很小，可以认为这些特征在运动形式上是平滑的，因此可以利用其完成目标的整个跟踪过程。无论是刚体运动目标还是非刚体运动目标，利用基于特征匹配的方法进行目标跟踪时主要包括特征提取和特征匹配两个过程。在特征提取中要选择适当的跟踪特征，并且在后续的视频帧提取相应的特征；在特征匹配中将提取的当前帧图像中目标的特征与特征模板相比较，根据比较的结果来确定目标，从而实现目标的跟踪。例如，在使用特征点对人体进行运动跟踪时，首先把需要跟踪的每一个人用一个矩形框封闭起来，在封闭框内进行跟踪特征的提取并建立特征模板；然后在后续的视频帧中提取相应的特征并与特征模板进行匹配，从而通过找到最佳的匹配位置以完成跟踪。除了用单一的特征来实现跟踪外，还可以将多个特征信息进行综合作为跟踪特征来提高跟踪的稳定性。另外，如果运动目标简单，则可以将整个目标作为特征模板来进行跟踪，这种方法也被称为模板匹配。

(2) 基于区域统计匹配的跟踪方法是把图像中运动目标连通区域的共有特征信息(如颜色特征、纹理特征等)作为跟踪特征的一种方法。这种方法不需要在视频序列中找到完全相同的特征信息，而是通过计算候选区域与原始目标之间的区域统计特征的相关性来确定跟踪目标的最佳位置。同时，该方法还常常利用滤波技术来估计和预测区域的几何形状和运动速度。例如，文献[6]利用小区域特征进行室内单目标人体的跟踪。该方法将人体看做由头、躯干、四肢等部分所对应的小区域块的联合体，通过分别跟踪各个小区域块最终完成对整个人体的跟踪。

(3) 基于模型匹配的跟踪方法是通过建立模型来表示目标，也就是对运动目标进行建模，然后在图像序列中匹配这个建立好的模型来实现目标的跟踪。在实际应用中，由于跟踪的目标大部分都是非刚体的，其形状在不断发生变化，而且，即使是刚体目标，由于拍摄视角及拍摄距离的变化，也会导致其形态不停地发生变化，很难得到准确的几何模型。因此，一些学者提出通过变形轮廓模板来进行目标跟踪。目前有两种较为流行的可变形模型：自由式的可变形模型和参数可变的模型。前者主要通过满足一些简单的约束条件(如连续性、平滑性等)来跟踪任意形状的运动目标；后者通过使用参数公式或变形公式来描述目标的形状。

(4) 基于 Mean-Shift 的目标跟踪方法采用加权的灰度或颜色直方图来描述跟踪的目标，并通过梯度下降的方式快速迭代地查找跟踪目标。Mean-Shift 方法最早由 Fukunaga 等于 1975 年提出。随着 Mean-Shift 理论的发展，目前所说的 Mean-Shift 算法一般是指一个迭代的过程，即首先计算当前点的偏移均值，然后移动该点到其偏移均值，再以此点为新的起始点继续移动，直到满足一定的条件结束。Mean-Shift 算法的形式简洁，收敛条件宽松。

在上述四种确定性目标跟踪方法中，除了跟踪目标的表示方法之外，跟踪目标之间的相似度度量也是一个重要的研究内容。

1. 跟踪目标相似度度量

在目标跟踪中，特征搜索匹配就是在所得到的目标和跟踪目标之间进行特征相似度度量。在图像处理技术中，常用的相似性度量方法有欧氏距离、街区距离、棋盘距离、加权距离、巴特查理亚系数(简称 Bhattacharyya 系数或巴氏系数)、Hausdorff 距离(Hausdorff Distance，HD)等。其中，欧氏距离由于其简便性而成为使用最广泛的相似度衡量方法；Hausdorff 距离通常用于衡量特征集之间的相似性；直方图之间的相似性通常采用巴特查理亚系数。

1) 欧氏距离

已知二维平面上的两个点 P_1, P_2 坐标分别为 $P_1(x_1, y_1)$，$P_2(x_2, y_2)$，则 P_1, P_2 之间的欧式距离为坐标向量的平方差之和的开方，用公式表示为

$$d(P_1,P_2)=\sqrt{(x_1-x_2)^2+(y_1-y_2)^2} \tag{5.3}$$

2) 加权距离

已知二维平面上的两个点 P_1,P_2 坐标分别为 $P_1(x_1,y_1)$, $P_2(x_2,y_2)$，则 P_1,P_2 之间的加权距离为坐标向量的每一项的绝对距离的加权和，用公式表示为

$$d(P_1,P_2)=\begin{cases}\omega_0|x_1-x_2|+\omega_1|y_1-y_2|, & |x_1-x_2|>|y_1-y_2|\\ \omega_0|y_1-y_2|+\omega_1|x_1-x_2|, & \text{其他}\end{cases} \tag{5.4}$$

式中，ω_i 为权重，且 $\omega_i>0, i=1,2$。

街区距离、棋盘距离是加权距离特殊情况：当 $\omega_0=1,\omega_1=1$ 时，加权距离就是街区距离，即坐标向量每一项的绝对距离之和；当 $\omega_0=1,\omega_1=0$ 时，加权距离就是棋盘距离，即坐标向量第一项的绝对距离 $d(A,B)=\max_{a_i\in A},\min_{b_j\in B}\|a_i-b_j\|$；当 $\omega_0=1,\omega_1=\sqrt{2}-1$ 时，加权距离就变成类欧氏距离。

3) 巴特查理亚系数

已经两个向量点 P_1,P_2，坐标分别为 $P_1(x_1,x_2,\cdots,x_m)$, $P_2(y_1,y_2,\cdots,y_m)$，P_1,P_2 之间的巴氏系数为坐标向量的每一项的乘积的开方，几何意义是两个 m 维向量 $P_1(x_1,x_2,\cdots,x_m)$, $P_2(y_1,y_2,\cdots,y_m)$ 夹角的余弦。其计算公式为

$$d(P_1,P_2)=\sum_{i=1}^{m}\sqrt{x_i y_i} \tag{5.5}$$

4) Hausdorff 距离

HD 距离是有限像素点集合之间的一种距离，度量的是两个特征点集之间的相似度。假设有两组有限像素点集合 $A=\{a_1,a_2,\cdots,a_p\}$ 和 $B=\{b_1,b_2,\cdots,b_q\}$，则这两个点集合之间的 HD 距离定义为

$$D(A,B)=\max\{d(A,B),d(B,A)\} \tag{5.6}$$

式中，$d(A,B)=\max_{a\in A}\min_{b\in B}\|a-b\|$，$d(B,A)=\max_{b\in B}\min_{a\in A}\|b-a\|$。$\|\cdot\|$ 是 A 和 B 点集间的某种距离范式。根据使用特征的不同，HD 使用不同的范式形式，如灰度特征的 HD 主要使用均方误差函数、绝对差累加和函数、归一化互相关函数等，彩色特征的 HD 使用 Bhattacharyya 系数等。

5) 改进的 Hausdorff 距离

是 HD 的改进算法，主要对有向 HD 的定义进行修正。例如，基于平均距离值的马氏直方图距离（Mahalanobis Histogram Distance，MHD）是指先求出点集 A 中所有点到点集 B 的距离，然后选择这些距离的平均值，用公式表示为

$$d_{\mathrm{MHD}}(A,B)=\frac{1}{N_A}\sum_{a_i\in A}d_B(a_i) \tag{5.7}$$

式中，N_A表示集合 A 中的像素点的个数，$d_B(a_i)=\min\limits_{b\in B}\|a_i-b\|$表示 A 集合中的点 a_i 到集合 B 的距离，是点 a_i 到集合 B 中每一点距离的最小值。

2. 基于 Mean-Shift 的目标跟踪方法

1) 基本 Mean-Shift

给定 d 维空间 $\mathbf{R}^d$ 中的 n 个样本点 x_i，$i=1,\cdots,n$，则在 x 点的 Mean-Shift 向量的基本形式可定义为

$$\boldsymbol{M}_h(x)\equiv\frac{1}{k}\sum_{x_i\in S_k}(x_i-x) \tag{5.8}$$

式中，k表示n个样本点中落入区域S_h中的样本点的个数，S_h是一个半径为 h 的高维球形区域，即

$$S_h(x)\equiv\left\{y:(y-x)^{\mathrm{T}}(y-x)\leqslant h^2\right\} \tag{5.9}$$

可以看到(x_i-x)是样本点x_i相对于点x的偏移向量，式(5.8)定义的 Mean-Shift 向量$\boldsymbol{M}_h(x)$就是对落入区域S_h中的k个样本点相对于点x的偏移向量求和，然后再平均。直观上讲，如果样本点x_i从一个概率密度函数中采样得到，那么由于非零的概率密度梯度指向概率密度增加最大的方向，因此从平均上来说，S_h区域内的样本点更多地落在沿着概率密度梯度的方向。因此，对应的 Mean-Shift 向量$\boldsymbol{M}_h(x)$应该指向概率密度梯度的方向。

如图 5.3 所示，大圆所圈定的范围就是S_h，小圆代表落入S_h区域内的样本点$x_i\in S_h$，黑点就是 Mean-Shift 的基准点x，箭头表示样本点相对于基准点x的偏移向量。从图可以看出，平均的偏移向量$\boldsymbol{M}_h(x)$会指向样本分布最多的区域，也就是概率密度函数的梯度方向。

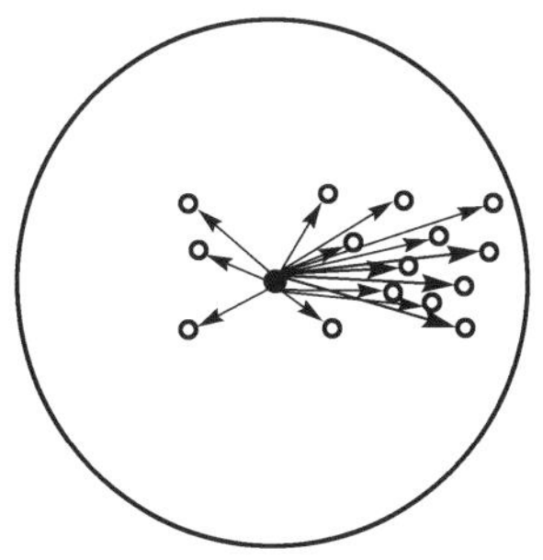

图 5.3　Mean-Shift 示意图

2) 扩展 Mean-Shift

从式(5.8)可以看出，对于落入 S_h 区域内的采样点，无论其离 x 远近，对最终的 $\boldsymbol{M}_h(x)$ 计算的贡献是一样的。然而，一般来说，离 x 越近的采样点对估计 x 周围的统计特性越有效。因此，我们引进核函数的概念，即在计算 $\boldsymbol{M}_h(x)$ 时同时考虑距离的影响，认为并非所有的样本点的重要性都相同，为此，对每个样本都引入一个权重系数。

因此，基本的 Mean-Shift 形式可扩展为

$$M(x) \equiv \frac{\sum_{i=1}^{n} G_H(x_i - x) w(x_i)(x_i - x)}{\sum_{i=1}^{n} G_H(x_i - x) w(x_i)} \tag{5.10}$$

式中，$G_H(x_i - x) = |\boldsymbol{H}|^{-1/2} G(\boldsymbol{H}^{-1/2}(x_i - x))$，$G(x)$ 是一个单位核函数，$\boldsymbol{H}$ 是一个正定的对称矩阵；$w(x_i) \geqslant 0$ 是一个赋给采样点 x_i 的权重。在实际应用过程中，$\boldsymbol{H}$ 一般被限定为一个对角矩阵 $\boldsymbol{H} = \mathrm{diag}\left[h_1^2, \cdots, h_d^2\right]$（$d$ 为矩阵 $\boldsymbol{H}$ 的维数），甚至可以更简单的被定义为正比于单位矩阵，即 $\boldsymbol{H} = h^2 \boldsymbol{I}$。由于后一形式只需要确定一个系数 h，因此常常被采用，此时式(5.10)又可以被改写为

$$M_h(x) \equiv \frac{\sum_{i=1}^{n} G\left(\frac{x_i - x}{h}\right) w(x_i)(x_i - x)}{\sum_{i=1}^{n} G\left(\frac{x_i - x}{h}\right) w(x_i)} \tag{5.11}$$

可以看到，如果对所有的采样点 x_i 满足：

(1) $w(x_i) = 1$；

(2) $G(x) = \begin{cases} 1, & \|x\| < 1 \\ 0, & \|x\| \geqslant 1 \end{cases}$。

则式(5.11)就会完全退化为式(5.8)，也就是说，扩展的 Mean-Shift 在某些情况下会退化为基本 Mean-Shift。

3) Mean-Shift 在目标跟踪中的应用

假定采用加权的灰度或颜色直方图来描述目标，使距离目标中心的像素点具有较大的权值，从而具有抵抗部分遮挡和边缘噪声影响的优点。假设目标中心位于 x_0，则该目标的直方图可以表示为

$$\hat{q}_u = C \sum_{i=1}^{n} k\left(\left\| \frac{x_i^s - x_0}{h} \right\|^2 \right) \delta\left[b(x_i^s) - u \right] \tag{5.12}$$

式中，C 用来对直方图进行归一化，x_i^s 目标区域中某一像素的位置，$b(x_i^s)$ 表示 x_i^s 位置处像素值的直方图量化区间，u 表示直方图的某个量化区间，$\delta[\cdot]$ 表示脉冲函数，

$k(\cdot)$ 计算 x_i^s 相对于 x_0 的权重(使距离 x_0 较近的点具有较大的权值)。中心位于 y 的候选目标的直方图可以描述为

$$\hat{p}_u(y)=C_h\sum_{i=1}^{n_h}k\left(\left\|\frac{x_i^s-y}{h}\right\|^2\right)\delta\left[b(x_i^s)-u\right] \tag{5.13}$$

式中，C_h 用来对直方图进行归一化，n_h 表示直方图位数。

因此目标跟踪可以简化为寻找最优的 y，使得 $\hat{p}_u(y)$ 与 $\hat{q}_u$ 最相似。$\hat{p}_u(y)$ 与 $\hat{q}_u$ 的相似性用 Bhattacharrya 系数 $\hat{\rho}(y)$ 来度量，即

$$\hat{\rho}(y)\equiv\rho\left[p(y),q\right]=\sum_{u=1}^{m}\sqrt{p_u(y)\hat{q}_u} \tag{5.14}$$

将式(5.14)在 $\hat{p}_u\ (y_0)$ 点泰勒展开，可得

$$\rho\left[p(y),q\right]\approx\frac{1}{2}\sum_{u=1}^{m}\sqrt{p(y_0)q_u}+\frac{1}{2}\sum_{u=1}^{m}p_u(y)\sqrt{\frac{q_u}{p_u(y_0)}} \tag{5.15}$$

把式(5.13)代入式(5.15)，整理可得

$$\rho\left[p(y),q\right]\approx\frac{1}{2}\sum_{u=1}^{m}\sqrt{p(y_0)q_u}+\frac{C_h}{2}\sum_{i=1}^{n}w_ik\left(\left\|\frac{y-x_i}{h}\right\|^2\right) \tag{5.16}$$

式中

$$w_i=\sum_{u=1}^{m}\delta[b(x_i)-u]\sqrt{\frac{q_u}{p_u(y_0)}} \tag{5.17}$$

式(5.16)右边的第二项可以利用 Mean-Shift 算法进行最优化。

Mean-Shift 算法的形式简洁，收敛条件宽松，只要确定了跟踪目标，整个跟踪过程就不需额外的参数输入。由于无需对概率密度分布进行估计，因此，可以直接沿着梯度方向搜索局部最大值，从而大大减少了运算量，所以这种算法具有良好的实时性。

Mean-Shift 算法用于视频跟踪有以下几个优势：首先，算法计算量不大，在目标区域已知的情况下完全可以做到实时跟踪；其次，作为一个无参数概率密度估计算法，很容易和其他算法结合使用；然后，采用加权直方图模型，对部分遮挡、目标旋转、形变和背景运动不敏感。该算法也存在一些不足，比如：缺乏必要的模板更新算法，整个跟踪过程中窗宽的大小保持不变，因此，当目标有尺度变化时，可能跟踪失败；颜色直方图是一种比较通用的目标特征描述子，当背景和目标的颜色直方图相似时，跟踪效果往往不好。另外，Mean-Shift 算法是局部最优的优化算法，当出现多个局部峰值时，算法可能会收敛于局部最优值而造成跟踪算法失效。

5.2.2 非确定性目标跟踪方法

随机性目标跟踪常用的预测算法有卡尔曼滤波以及粒子滤波等算法。利用滤波器来估计目标运动，当系统对目标的运动位置和速度有了可靠估计后，可以在相对

较小的区域内进行搜索，完成对目标的跟踪过程。当目标被遮挡时，利用滤波器对目标的运动轨迹进行可靠预测，可以方便地在特定区域内搜索目标，等待目标的重新出现。滤波方法的优点是：①采用递归滤波的方法，可以将任意一点作为初始状态开始递归；②计算量小，可实时计算；③预测具有无偏、稳定和最优等特点。

1. 基于卡尔曼滤波器的视觉目标跟踪

滤波是从被干扰信号中确定出有效信号的一种方法。最早的滤波方法是 1809 年 Gauss 提出的最小二乘法，这是一种基于最小方差的最优滤波方法，由于它不需要信号的统计特性，目前仍在广泛使用。20 世纪 40 年代，Wiener 为了火力控制上的需要提出了一种线性最小方差滤波，这种方法充分利用了信号测量值的统计特性，但是仅适用于平稳随机信号。1960 年，Kalman 用状态方程来描述随机线性系统，推广了 Wiener 滤波模型，提出了一种更为实用的滤波方法，即著名的卡尔曼滤波。卡尔曼滤波是一种对动态系统的状态序列求线性最小均方误差估计的算法，利用动态的状态方程和观测方程来描述系统。其基本思想是：首先建立描述随机动态变量随时间变化的先验模型，然后在对随机变量进行实时观测的情况下，利用卡尔曼滤波方程组实时获得目标状态基于全局信息的最优估计值。

卡尔曼滤波同时考虑了信号与测量值的基本统计特性，而且由于采用了状态空间的概念，因此，能够估计多维非平稳随机信号。卡尔曼滤波在滤波过程中采用递推计算，不需要存储历史数据，利用数字计算机，能够实时地给出信号的估计，甚至对于状态维数较大的系统，也能够在计算机上进行实现。它采用递归滤波的方法进行计算，具有计算量小和能实时计算的特点，因此在目标跟踪系统中得到了广泛的应用。

卡尔曼滤波的基本算法如下：对于状态空间 $x \in \mathbf{R}^n$，引入一个线性随机微分方程描述(称为状态方程，如式(5.18))，卡尔曼滤波可以对状态值进行最优估计。

$$x_k = \boldsymbol{A}x_{k-1} + \boldsymbol{B}u_{k-1} + w_{k-1} \tag{5.18}$$

再加上系统的测量值：

$$z_k = \boldsymbol{H}x_k + v_k \tag{5.19}$$

式中，x_k 是 k 时刻的系统状态，u_k 是 k 时刻对系统的控制量。$\boldsymbol{A}$ 和 $\boldsymbol{B}$ 是系统参数，对于多模型系统，他们为矩阵。z_k 是 k 时刻的测量值，$\boldsymbol{H}$ 是测量系统的参数，对于多测量系统，$\boldsymbol{H}$ 为矩阵。随机变量 w_k 和 v_k 分别代表过程噪声和测量噪声。

卡尔曼滤波对于提高跟踪系统的处理速度和性能有着极其重要的作用[7]。在视觉目标跟踪过程中，假设目标的运动状态参数为某一时刻目标的位置和速度。鉴于跟踪过程中相邻两帧图像的时间间隔比较短，目标在如此短的时间间隔内状态变化比较小，因此，可以假设目标在此时间间隔内是匀速运动。匀速运动模型在一般情况下都能够很好地反映目标的运动趋势。基于此，定义卡尔曼滤波的系统状态为 x_k，其是一个四维向量 $(s_x,s_y,v_x,v_y)^{\mathrm{T}}$，分别代表运动目标在坐标轴上的位置和在坐标轴方向的速度。根据运动目标在单位时间间隔内是匀速运动的特点，定义状态转移矩阵 $\boldsymbol{A}$ 和观测矩阵 $\boldsymbol{H}$：

$$\boldsymbol{A}=\begin{bmatrix}1 & 0 & \Delta t & 0\\ 0 & 1 & 0 & \Delta t\\ 0 & 0 & 1 & 0\\ 0 & 0 & 0 & 1\end{bmatrix}$$
$$\boldsymbol{H}=\begin{bmatrix}1 & 0 & 0 & 0\\ 0 & 1 & 0 & 0\end{bmatrix} \tag{5.20}$$

基于上述的卡尔曼滤波参数定义，通过迭代可完成视觉目标的跟踪过程。

2. 基于粒子滤波器的视觉目标跟踪

目标跟踪基于自身位置来衡量其他运动目标的位置和速度。在实际情况中，运动目标的运动状态往往不是匀速运动模型，而是更为复杂的非线性、非高斯运动状态。例如，当运动目标具有一定的机动性时，对目标位置和速度的估计实质上就是一个非线性系统状态估计问题[8]。解决目标跟踪问题的传统方法是卡尔曼滤波器[7]和扩展卡尔曼滤波器等[9]，但在强非线性或噪声非高斯时，它们在目标跟踪中性能不稳定、误差较大甚至发散。1993 年 Gordon 等将序贯重要性采样(Sequential Importance Sampling，SIS)粒子滤波应用于目标跟踪问题，取得了优于扩展卡尔曼滤波器的跟踪效果。从此粒子滤波成为目标跟踪领域中一个重要的研究热点。

粒子滤波使用了大量随机样本，采用蒙特卡罗仿真(Monte Carlo Simulation)来完成递推贝叶斯滤波(recursive Bayesian filter)过程，其核心是使用一组具有相应权值的随机样本(粒子)来表示状态的后验分布。该方法的基本思路是选取一个重要性概率密度并从中进行随机抽样，得到一些带有相应权值的随机样本后，在状态观测的基础上调节权值的大小和粒子的位置，再使用这些样本来逼近状态后验分布，最后通过这组样本的加权求和作为状态的估计值。

早在 20 世纪 50 年代，SIS 算法就已出现。它是一种通过离散随机样本逼近概率分布的蒙特卡罗方法，由预测和更新两部分组成，是一种基于贝叶斯理论的时域递归滤波实现方法。该算法的基本思想是从一个重要性概率密度中抽取一个带有权值的样本集合来代表所研究的系统状态的后验概率密度函数，同时利用这些样本及其权值对该系统状态进行估计。该算法随后被应用到物理和自动控制等领域。然而，由于 SIS 算法对于当时计算机的计算能力而言计算复杂性太高，并且算法本身存在其固有的样本退化问题，因此该算法在相当长一段时间内未能引起人们广泛的关注，其算法本身也没有取得较大进展。

现代计算技术为基于 Monte Carlo 模拟的滤波方法提供了有力支持，SIS 算法也因此再次引起人们的关注。1993 年 Gordon 等为了克服 SIS 算法中的样本退化问题，将重采样(resampling)步骤引入 SIS 算法，并由此产生了基本粒子滤波算法——序贯重要性重采样算法(Sequential Importance Resampling，SIR)。

样本(又称为粒子)退化是指经过若干次迭代后，大部分粒子的权值极小以至于可以忽略不计，粒子权值的方差随时间逐渐增大，大量运算时间浪费在这些对系统状态估计几乎不起作用的粒子权值更新上。SIR 算法在 SIS 算法的基础上增加了重采样步骤，由预测、更新和重采样三部分组成，在一定程度上缓解了粒子退化问题。

虽然 SIR 算法能够在一定程度上缓解粒子退化问题，但是它的重采样是在原有粒子集合组成的离散分布上依粒子权值大小，采取随机选取复制的方式进行的，即采用以较大概率复制权值较高粒子的方法。这样就会导致原有粒子集合中有很多粒子由于权值太小而没有“后代”，少数权值较大的粒子则有很多相同的“后代”，使得重采样得到的粒子集合由大量重复粒子构成，使粒子集合失去了多样性，从而限制了粒子并行运行的机会。这一现象又称为粒子多样性匮乏问题。粒子多样性匮乏将导致滤波精度下降，并且使基于粒子路径多样性的系统状态平滑操作性能下降。解决粒子退化问题的一种方法是定义有效样本数量的指标来度量粒子退化的程度。解决粒子退化问题的另一种方法是选择更接近系统状态真实概率密度的重要性概率密度，但这时又会遇到难于从这样的重要性概率密度中进行抽样的困难。

针对目标跟踪，粒子滤波算法仍有大量需要研究改进之处，主要体现在以下几点。

(1) 重要性密度函数的选取方法有待进一步研究。重要性密度函数的选取直接影响粒子滤波性能的高低，而目前大多数改进算法的重要性密度函数选取方法对通用问题缺乏一般借鉴意义。如何有效利用系统信息和最新观测值来选取合理的重要性密度函数是一个重要的研究方向。

(2) 重采样方法有待进一步改进。目前大多数重采样改进算法仅在特定条件下对粒子滤波性能有所改善，缺乏较强的普遍适用性。虽然粒子滤波器的重采样缓解了粒子退化程度，但也会使粒子失去多样性，导致平滑操作性能下降。因此，如何设计有效的粒子平滑算法值得进一步研究。

(3) 粒子滤波算法的计算量较大。通常的重采样方法存在计算量较大的问题。粒子滤波的计算量与粒子数目和状态维数都直接相关。如何在满足估计精度的前提下减少粒子滤波的计算量仍有待于深入研究。

(4) 粒子滤波的收敛性问题尚需进一步深入研究。目前有关粒子滤波收敛性方面的研究成果已经为粒子滤波的应用提供了一定的理论依据，但是重要的一致性收敛证明仍依赖于对动态模型作出较强的假设，而这些假设条件在很多实际问题中是不成立的。若能解决上述问题，则能在数学基础上对粒子滤波提供更有力的支持，并能为粒子退化及多样性匮乏现象的抑制提供有益的指导。

针对上述的问题，研究人员逐步提出了辅助粒子滤波[10]、正则化粒子滤波、高斯粒子滤波和高斯混合粒子滤波等典型的粒子滤波改进方法，使其更适用于视觉目标跟踪。

5.3 视觉目标跟踪最新研究方法

传统的目标跟踪方法，经过近 50 多年的研究和发展，已在军事制导、视觉导航、安全监控、智能交通、医疗诊断以及气象分析等方面得到广泛应用。例如，视频监控技术已在大多社区、大型公共场所及重要设施上使用。跟踪技术在视频会议、视频分析、视频检索、基于视频的运动分析和合成、基于运动信息的身份识别、图像检索、水文观测、港口管理、医学图像分析、远距离测量、零部件质量检测等许多领域也有应用。然而就目前来讲，一般意义上的视觉跟踪技术还未成熟。要开发出真正可靠、实用的视觉跟踪应用系统还需要开发更为鲁棒的核心算法。

5.3.1 单目标跟踪方法

在长时间视频单目标跟踪过程中，在运动目标通过摄像机检测区域的过程中，运动目标的图像可能会发生明显的变化。引起这些变化的主要原因包括：①运动目标本身的变化(尺度、旋转、形状等)；②运动目标被遮挡；③跟踪环境动态变化(光照、图像退化模糊等)。这些情况的存在使得对运动目标的跟踪变得更加困难。传统经典的目标跟踪算法虽然能够在一定程度上完成对运动目标的跟踪，但这些算法还存在着诸多问题。例如，当被跟踪目标存在形状变化或被遮挡时，跟踪就很容易失败。因此，当被跟踪目标存在形状变化情况时，很多研究人员采用离线的学习过程来改进跟踪效果，这意味着在跟踪发生之前需要挑选大量的被跟踪目标的样本来进行学习和训练，而且训练样本要涵盖被跟踪目标可能发生的各种形变与各种尺度、姿态变化和光照变化的情况。换言之，此类型跟踪方法训练样本的选择至关重要，否则，跟踪的鲁棒性就难以保证。针对训练样本选择这一问题，近几年研究学者提出了一系列新的基于在线学习和检测的单目标长时间跟踪(long term tracking)算法[11]，下面着重介绍三种近几年的经典方法：基于在线跟踪目标外观学习的视觉目标跟踪方法、判别分类跟踪方法(Multiple Instance Tracking，MIT)[12]和 TLD (Tracking-Learning-Detection)[13]跟踪方法。

1. 基于在线跟踪目标外观学习的视觉目标跟踪方法

相比较于传统的跟踪方法，基于在线跟踪目标外观学习的视觉目标跟踪方法对跟踪目标进行基于前景背景联合建模，同时将视觉跟踪作为模式识别中一个分类问题进行研究，通过将前景/背景的像素进行有效聚类的手段，提高跟踪的精度和鲁棒性。同时，该方法在聚类的过程中，为了使得目标特征对前景/背景的变化具有适应性，充分考虑了视觉跟踪目标的外观在跟踪过程中保持特征变化的时间连续性以及稳定性。此方法在目标区域(也称为前景区域)的基础上，又定义了与目标相关联的背景区域，如图 5.4 所示，其中目标区域定义为 $h\times w$ 的矩形框，背景区域定义为 $\sqrt{2}h\times\sqrt{2}w$ 的矩形框与目标区域之间的环形区域。目标（前景）的特征 $\{F_i(x,y)\}$ $(i=0,1,\cdots,N)$ 从以 (x,y) 位置为中心的目标区域的像素中提取，背景的特征 $\{B_i(x,y)\}$ $(i=0,1,\cdots,N)$ 从以 (x,y) 位置为中心的背景区域的像素中提取。

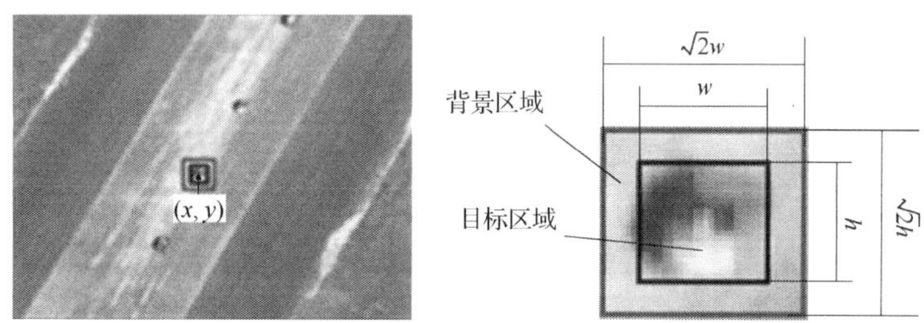

图 5.4　跟踪目标及其背景区域定义(见彩图)

为了能够更好地区分跟踪目标及其相关的背景，参照 Collins 等[14]于 2005 年发表于 TPAMI(IEEE Transactions on Pattern Analysis and Machine Intelligence)相关论文中的定义，本书中将特征区分前景/背景的能力定义为特征的判别力，分别为

$$\tilde{S}_t^i=\max\left(0,\min\left(1,\log\frac{\max(F_t^i(x,y),\delta)}{\max(B_t^i(x,y),\delta)}\right)\right),\quad i=1,\cdots,N \tag{5.21}$$

$$S_t^i=\frac{\tilde{S}_t^i}{\sum_{i=1}^{N}\tilde{S}_t^i},\quad i=1,\cdots,N \tag{5.22}$$

式中，$F_t^i(x,y)$ 和 $B_t^i(x,y)$ 分别表示 t 时刻前景区域与背景区域的综合特征中的第 i 维特征。根据经验，δ 被赋值为 0.005，用来避免除数为 0。直观地，如果第 i 维特征在前景占有更重要的比重，则 $\log\dfrac{\max(F_t^i(x,y),\delta)}{\max(B_t^i(x,y),\delta)}$ 所得结果为正值，反之所得结果为负数或者 0。因此，$\tilde{S}_t^i$ 描述的就是第 i 维特征的判别能力(第 i 维特征在前景/背景

中所占比重)，即第 i 维特征区分前景/背景的能力。max() 和 min() 用来保证 $\tilde{S}_t^i$ 的值在(0.0, 1.0)区间范围，式(5.22)用来归一化 $\tilde{S}_t^i$。

通过式(5.21)和式(5.22)能够得到 S_t^i 描述第 i 维特征的判别力。但是，由于视频帧中难以避免的图像噪声影响，前景/背景特征提取具有一定的不准确性，从而导致特征判别力计算的不稳定。同时，考虑到视频变化是个连续的过程，因此在跟踪过程中目标特征的变化应该同样具有时间连续性，所以采用滤波框架对特征的判别力(观察)进行评估，获取特征的权重(状态)。

假设特征的变化过程是一个一阶马尔科夫过程，$w_t(i)$ 定义为 t 时刻第 i 维特征的权重，则 $w_t(i)$ 不仅取决于 t 时刻第 i 维特征的判别力 S_t^i，同时还取决于 t−1 时刻第 j 维特征的权重 $w_{t-1}(j)$，即

$$w_t(i) = f_{t,t-1}(w_{t-1}(j), S_t^i) + u_t \tag{5.23}$$

式中，$f_{t,t-1}$ 表示为一个滤波过程，当 i=j 时，其表示为一个卡尔曼滤波；当 $i \neq j$ 时，其表示为一个粒子滤波。u_t 表示为高斯噪声。

在每一次特征权重更新的迭代过程中，可用式(5.24)用来对特征的权重进行归一化，即

$$w_t(i) = \frac{w_t(i)}{\sum_{i=1}^{N} w_t(i)}, \quad i = 1, \cdots, N \tag{5.24}$$

根据式(5.23)以及式(5.24)中权重的定义，基于滤波框架的特征评估框图如图 5.5 所示。

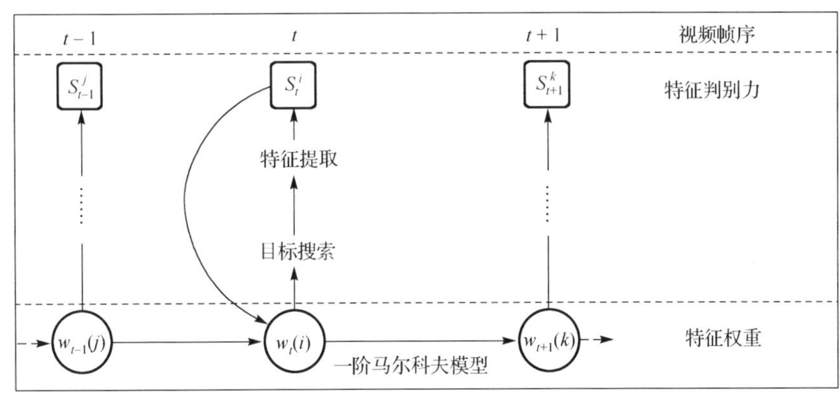

图 5.5　基于滤波框架的特征在线学习框图

下面以卡尔曼滤波为例对特征进行在线学习。

在跟踪过程中，跟踪目标和背景的表观在时刻发生着变化。提取的跟踪目标特

征在跟踪过程中将会根据背景和目标本身的变化实时地自适应在线学习。不失一般性，在此做以下两个假设：①特征权重和特征判别力都是在(0.0,1.0)之间的浮点数；②权重调整之后，背景/前景判别力大的特征的权重也应该大，反之亦然。假定目标特征的变化在跟踪过程中满足线性、高斯的假设，Kalman 滤波中的状态定义为特征的权重，观察定义为特征的判别力，则所提出的 Kalman 滤波的状态方程和观察方程可表示为

$$\begin{cases} \begin{pmatrix} w_{t+1} \\ \Delta w_{t+1} \end{pmatrix} = \begin{pmatrix} \boldsymbol{I}_{N\times N} & \boldsymbol{I}_{N\times N} \\ 0 & \boldsymbol{I}_{N\times N} \end{pmatrix} \begin{pmatrix} w_t \\ \Delta w_t \end{pmatrix} + u_t \\ (S_t) = (\boldsymbol{I}_{N\times N} \quad 0) \begin{pmatrix} w_t \\ \Delta w_t \end{pmatrix} + v_t \end{cases} \tag{5.25}$$

式中，$w_t = \{w_t(1), w_t(2), \cdots, w_t(N)\}$ 表示第 t 视频帧中特征集所对应的特征权重集合，$w_t(i)$ 表示第 t 视频帧中第 i 维特征所对应的特征权重，且 $\Delta w_t = w_t - w_{t-1}$；$S_t = \{S_t^1, S_t^2, \cdots, S_t^N\}$ 定义为第 t 视频帧中特征集所对应的特征判别力集合，S_t^i 是第 t 视频帧中第 i 个特征所对应的特征判别力；$\boldsymbol{I}_{N\times N}$ 表示单位矩阵；u_t 和 v_t 均为高斯白噪声。

基于 Kalman 滤波的特征在线学习算法如图 5.6 所示。

(1) 初始化(t=0)。在这个阶段，首先初始化目标的特征权重为

$$(w_0(i), \Delta w_0(i))^{\mathrm{T}} = \left(\frac{1}{N}, 0\right)^{\mathrm{T}}$$

(2) 预测(t>0)。对于特征集合中的每一个特征，进行如下操作：

① 利用 Kalman 滤波器预测该特征的先验权重；

② 利用先验的加权特征来指导目标跟踪，找到目标所在位置。

(3) 修正(t>0)。当搜索到目标在下一帧的最佳位置以后，进行如下操作：

① 提取目标在下一帧中的特征；

② 计算特征的判别力；

③ 通过 Kalman 滤波来修正特征的权重，得到当前帧中后验特征权重。

(4) t= t+1；跳转到步骤(2)或者结束循环。

图 5.6　基于 Kalman 滤波的特征在线学习算法

2. MIT 方法

随着目标跟踪方法的发展，文献[12]提出了基于检测的跟踪(Tracking-by-Detection)方法，随后基于该方法的各种改进的跟踪方法被广泛研究。该类型方法的

基本思想是：以在线的方式训练一个分类器；然后使用滑动窗(sliding window)从前一个目标位置周围提取一些样本；再由分类器从这些样本中选出响应值最大的位置作为目标在当前帧中的跟踪结果位置。跟踪的关键问题是如何设计出鲁棒的表观模型，而围绕表观模型的设计有产生式和判别式两类学习方法。产生式学习方法通过学习得到一个表观模型来表示目标，然后从每一帧图像中找出和模型最相似的区域。产生式方法最大的问题是没有考虑到背景信息，丢掉了很多有用的信息。传统的判别式跟踪方法主要是基于检测的跟踪，往往存在漂移问题。引起该问题的主要原因是训练的正例样本太少，并且正样本的准确率也无法保证，导致分类器性能降低(此处正样本指的是与跟踪目标距离小于某个阈值的样本，负样本为距离大于该阈值的样本)。

MIT 方法解决了在线训练过程中正样本不准确的问题[15,16]。其思路是将分类器不能区分的几种情况放入一个样本集(Bag)，即将多个样本放到一个集合 X 里并赋予它们一个样本标签。图 5.7 的示例中，左图中用一些正样本块来更新传统的判别分类器，多个正样本会使分类器混淆而性能不佳；而右图中用一个包含这些正样本的集合来更新多实例学习分类器，当这个集合里面存在一个或以上的正样本时，这个标签就是正的，否则为负，从而解决了样本可能使得分类器产生混淆的问题。

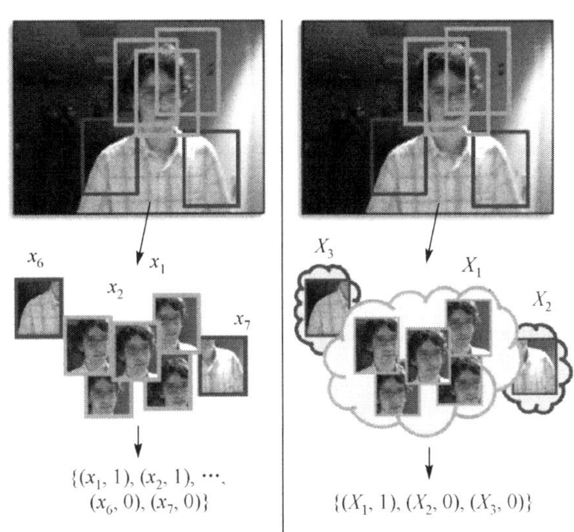

图 5.7　MIT 方法示意图(见彩图)

更进一步，如果根据样本与目标的距离而赋予样本相应的权重，将会产生更好的结果。考虑多实例中样本权值问题的方法称为带权重的 MIT 方法，即 WMIT (Weighted Multiple Instance Tracking)[12]。实际上，根据所取得的样本与前一帧目标样本的距离可以大致确定它的重要性，这也正是 WMIT 方法的核心思想。

WMIT 通过样本与目标的距离设置相应的权重，再通过泰勒展开后近似计算的方法，避免了每一次选择一个分类器都要做所有样本概率计算的问题，从而提高了计算的速率[12]。算法具体过程如下。

首先，由第一帧得到的信息构造正样本和负样本包，同时根据式(5.26)对包里的正负样本赋权重。其次，计算各个包里面样本的特征向量(如 Haar-like)。再次，通过式(5.27)构造一组弱分类器。在跟踪过程中，根据上一帧目标的位置，用运动模型(Kalman 滤波或者粒子滤波等)扩展目标的搜索位置，通过计算目标的搜索位置的后验概率，得到最大响应的样本，作为当前目标的位置。最后，由上面的目标位置更新表观模型，其中式(5.28)和式(5.29)分别用于扩展正负样本集。如此反复迭代，直至得出各个多实例包中后验概率最大值的分类器，并将其加入到强分类器中用于判别。

$$w_{j0}=\frac{1}{c}\exp\left(-\alpha\left|l(x_{1j})-l(x_{10})\right|\right) \tag{5.26}$$

$$h_k(x)=\log\left[\frac{p_t(y=1\mid f_k(x))}{p_t(y=0\mid f_k(x))}\right] \tag{5.27}$$

$$X^{\gamma}=\left\{x:\left\|l(x)-l_t^*\right\|<\gamma\right\} \tag{5.28}$$

$$X^{\gamma,\beta}=\left\{x:\gamma<\left\|l(x)-l_t^*\right\|<\beta\right\} \tag{5.29}$$

式中，c 为归一化因子，$f_k(x)$表示样本 x 的第 k 维特征，$l(x_{1j})$表示 x_{1j} 的位置，l_t^* 表示跟踪目标目前的位置。以图 5.8 为例示意，黄色框(包含完整脸部的矩形框)是跟踪结果。图中红框 x_{1i}、x_{1j} (黄框左下及右上的矩形框，分别包含了部分脸)和黄框 x_{10} 是正样本，绿框(左胸及肩部的矩形框)是负样本。相应地，正样本包中 x_{1i}、x_{1j} 的权重分别为红框中间的实心圆 w_{i0}、w_{j0}，权重的计算与 x_{1i}、x_{1j} 与 x_{10} 间的距离相关。

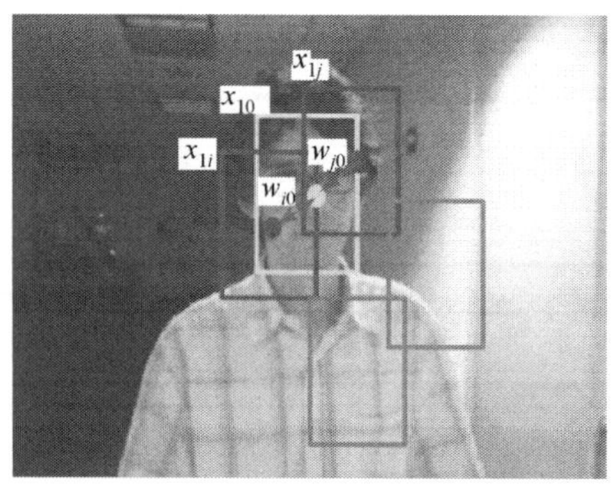

图 5.8 WMIT 方法示意图(见彩图)

3. TLD 方法

TLD[13]是一种自适应的、可靠的跟踪技术，它将传统的跟踪算法和传统的检测算法相结合，通过一种改进的在线学习机制不断更新跟踪模块的“关键特征点”和检测模块的目标模型及相关参数，从而使得跟踪效果更加稳定、可靠。

简单来说，TLD 算法由三部分组成：跟踪模块、检测模块、学习模块[13]。如图 5.9 所示，各个模块间遵守运行机制，使得检测和跟踪互不干涉地并行处理。跟踪模块假设相邻视频帧之间物体的运动是有限的，且被跟踪目标可见，以此来估计目标的运动。如果目标在相机视野中消失，将造成跟踪失败。检测模块假设每一个视频帧都是彼此独立的，并且根据以往检测和学习到的目标模型，对每一帧图片进行全图搜索以定位目标可能出现的区域。与其他目标检测方法一样，考虑到 TLD 中的检测模块也有可能出现错误，学习模块会根据跟踪模块的结果对检测模块中错误的正例和负例进行评估，并根据评估结果生成训练样本对检测模块的目标模型和跟踪模块的“关键特征点”进行更新，以此来避免以后出现类似的错误。

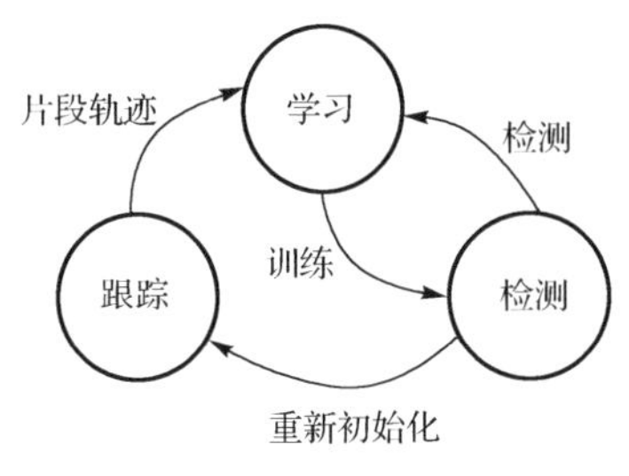

图 5.9　TLD 算法组成

1) 检测模块

TLD 的检测模块采用扫描窗口对每个视频帧进行处理，每次扫描一个图像片(image patch)，对每个扫描窗口应用分类器判断是否含有待检测目标。TLD 的检测流程是一种级联分类器，对每个可能出现待检测目标的区域依次经过图像区方差检测模块、分类器集合检测模块、基于最近邻分类器的检测模块三个部分进行检测。任意一个模块都可以判定当前检测区域是否含有前景目标，最终只有依次通过这三个检测模块的检测区域才被认定包含检测目标。

(1) 方差检测模块。该模块首先利用积分图来计算每个待检测模块的方差，方差小于某个阈值的区域认定为含有前景目标。

(2) 分类器集合检测模块。该模块的输入是通过方差检测模块的图像片，分类器集合含有 n 个基本分类器。每个基本分类器所提取的特征为 2bitBP(类似于 LBP，又和 Haar 特征有些接近的特征描述算子)[13]，具有不受光线干扰的特性。特征通过量化，共有 4 种可能的编码。对于给定的区域，其特征编码是唯一的。多尺度的特征计算可以采用积分图的方法进行快速计算。对每个图像片而言，所有基本分类器的后验概率的平均值如果大于 50%，就认定当前图像片内含有前景目标。

(3) 最近邻分类器。对待检测图像片而言，如果被认定含有前景目标，则在检测器所检出的多幅图像中，选用与最初目标相似度最大的图像作为可接受的跟踪结果。同时，采用当前所选的跟踪结果替换原有跟踪目标模型。

2) 跟踪模块

TLD 采用重叠块跟踪策略，在中值流跟踪(median flow tracker)方法[17]的基础上增加了跟踪失败检测。中值流跟踪算法的原理是：从 t 时刻图像的 A 点，跟踪到 t+1 时刻的图像 B 点，然后反过来从 t+1 时刻的图像 B 点往回跟踪，加入跟踪到 t 时刻图像的 C 点，这样就产生了前向和后向两个轨迹。比较 t 时刻中 A 点和 C 点的位移，如果位移小于一个阈值，那么就认为前向跟踪是正确的。中值流跟踪的前提是被跟踪目标是可见的，这就意味着，当目标被完全遮挡或者目标离开当前场景时，跟踪将会失败。为了应对这些情况，TLD 跟踪模块的原理是：TLD 在跟踪前需要指定待跟踪的目标，由一个 10×10 方框标出，在下一帧中寻找上一帧的特征点在当前帧中的对应位置。然后，将这些特征点在相邻两帧之间的位移变化进行排序，得到位移变化的中值，选取小于中值的 50%的特征点作为下一帧的特征点，依此动态更新特征点，实现动态更新特征点的目的。最终整体目标的运动取所有局部块移动的中值。这种局部跟踪策略可以解决局部遮挡的问题。同时，TLD 跟踪模块采用跟踪失败检测的策略：以 d_i 代表上述中值流跟踪中某一个特征点的位移，d_m 代表所有特征点位移的中值，$|d_i - d_m|$ 为位移的残差。如果残差大于 10 个像素，就认为跟踪失败。这种方法可以很好地发现由于被跟踪目标移动过快或者迅速被遮挡而造成的跟踪失败。当系统检测到跟踪失败时，不返回目标框。

3) 学习模块

TLD 的学习模块建立在在线模型(online model)的基础上。该模块的目的是将检测模块和跟踪模块的目标框进行综合。初始的在线模型为在跟踪的第一帧中指定待跟踪的目标图像，在后续运行中，逐步由检测、跟踪所得结果组成的图像块集合来动态更新。

在线模型的更新由两个过程驱动：增长和修剪。实际跟踪中，随着环境和目标本身等因素的影响，目标外观不断发生变化。如果我们把跟踪轨迹上所有目标图像看成一个特征空间，那么这个特征空间会随着视频序列的推进而增大，跟踪模型中的样本也随之增长。同时，为了防止增长过程中带来的噪声(其他非目标图像，如背景)影响跟踪效果，在线模型采用与之相对的修剪来平衡折中。由此，二者相互作用促使在线模型一直保持与当前的跟踪目标相一致。

在线模型的增长过程可采用三种选择策略：①生成初始检测器的带标签训练样

本。在初始的目标框附近扫描窗口内选择 10 个边界框(bounding box)，并且在每个边界框内随机地做 20 次几何变化，包括±1%范围的偏移、±1%范围的尺度变化、±10°的平面旋转、增加方差为 5 的高斯噪声，生成 20 个仿射结果等，这样 10 个边界框可以生成 200 个正样本；然后，从初始边界框周围选取出负样本。这样操作的结果会使所有与起始待跟踪目标图像相似的图像块均被加入到在线模型。②加入相似的跟踪结果图像。如果当前帧的跟踪目标图像与前一帧的目标相似，则将当前的跟踪结果图像加入到在线模型。这种特征选择方式保证了在线模型始终紧随跟踪目标的最新状态，可避免因模型更新不实时所导致的跟踪丢失。③检验特定模式的目标图像。每跟踪一帧图像均计算跟踪轨迹上的目标图像与在线模型之间的距离，选择具有特定模式的目标图像(如起初目标图像与在线模型的距离较小，随之距离逐渐增大，再之后距离又逐渐变小)。循环检验是否存在这种模式，并将该模式内的目标图像加入到在线模型。第三种选择策略是 TLD 方法的特色，它体现了自适应跟踪的特性。

在线模型的修剪过程是基于每帧只有一个跟踪目标的前提。假设每帧只有一个目标，当跟踪器和检测器都认可目标位置时，剩余的检测图像就被认为是错误样本，从在线模型中删除。另外，TLD 在训练生成分类器(随机森林)的过程中采用了两种约束：P 约束和 N 约束。P 约束规定与跟踪轨迹上的目标图像距离小于设定阈值的图像块为正样本；N 约束规定与跟踪轨迹上的目标图像距离大于设定阈值的图像块为负样本。PN 约束降低了分类器的错误率，在一定的范围内，可以使其错误率趋近于零。

5.3.2　多目标跟踪方法

在视觉目标跟踪中，除了单目标跟踪之外，多目标跟踪与定位亦是一个重要方向，而且其在视频监控中发挥着越来越重要的作用。从应用角度讲，单目标跟踪可作为多目标跟踪的特例，多目标定位与跟踪离不开单目标定位与跟踪相应的研究基础。同时，更为复杂的多目标跟踪又有着与单目标跟踪完全不同的研究内容，即除了要精确定位每一个跟踪目标(单目标跟踪)外，还需要在不同的视频帧中鲁棒地匹配所有的跟踪目标(多目标数据关联)。下面着重介绍三种多目标跟踪方法：“最近邻”法[18]、联合概率数据关联滤波器[19]及基于稀疏重构分析的多目标跟踪方法[20]。

1. “最近邻”法

1971 年 Singer 等[18]提出了一种具有固定记忆要求且能在多量测环境下工作的跟踪滤波器。该滤波器仅仅利用在统计意义上与被跟踪目标的预测位置(跟踪门或关联波门中心)最近的量测作为候选量测。所谓“最近”往往表示统计距离最小或者残差概率密度最大，统计距离一般采用欧氏距离：

$$d^2[z(k)]=[z(k)-\hat{z}(k|k-1)]^{\mathrm{T}}\Sigma^{-1}(k)[z(k)-\hat{z}(k|k-1)] \tag{5.30}$$

式中，$\hat{z}(k|k-1)$ 表示目标的预测位置，$\Sigma(k)$ 表示 $z(k)-\hat{z}(k|k-1)$ 的协方差。

该方法的本质是一种“贪心”算法，并不能在全局意义下保持最优。其选择离关联波门中心最近的量测对目标航迹进行更新，而离中心最近的量测未必就是正确的目标量测，因此，“最近邻”法往往会发生误跟和丢失目标的现象。

2. 联合概率数据关联滤波器

Bar-Shalom[19]提出了适用于跟踪多个目标的一种数据关联算法，就是著名的联合概率数据关联滤波(Joint Probability Data Association Filter，JPDAF)算法，其被公认为是解决密集量测下多目标数据关联最有效的算法之一。JPDAF 算法对所有可能的目标关联解进行搜索，并在此基础上计算出最佳关联概率。

JPDAF 算法的关键在于计算每一个量测与其可能的各种源目标的相关联概率。设 $\theta_i(k)=\{\theta_i(k)\}_{i=1}^{\theta_k}$ 表示在 k 时刻的所有可能的联合事件的集合，θ_k 表示 $\theta(k)$ 中元素的个数，则

$$\theta_i(k)=\prod_{j=1}^{m}\theta_{jt_j}^{i}(k) \tag{5.31}$$

式中

$$\theta_{jt_j}^{i}(k)\overset{\text{def}}{=\!=}\{\text{在第 } i \text{ 个联合事件中由目标 } t_j \text{ 得到的量测 } j\},\ j=1,2,\cdots,m;\ t=0,1,\cdots,T$$

其中，t_j 是考虑事件中与量测 j 关联的目标记号。

定义确认矩阵：

$$\boldsymbol{\Omega}(k)\overset{\text{def}}{=\!=}\{\omega_{jt}(k)\},j=1,2,\cdots,m;\ t=0,1,\cdots,T \tag{5.32}$$

如果量测 j 处在目标 t 的确认门内，那么二进制元素 $\omega_{jt}(k)$ 为 1，否则为 0；t=0 表示“没有目标”，此时，$\boldsymbol{\Omega}(k)$ 的相应列全部是 1，表示此时每一个量测都来自杂波或虚警。由此，一个联合关联事件 $\theta_i(k)$ 可以表示成以下矩阵:

$$\hat{\boldsymbol{\Omega}}(\theta_i(k))=[\hat{\omega}_{jt}^{i}(\theta_i(k))] \tag{5.33}$$

式中

$$\hat{\omega}_{jt}^{i}(\theta_i(k))=\begin{cases}1, & \text{若 } \theta_{jt}^{i}(k)\subset\theta_i(k)\\ 0, & \text{其他}\end{cases} \tag{5.34}$$

我们约束量测只有一个源，即

$$\sum_{t=0}^{T}\hat{\omega}_{jt}^{i}(\theta_i(k))=1,\quad j=1,2,\cdots,m \tag{5.35}$$

同时，源于一个目标的量测不大于 1，即

$$\delta_t(\theta_i(k)) \overset{\text{def}}{=} \sum_{j=t}^{m} \hat{\omega}_{jt}^{i}(\theta_i(k)) \leqslant 1, \quad j=1,2,\cdots,T \tag{5.36}$$

式(5.36)定义的 δ_t 称为目标检测指示器，表示任一量测与联合事件 $\theta_i(k)$ 中的目标 t 关联的状态。同时定义以下量测关联指示器用以表示量测 j 是否与 $\theta_i(k)$ 事件中的任一个目标关联：

$$\tau_j(\theta_i(k)) \overset{\text{def}}{=} \sum_{j=t}^{T} \hat{\omega}_{jt}^{i}(\theta_i(k)), \quad j=1,2,\cdots,m \tag{5.37}$$

联合事件 $\theta_i(k)$ 中假量测的数量为

$$\phi(\theta_i(k)) = \sum_{j=1}^{m}[1-\tau_j(\theta_i(k))] \tag{5.38}$$

利用贝叶斯法则推导在 k 时刻的联合事件 $\theta_i(k)$ 的条件概率为

$$\begin{aligned} p(\theta_i(k)\,|\,Z^k) &= p(\theta_i(k)\,|\,Z(k),Z^{k-1}) = \frac{1}{c}p[Z(k)\,|\,\theta_i(k),Z^{k-1}]p(\theta_i(k)\,|\,Z^{k-1}) \\ &= \frac{1}{c}p[Z(k)\,|\,\theta_i(k),Z^{k-1}]p(\theta_i(k)) \end{aligned} \tag{5.39}$$

式中

$$c = \sum_{i=1}^{\theta_k} p[Z(k)\,|\,\theta_i(k),Z^{k-1}]p(\theta_i(k)) \tag{5.40}$$

假设不与任一目标关联的量测在探测确认区域 V 内服从均匀分布，而与某个目标关联的正确量测服从高斯分布，通过计算可得

$$p(\theta_i(k)\,|\,Z^k) = \frac{\gamma(\theta_i(k))}{c'} \tag{5.41}$$

$$c' = \sum_{i=1}^{\theta_k} \gamma(\theta_i(k)) \tag{5.42}$$

对于参数 JPDAF 有：

$$\gamma(\theta_i(k)) = \lambda^{\phi(\theta_j(k))} \prod_{j=1}^{m} N_{t_i}[z_j(k)]^{\tau(\theta_i(k))} \prod_{i=1}^{T} (P_D^t)^{\delta(\theta_i(k))} (1-P_D^t)^{1-\delta(\theta_j(k))} \tag{5.43}$$

式中，λ 表示错误量测的期望数；P_D^t 表示为检测概率(探测概率)，在实际应用中往往定义为一个小于 1 的浮点数。

对于非参数 JPDAF 有：

$$\gamma(\theta_i(k)) = \frac{\phi(\theta_i(k))!}{V^{\phi(\theta_i(k))}} \prod_{j=1}^{m} N_{t_i}[z_j(k)]^{\tau(\theta_i(k))} \prod_{i=1}^{T} (P_D^t)^{\delta(\theta_i(k))} (1-P_D^t)^{1-\delta(\theta_j(k))} \tag{5.44}$$

式中

$$N_{t_i}[z_j(k)] = [2\pi S_{t_j}(k)]^{-1/2} \exp\left\{-\frac{1}{2} v_j^T S_{t_j}^{-1}(k) v_j(k)\right\} \tag{5.45}$$

$$v_j(k) = z_j(k) - \hat{z}_{t_j}(k \mid k-1) \tag{5.46}$$

其中，$S_{t_j}(k)$ 表示预测状态协方差的更新方差。通过对所有联合事件求和，可以得到第 j 个量测与目标关联的概率为

$$\beta_{jt}(k) = p(\theta_{jt}(k) \mid Z^k) = \sum_{i=1}^{\theta_k} p(\theta_i(k) \mid Z^k) \omega_{jt}(\theta_i(k)) \tag{5.47}$$

目标 t 的状态更新估计由全概率公式得

$$\hat{x}_t(k \mid k) = \sum_{j=0}^{m} \beta_{jt}(k) \hat{x}_j^t(k \mid k) \tag{5.48}$$

式中，$\hat{x}_j^t(k \mid k) = E[x^t(k) \mid \theta_{jt}(k), Z^k]$，$j$=1,2,$\cdots$,$m$ 表示在 k 时刻第 j 个量测对目标 t 进行 Kalman 滤波所得的状态估计。$\hat{x}_0^t(k \mid k)$ 表示 k 时刻没有量测源于目标的情形，这时用预报值代替：

$$\hat{x}_o^t(k \mid k) = \hat{x}^t(k \mid k-1) \tag{5.49}$$

由上可知，JPDAF 算法中对关联解的搜索实际上是一个求组合问题，其搜索过程的计算量随目标和量测的数量增长呈指数增长，在目标和量测密集时会呈“组合爆炸”的趋势，因此该算法在实际工程中难于广泛应用。

3. 基于稀疏重构分析的多目标跟踪方法

区别于上述的多目标跟踪方法，基于自适应稀疏重构回归分析（Adaptive Sparse Reconstruction Analysis，AdaSRA），Han 等[20]结合压缩感知理论，提出了一种新颖的方法对每个跟踪目标进行准确分类，从而实现多目标跟踪。

在多目标跟踪过程中，建立一个归一化的重构样本集合，即将每个跟踪目标的样本结合串联在一起构成一个新的样本集合，如式(5.50)所示：

$$B = \bigcup\{A_j\} = \{a_1^1, a_1^2, \cdots, a_1^K, a_2^1, a_2^2, \cdots, a_2^K, \cdots, a_J^K\}, \quad j = 1, \cdots, J \tag{5.50}$$

式中，J 表示跟踪目标的数目，A_j 表示第 j 个跟踪目标的重构样本集合。如果每个目标所对应的重构样本集合中有 K 个重构样本，那么归一化的重构样本集合总共包含有 $K \times J$ 个重构样本。

在跟踪初始化时，对于每一个跟踪目标，计算其基于归一化重构样本集合的归一化重构系数 $\psi_{0,j}$，将此稀疏向量定义为该目标的参考重构系数向量。同时，考虑到每个跟踪目标不可避免地会发生变化，在滤波框架中同样对每个目标对应的参考重构系数向量 $\psi_{0,j}$ 进行自适应的评估。在 t 时刻，当获取一个未知的跟踪结果 F_{unknown}

以及其所对应的归一化重构系数 $\psi_{t,\text{unknown}}$ 时，我们通过计算 $\psi_{t,\text{unknown}}$ 与 $\psi_{0,j}$ 的相似度来判断跟踪结果的分类，即跟踪的是哪个目标。分类准则为

$$\text{Classify}(F_{\text{unknown}}) = \underset{j}{\operatorname{argmin}}\, r_j(F_{\text{unknown}}),\quad r_j(F_{\text{unknown}}) = \left\| \psi_{t,\text{unknown}} - \tilde{\psi}_{0,j} \right\|_2 \tag{5.51}$$

图 5.10 和图 5.11 中所示的是两类跟踪目标(每类跟踪目标具有两个在不同时刻的跟踪结果)及其所对应的重构系数向量。图 5.10(a)和(b)来自于同一个目标，图 5.10(c)和(d)来自于同一个目标。图 5.11 显示每组稀疏重构向量之间的差，其中最小的两组差分别用红色字体表示，$\|\cdot\|_2$ 表示 2 范式。从结果可以看出，AdaSRA 能够对多跟踪目标进行准确分类。

图 5.10　多目标跟踪过程中的两类跟踪目标实例(见彩图)

(a)和(b)来自同一个跟踪目标，(c)和(d)来自另一个跟踪目标

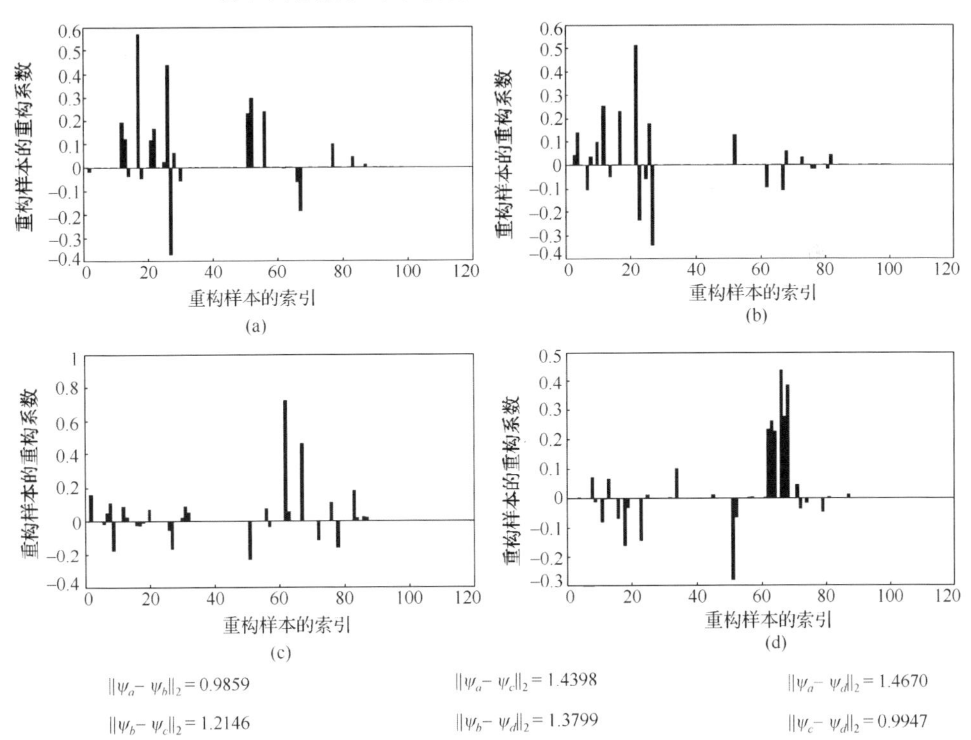

图 5.11　AdaSRA 的结果分析

(a)～(d)分别为图 5.9(a)～(d)对应的归一化重构稀疏系数

参 考 文 献

[1] Shi J, Tomasi C. Good features to track[C]//Proceedings of IEEE Computer Society Conference on Computer Vision and Pattern Recognition, 1994: 593-600.

[2] Lowe D G. Distinctive image features from scale-invariant keypoints[J]. International Journal of Computer Vision, 2004, 60(2): 91-110.

[3] Han Z, Ye Q, Jiao J. Online feature evaluation for object tracking using Kalman filter[C]//International Conference on Pattern Recognition, 2008: 1-4.

[4] Hager G D, Belhumeur P N. Efficient region tracking with parametric models of geometry and illumination[J]. IEEE Transactions on Pattern Analysis and Machine Intelligence, 1998, 20(10): 1025-1039.

[5] Collins R T. Mean-shift blob tracking through scale space[C]//Proceedings of IEEE Computer Society Conference on Computer Vision and Pattern Recognition, 2003, 2: 234.

[6] De La Blanca N P, Fuertes J M, Lucena M. Deformable Object Matching Based on Multi-scale Local Histograms[M]. Berlin: Springer, 2004: 154-162.

[7] Cuevas E V, Zaldivar D, Rojas R. Kalman Filter for Vision Tracking[R]. Berlin-Dahlem: Freie Universität Berlin, 2005.

[8] Fogel E, Gavish M. Nth-order dynamics target observability from angle measurements[J]. IEEE Transactions on Aerospace and Electronic Systems, 1988, 24(3): 305-308.

[9] Spingarn K. Passive position location estimation using the extended Kalman filter[J]. IEEE Transactions on Aerospace and Electronic Systems, 1987 (4): 558-567.

[10] Pitt M K, Shephard N. Filtering via simulation: Auxiliary particle filters[J]. Journal of the American statistical association, 1999, 94(446): 590-599.

[11] Smeulders A W M, Chu D M, Cucchiara R, et al. Visual tracking: An experimental survey[J]. IEEE Transactions on Pattern Analysis and Machine Intelligence, 2014, 36(7): 1442-1468.

[12] Zhang K, Song H. Real-time visual tracking via online weighted multiple instance learning[J]. Pattern Recognition, 2013, 46(1): 397-411.

[13] Kalal Z, Matas J, Mikolajczyk K. Online learning of robust object detectors during unstable tracking[C]//International Conference on Computer Vision Workshops (ICCV Workshops), 2009: 1417-1424.

[14] Collins R T, Liu Y, Leordeanu M. Online selection of discriminative tracking features[J]. IEEE Transactions on Pattern Analysis and Machine Intelligence, 2005, 27(10): 1631-1643.

[15] Babenko B, Yang M H, Belongie S. Visual tracking with online multiple instance learning[C]//IEEE Conference on Computer Vision and Pattern Recognition, 2009: 983-990.

[16] Dietterich T G, Lathrop R H, Lozano-Pérez T. Solving the multiple instance problem with axis-parallel rectangles[J]. Artificial Intelligence, 1997, 89(1): 31-71.

[17] Baker S, Matthews I. Lucas-kanade 20 years on: A unifying framework[J]. International Journal of Computer Vision, 2004, 56(3): 221-255.

[18] Singer R, Stein J. An optimal tracking filter for processing sensor data of imprecisely determined origin in surveillance systems[C]//IEEE Conference on Decision and Control, 1971(10): 171-175.

[19] Bar-Shalom Y. Extension of the probabilistic data association filter in multi-target tracking[C]//Proceedings of the 5th Symposium on Nonlinear Estimation, 1974, 16: 21.

[20] Han Z, Jiao J, Zhang B, et al. Visual object tracking via sample-based Adaptive Sparse Representation (AdaSR)[J]. Pattern Recognition, 2011, 44(9): 2170-2183.

第 6 章　视觉目标跟踪展望

智能视频监控系统的普及和摄像头网络的逐步完善对跟踪性能提出了更高的要求，主要体现在以下几个方面。

(1)从空间维度对跟踪提出了更高的要求：要求在监控重叠区域的摄像头网络中对目标能够进行鲁棒的跟踪，同时需要解决跨摄像头(摄像头监控区域无重叠，如图 6.1 所示)复杂多变自然场景中的鲁棒目标关联，即跟踪目标再识别[1]。其具体步骤为根据单摄像头中目标跟踪的结果，在已有的其他摄像头的视频数据中，识别出属于同一个人的图像，继而分析欲检测目标的轨迹或搜集与欲检测目标有关的其他线索。

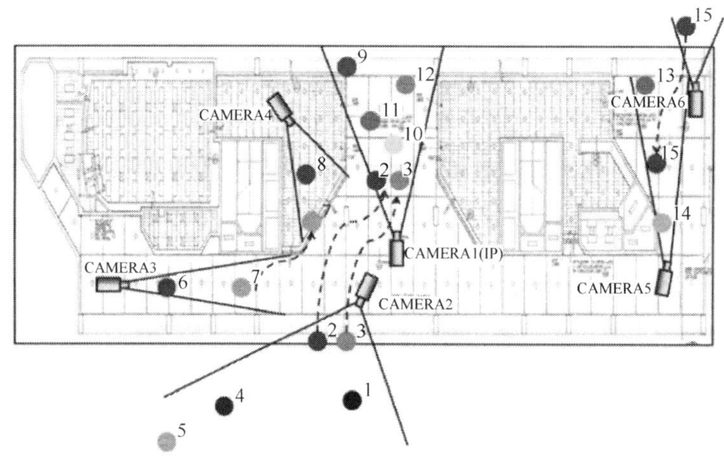

图 6.1　多摄像头监控网络场景示意(见彩图)

(2)从时间维度对跟踪提出了更高的要求：除了长时间的目标跟踪之外，还需要对目标进行全天候的智能监控。基于单视觉信息的跟踪容易受到光线等因素的影响，在一些场景下很难提取到跟踪目标的有效视觉信息，从而容易发生跟踪目标丢失等现象。基于多源信息融合的目标跟踪可以解决这一问题，例如，可以利用红外传感器或激光传感器在夜间对目标进行跟踪。

(3)从结果输出对跟踪提出了更高的要求：目前大多数目标跟踪研究往往只关注如何尽可能地获取目标的精确运动轨迹，而对目标在场景中更高层运动语义信息的研究则明显不足。随着视频监控的进一步智能化要求，基于跟踪轨迹的运动目标行为分析逐渐成为了一个研究热点。

6.1　行人跟踪目标再识别

相比较于单摄像头的目标跟踪，多摄像头间的行人再识别主要面临的主要问题之一是监控环境不同(光照、摄像头位置等)、监控网络中不同摄像头的参数不同(分辨率等)、行人在监控中的姿态不同等问题。这些问题一般都会导致同一行人在不同时间、不同监控区域内的外观形态产生很大差异，可能会导致行人类内差异大于类间差异，从而使得再识别问题较跟踪问题更加困难，如图 6.2 所示。

图 6.2　不同摄像头间跟踪目标的外观模式(来自 VIPeR 数据集)(见彩图)

针对以上几大挑战，研究人员在过去的几年时间里做了大量的研究工作[1-21]。行人再识别问题普遍被作为一个检索问题进行研究，即给定一幅或者多幅未知行人目标图像(probe)和一个待选图像集(gallery)，研究的目标是得到一个待选集图像的排序来体现待选图像集内图像和给定图像之间的相关性。通过总结有关行人再识别的文献[1,2]，大部分再识别方案的框架相对固定：首先，基于视觉特征来描述行人的外貌；然后，建立视觉特征之间的相似度度量准则；最后，依据相似度准则和视觉特征，获取待识别目标与样本数据库中样本的相似度，并根据相似度对样本进行排序。

对于低分辨率视频，研究人员目前很少基于行人的生物信息(如步态、人脸等)，进行行人的再识别工作。考虑到行人短时间内在摄像头监控网络中不会大幅度变更自身的外貌着装，研究人员转而采取通过比较行人的外貌(如上衣、裤子等)的相似程度来确定两个行人之间的相似度，这类再识别方法称为基于外貌的再识别(appearance based re-identification)[2,3]。近年的研究中，基于外貌的再识别方法大多聚焦在三个方面：①设计具有良好区分性、描述性、鲁棒性的视觉描述子来描述行人的外观表现；②基于中层特征的学习和表达；③学习合适的距离度量规则。

在特征设计和选择方法中，Gary 等[5]采用了 Boosting 方法来选择一组最佳的特征子集来匹配行人图像，希望级联的弱分类器能够训练学习出特征组合的权值。Ma 等[6]手工设计了一种描述子的组合来尝试解决问题。Li 等[7]利用当下最流行的 CNN 深度学习来提取特征，代替手工的设计和选择。Liu 等[9]学习了一个自底向上的特征重要性来自适应地学习不同个体特征的权重。另一部分研究人员则致力于寻找一种相似度度量准则，使得在该度量准则下，同一个人图像间的相似度高于不同人图像间的相似度。起初，相似度衡量函数多为简单的基于直方图的巴氏距离[5]、近邻距离[11]、l_1 范数[8]等。这些方法多用于图片检索，但行人识别问题较普通的图片检索要显得更为特殊(行人特征描述具有较大的重合性)，简单的应用这些方法并不能达到良好的识别效果。Prosser 等[12]提出了一种基于支持向量排序的行人再识别方法，将行人再识别问题不再看成纯粹的相似度计量问题，而看成一个相对关系排序问题。针对行人再识别图像特征在特征空间具有较大重叠的问题，Joachims[13]等通过将相匹配的特征绝对差向量作为正样本，不相匹配的特征的绝对差向量作为负样本送入 RankSVM 分类器进行训练，并利用 RankSVM 中的核函数将特征空间进行投影，使得相匹配的特征和不相匹配的特征分开且更加具有区分性。一些工作[12,13]创新地提出了一种 Boosting 级联的 PRSVM(primal-based RankSVM)方法进行排序，解决了 RankSVM 计算代价高的问题。Zheng 等[14,15]又提出了一种基于概率相对距离(probabilistic relative distance)的行人再识别方法，其目的在于找到一种最佳的距离衡量准则，使得再识别的正确匹配比率最高。由于该方法关注的是距离的学习，所以并没有限制特征的选择。该方法建立了一个类 Sigmoid 函数概率模型，结合最大似然准则求出最佳距离衡量准则，其实质是学习一个马氏距离[16]模型。与欧氏距离不同，马氏距离表示的是数据的协方差距离，考虑了特征向量中各个部分之间的关系。相比 RankSVM 的方法，该方法需要的训练较少，计算复杂度较低，效果更好。还有一些研究工作则致力于学习可靠且有效的中层特征，Chen 等[17-19]提出了一系列基于标签(attribute)的工作，最后用标签来区分目标。Chen 等[17]在训练出的 attribute 上用条件随机场来建模 attribute 之间的关系。Li 等[18]将 attribute 作为隐层构建了 latent SVM。Yu 等[19]提出了 weak attribute 的概念，用信息熵定义概率，构建了两层图模型来定义 weak attribute 与 query 之间的关系。weak attribute 不一定具有清晰的中层语义，也可能是某些分类器的得分。

不同于行人目标检测与跟踪，再识别问题还应该考虑行人的对齐问题，即在比较的过程中，应该尽量用相同行人的相同部位进行比较，因此，部分学者提出了行人分块描述和对齐的再识别方法。Farenzena 等[4]提出了对称性驱动的局部特征累加，利用了行人的对称性进行了行人的分块。Wang 等[8]设计了一种人体的划分方式将人体划分成不同的部分进行建模。Gheissari 等[10]主要利用时间的推断和空间布局来将人体划分成三角形的区块来匹配。进一步，Zhao 等[20,21]不仅将图像均匀分隔成小块，而且还同时对小块的区分性和描述性进行衡量，将得分高的小块作为显著区域，通过对这些显著区域的匹配就能很好地区分行人。然而，以上这些行人分块方法偏向于手工设计的行人区域划分，随着行人姿态及视角的变化，这种划分模式可能会失效。考虑到人体目标具有结构信息的稳定性，即人身体各个部件的连接性不会随着姿态和视角的改变而变化，基于人体拓扑结构约束的人体区域划分和对齐应该对行人再识别的性能提升具有较大的帮助。

6.2　多传感器信息融合目标跟踪

信息融合(又称为数据融合)是一种对多种信息的获取、表示及对其内在联系进行综合处理和优化的技术，它充分利用多种数据资源，通过对各种数据信息的合理支配与使用，将各种数据在空间上和时间上的互补与冗余信息依据某种优化准则组合起来，产生对观测环境的一致性解释和描述[22]。基于多传感器信息融合的目标跟踪可以有效地解决单一传感器普遍存在的有效探测范围小、数据可靠性低，以及易受外部环境影响等问题，对提高目标跟踪的准确性，可靠性具有极其重要的意义。利用多元信息融合技术进行多目标关联，可以获取如激光测距仪等传感器的深度信息，弥补二维图像缺失的像素深度值，从根本上解决了单一视觉技术处理图像的难题。

信息融合方法于 20 世纪 70 年代被提出，首先应用于军事领域。在早期的研究中，融合的对象主要集中于传感器数据，因此又被称为传感器信息融合。随着融合技术的发展，数据来源更加广泛，物理传感器数据、软件传感器数据、历史数据、先验信息等数据逐渐进入到融合系统中[23]。按照融合系统中数据抽象的层次，融合可划为三个级别：像素级融合、特征级融合和决策级融合[24]。像素级融合是指在融合算法中，要求进行融合的传感器数据间具有精确到一个像素的匹配精度的任何抽象层次的融合。特征级融合是指从各个传感器提供的原始数据中进行特征提取，然后融合这些特征。一般来说，提取的特征信息应该是数据信息的充分表示量或充分统计量。决策级融合是指在融合之前，各传感器数据源都经过变换并获得独立的身份估计,信息根据一定准则和决策的可信度对各自传感器的属性决策结果进行融合，最终得到整体一致的决策[24]。决策级融合是一种高层次的融合，直接针对具体决策目标，充分利用特征级融合所得出的各类特征信息，并给出简明而直观的结果。

针对目标跟踪，这三种融合层次各有优缺点：①像素级融合尽可能多地保持了原始信息，能够提供其他两个层次融合所不具有的微小信息，但面临的是大量信息，处理代价高且实时性较差；同时因为融合在信息最低层进行的，传感器的原始数据具有不确定性、不完全性和不稳定性，要求在融合过程中有较高的纠错能力。②特征级融合实现了客观的数据压缩，保留了原始信息主要特征，有利于实时处理，但由于损失了有用的细节信息，使得融合性能有所下降。③决策级融合则具有容错性强、通信中信息量小、抗干扰能力强、融合过程处理数据代价低等优点，其缺点是预处理花销大，数据损失量最大，精度低。

信息融合作为一种信息综合处理技术，实际上是许多传统学科和新技术的集成。为了进行信息融合，需要将多维数据在不同融合层次上采取不同的数学方法对数据进行综合处理，最终达到融合的目的。而目标跟踪系统需要对多元信息进行筛选，进而利用融合方法建立跟踪模型，完成目标跟踪任务。其中要解决如下几个关键问题。

(1)数据对准。在多传感信息融合系统中，每个传感器提供的观测数据都在各自的参考框架之内。在对这些信息进行组合之前，必须首先将它们变换到同一个参考框架中。但要注意的是，由于多传感时空配准而引起的舍入误差必须得到补偿。

(2)同类或异类数据。多传感器提供的数据在属性上可以是同类也可以是异类的，而且异类多传感器较之同类传感器，其提供的信息具有更强的多样性和互补性；但同时由于异类数据具有在时间上不同步、数据率不一致，以及测量维数不匹配等特点，使得对这些信息在跟踪模型中处理更加困难。

(3)传感器观测数据的不确定性。由于传感器工作环境的不确定性，导致观测数据包含有噪声成分。在融合处理中需要对多源观测数据进行分析验证，并补充综合，在最大限度上降低数据的不确定性。在跟踪系统中对于不确定数据的取舍要有一定标准。

(4)不完整、不一致及虚假数据。在多传感信息融合系统中，对传感器接收到的测量数据有时会存在多种解释，称为数据的不完整性；多传感数据往往也会对观测环境做出不一致甚至相互矛盾的反馈；另外，由于噪声及干扰因素的存在，往往存在一些虚假的测量数据。跟踪系统需要能够对这些不完整数据、不一致数据以及虚假数据进行有效的融合处理。

(5)数据关联。数据关联问题广泛存在，需要解决单传感时间域上的关联问题，以及多传感空间域上的关联问题，从而确定数据来源于同一目标源。

(6)粒度。多传感器提供的数据可能是在不同的粒度级别上。这些数据可以是稀疏的，也可以是稠密的；它们可能分别处于数据级、特征级，或是符号级等各种不同的抽象级别上，所以一个可行的跟踪系统应该可以工作在各种不同的粒度级别上，将这些多粒度数据在一个框架下进行融合。

6.3 跟踪目标轨迹行为分析研究

视频监控中的运动目标轨迹行为分析涉及模式识别与智能系统、图像处理、统计学、机器学习等多个方面，是一门跨学科难度较高的研究课题。视频监控系统首先通过目标跟踪获得轨迹数据，即包含目标位置的横坐标、纵坐标、时间的三维时变序列；然后收集场景中大量的运动目标轨迹，通过轨迹分析来识别人或车辆的运动行为；最后建立一个检测模型用于判断场景中的异常行为。这项研究能够针对不同的场景构造出运动目标的有效的行为模式，在智能监控领域具有重要的理论意义和不容忽视的应用价值。视频监控中运动目标轨迹分析研究主要内容包含轨迹获取、轨迹表示、轨迹分类、异常检测和轨迹预测，如图 6.3 所示。其中，轨迹获取作为目标跟踪模型的输出，是轨迹分析和理解的基础；轨迹表示、轨迹分类和异常检测是轨迹分析的核心内容；轨迹预测是对场景中出现的轨迹的行为语义进行判断。

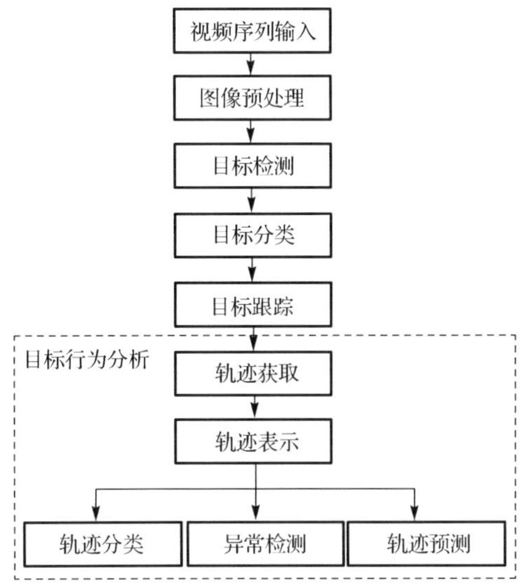

图 6.3　视频监控中运动目标轨迹行为分析流程图

依据不同的分类标准可以对视频监控中运动目标轨迹分析算法[25-30]进行不同的分类(详细对比如表 6.1)。经过我们的调研和总结，目前基于轨迹的目标行为分析研究分类如下。

(1)按照轨迹表示方法的不同，可以分为两类：基于轨迹分量的表示方法和基于曲线近似的表示方法。基于轨迹分量的表示方法是将目标轨迹的分量(位置、速度、加速度等信息)作为表示序列，较为直接。例如，Johnson 等[31]将运动目标的轨迹表示成连续的流向量，该向量包含了目标位置和速度分量信息。Owens、Stauffer 等[30,32]对此加以改进，引入加速度信息。这些方法共同的缺点是，轨迹的表示序列长度不一，会带来学习建模的困难。于是，Hu 等[33-35]提出在流向量中加入轨迹长度信息，采用等距离间隔采样来线性插值，近似获得固定长度的表示序列。但这种方法仍然不能准确地描述轨迹的形状和方向信息。因此，近几年的研究重点偏向基于目标轨迹曲线的近似表示方法。Naftel 等[36]首次将函数近似的方法用于轨迹表示，提出了分别采用最小二乘多项式、Chebyshev 多项式和离散傅里叶变换(Discrete Fourier

Transform，DFT) 来计算轨迹曲线系数特征向量的方法，并将计算得到的向量作为轨迹曲线的特征描述。在此基础上，Sillito 等[37,38]提出利用 Haar 小波变换、DFT 系数、Chebyshev 多项式函数的系数和三次 B 样条控制点来求轨迹曲线的特征向量。

(2) 按照轨迹学习的方法不同，可以分为三类：有监督的轨迹分析方法[39]、非监督的轨迹分析方法[37]和半监督的轨迹分析[38]方法。有监督的学习方法主要有：有限状态机 (Finite State Machine，FSM)[40]、隐马尔科夫模型 (Hidden Markov Model，HMM)[39,41]、一类支撑向量机 (One-Class Support Vector Machine，One-Class SVM)[42]、主题词模型[43]、词袋法[43]、贝叶斯模型[44,45]等。这类方法在检测过程中利用得到的模型，可以较快地得到新样本的学习结果，而且适用于对简单的轨迹模式进行学习。常用的贝叶斯模型有分层狄利克雷分布模型[44]和分层狄利克雷过程模型[45]，可以捕捉到数据内部有效的统计类别信息，同时上下层关系通过统计条件关系相互关联。非监督的学习方法主要有：K-Means (K 均值) 聚类[33]、模糊 C-均值 (Fuzzy C-Means，FCM) 聚类[46]、自组织映射 (Self-Organizing Map，SOM) 神经网络[43,47]、模糊自组织映射 (Fuzzy SOM，FSOM) 神经网络[48]、相似阈值模型[43]等。这类方法直接对训练样本进行学习，自动得到目标的运动行为模式。为了解决学习模型中缺少类别先验的问题，研究人员将监督学习与非监督学习相结合，提出了一种半监督的轨迹学习方法，旨在解决如何利用少量的标注样本和大量的未标注样本进行训练和分类的问题。目前监督学习的运动目标轨迹分析经过发展，仍然存在需要人工标定数据样本的缺陷，也是其结合实际应用推广时的最大阻碍。半监督的轨迹分析方法可以减少大量的人工标注代价，具有更广泛的实际应用意义。此外，半监督学习在提高机器学习性能和算法适应能力方面还具有重要的科学意义。典型的半监督轨迹分析方法示例是半监督的增量高斯混合模型 (Semi-supervised Incremental Gauss Mixture Models，SI-GMMs)[37]。表 6.2 对比了上述主要轨迹学习方法的优缺点。

表 6.1 运动目标轨迹分析的研究方法对比

方法	轨迹表示		固定长度的表示序列	轨迹学习			无需预定义聚类数目
	分量表示	曲线近似		非监督	半监督	有监督	
Johnson 等[31]	√			√			
Owens 等[30]	√			√			
Stauffer 等[32]	√			√			
Hu 等[33]	√		√	√			√
Piciarelli 等[42]	√		√			√	√
Naftel 等[36] DFT 变换+SOM		√	√	√			
Naftel 等[36] Chebyshev 多项式+SOM		√		√			
Sillito 等[37] Haar 小波系数+ SI-GMMs		√	√		√		√
Sillito 等[38]三次 B 样条控制点+ SI-GMMs		√	√		√		√

表 6.2　轨迹学习方法对比

类型	方法	优点	缺点
迭代优化	K-Means[33] FCM[46] GMMs[37]	简单有效，易于更新算式	产生类的大小相差不会很大，对于噪声数据和离群数据很敏感
在线自适应	相似阈值[43]	无需训练数据集，适于实时应用	聚类数目初始值难以确定，对于离群数据不能保证优化
分层	分层 FCMs[46]	智能选择聚类数目，可以用图论算法求解	对数据集如何划分敏感
神经网络	SOM[47] FSOM[48]	可以把复杂的非线性数据描述成有相似结构的节点，降维	参数多，收敛慢
同现分解	词袋模型[43] 主题词模型[43] 贝叶斯模型[44,45]	可以捕捉到数据内部有效的统计类别信息	词表集的大小影响聚类效果，不能保持数据时序不变

就目前来讲，视觉目标轨迹分析技术在一般意义上并不完善。视频监控中运动目标轨迹分析研究包括轨迹分类、预测和异常检测，其中关键的核心问题都是根据学习样本的轨迹数据，建立轨迹分类模型，用于判断视频序列中的目标行为是否异常。但是，由于建立轨迹学习模型时受到监控场景的多样性、目标运动方向的不确定性、目标运动轨迹的长度差异性等影响，运动目标轨迹分析研究还存在一些需要解决的问题：①轨迹本身形状、方向多样和长度不等；②轨迹不完整、有噪声和局部有变化；③学习样本数目少；④学习模型中缺少类别先验。上述亟须解决的问题可以概括为：①如何更好地提取轨迹的特征表示，从而使得对轨迹的描述更加准确；②如何建立轨迹特征的完备集合，从而能够更好地区分和判别轨迹；③如何建立轨迹特征的局部描述模式，从而更好地适应轨迹多样性变化；④如何更好地通过增量学习的方法学习轨迹特征描述和分类模型，从而能够实现场景中非监督的轨迹学习。

参 考 文 献

[1] Bedagkar-Gala A, Shah S K. A survey of approaches and trends in person re-identification[J]. Image and Vision Computing, 2014, 32(4): 270-286.

[2] Doretto G, Sebastian T, Tu P, et al. Appearance-based person re-identification in camera networks: Problem overview and current approaches[J]. Journal of Ambient Intelligence and Humanized Computing, 2011, 2(2): 127-151.

[3] Satta R. Appearance descriptors for person re-identification: A comprehensive review[J]. arXiv Eprint ArXiv, 2013: 1307. 5748.

[4] Farenzena M, Bazzani L, Perina A, et al. Person re-identification by symmetry-driven accumulation of local features[C]//IEEE Conference on Computer Vision and Pattern Recognition (CVPR), 2010: 2360-2367.

[5] Gray D, Tao H. Viewpoint Invariant Pedestrian Recognition with An Ensemble of Localized Features[M]. Berlin: Springer, 2008: 262-275.

[6] Ma B, Su Y, Jurie F. BiCov: A novel image representation for person re-identification and face verification[C]//British Machive Vision Conference, 2012.

[7] Li W, Zhao R, Xiao T, et al. DeepReID: Deep filter pairing neural network for person re-identification[C]//Proceedings of the IEEE Conference on Computer Vision and Pattern Recognition, 2014: 152-159.

[8] Wang X, Doretto G, Sebastian T, et al. Shape and appearance context modeling[C]//IEEE 11th International Conference on Computer Vision, 2007: 1-8.

[9] Liu C, Gong S, Loy C C. On-the-fly feature importance mining for person re-identification[J]. Pattern Recognition, 2014, 47(4): 1602-1615.

[10] Gheissari N, Sebastian T B, Hartley R. Person re-identification using spatiotemporal appearance[C]//IEEE Computer Society Conference on Computer Vision and Pattern Recognition, 2006, 2: 1528-1535.

[11] Hahnel M, Klunder D, Kraiss K F. Color and texture features for person recognition[C]//Proceedings of IEEE International Joint Conference on Neural Networks, 2004, 1.

[12] Prosser B, Zheng W S, Gong S, et al. Person Re-Identification by Support Vector Ranking[C]//BMVC, 2010, 2(5): 6.

[13] Joachims T. Optimizing search engines using clickthrough data[C]//Proceedings of the eighth ACM SIGKDD International Conference on Knowledge Discovery and Data Mining, 2002: 133-142.

[14] Zheng W S, Gong S, Xiang T. Person re-identification by probabilistic relative distance comparison[C]//IEEE Conference on Computer Vision and Pattern Recognition(CVPR), 2011: 649-656.

[15] Zheng W S, Gong S, Xiang T. Re-identification by relative distance comparison[J]. IEEE Transactions on Pattern Analysis and Machine Intelligence, 2013, 35(3): 653-668.

[16] De Maesschalck R, Jouan-Rimbaud D, Massart D L. The Mahalanobis distance[J]. Chemometrics and Intelligent Laboratory Systems, 2000, 50(1): 1-18.

[17] Chen H, Gallagher A, Girod B. Describing Clothing by Semantic Attributes[M]. Berlin: Springer, 2012: 609-623.

[18] Li A, Liu L, Wang K, et al. Clothing attributes assisted person re-identification[J]. IEEE Transactions on Circuits and Systems for Video Technology, 2015, 25(5): 869-878.

[19] Yu F X, Ji R, Tsai M H, et al. Weak attributes for large-scale image retrieval[C]//IEEE Conference on Computer Vision and Pattern Recognition (CVPR), 2012: 2949-2956.

[20] Zhao R, Ouyang W, Wang X. Unsupervised salience learning for person re-identification[C]

//Proceedings of the IEEE Conference on Computer Vision and Pattern Recognition, 2013: 3586-3593.

[21] Zhao R, Ouyang W, Wang X. Person re-identification by salience matching[C]//Proceedings of the IEEE International Conference on Computer Vision, 2013: 2528-2535.

[22] Wang Y, Zheng Q, Zhang J. Real-time detection of small target in IR gray image based on mathematical morphology[J]. Infrared and Laser Engineering, 2003, 32(1): 28-31.

[23] Linas J, Hall D L. Introduction to multi-sensor data fusion [J]. IEEE International Symposium on Circuits & Systems, 1997, 6(1), 537-540.

[24] 韩崇昭, 朱洪艳, 段战胜, 等. 多源信息融合(第二版)[M]. 北京: 清华大学出版社, 2009.

[25] Yamato J, Ohya J, Ishii K. Recognizing human action in time-sequential images using hidden Markov model[C]//Proceedings of IEEE Computer Society Conference on Computer Vision and Pattern Recognition, 1992: 379-385.

[26] Davis J W, Bobick A E. The representation and recognition of human movement using temporal templates[C]//Proceedings of Computer Society Conference on Computer Vision and Pattern Recognition, 1997: 928-934.

[27] Ben-Arie J, Wang Z, Pandit P, et al. Human activity recognition using multidimensional indexing[J]. IEEE Transactions on Pattern Analysis and Machine Intelligence, 2002, 24(8): 1091-1104.

[28] Luo Y, Wu T D, Hwang J N. Object-based analysis and interpretation of human motion in sports video sequences by dynamic Bayesian networks[J]. Computer Vision and Image Understanding, 2003, 92(2): 196-216.

[29] Shimozaki M, Kuniyoshi Y. Integration of spatial and temporal contexts for action recognition by self organizing neural networks[C]//Proceedings of IEEE/RSJ International Conference on Intelligent Robots and Systems, 2003, 3: 2385-2391.

[30] Owens J, Hunter A. Application of the self-organising map to trajectory classification[C]//Proceedings of Third IEEE International Workshop on Visual Surveillance, 2000: 77-83.

[31] Johnson N, Hogg D. Learning the distribution of object trajectories for event recognition[J]. Image and Vision Computing, 1996, 14(8): 609-615.

[32] Stauffer C, Grimson W E L. Learning patterns of activity using real-time tracking[J]. IEEE Transactions on Pattern Analysis and Machine Intelligence, 2000, 22(8): 747-757.

[33] Hu W, Xiao X, Fu Z, et al. A system for learning statistical motion patterns[J]. IEEE Transactions on Pattern Analysis and Machine Intelligence, 2006, 28(9): 1450-1464.

[34] Zhang Z, Huang K, Tan T. Comparison of similarity measures for trajectory clustering in outdoor surveillance scenes[C]//International Conference on Pattern Recognition, 2006, 3: 1135-1138.

[35] Zhang Z, Huang K, Tan T, et al. Trajectory series analysis based event rule induction for visual

surveillance[C]//IEEE Conference on Computer Vision and Pattern Recognition, 2007: 1-8.

[36] Naftel A, Khalid S. Classifying spatiotemporal object trajectories using unsupervised learning in the coefficient feature space[J]. Multimedia Systems, 2006, 12(3): 227-238.

[37] Sillito R R, Fisher R B. Semi-supervised learning for anomalous trajectory detection[C] //BMVC, 2008, 1: 035-1.

[38] Sillito R R, Fisher R B. Incremental One-class Learning with Bounded Computational Complexity[M]. Berlin: Springer, 2007: 58-67.

[39] 肖雪娟. 车辆运动行为的视觉分析[硕士学位论文]. 北京: 中国科学院自动化研究所, 2005.

[40] 刘洋. 基于视觉的车辆路面行为分析关键技术研究[硕士学位论文]. 北京: 中国科学院研究生院, 2010.

[41] Oliver N M, Rosario B, Pentland A P. A Bayesian computer vision system for modeling human interactions[J]. IEEE Transactions on Pattern Analysis and Machine Intelligence, 2000, 22(8): 831-843.

[42] Piciarelli C, Micheloni C, Foresti G L. Trajectory-based anomalous event detection[J]. IEEE Transactions on Circuits and Systems for Video Technology, 2008, 18(11): 1544-1554.

[43] Hu W, Tan T, Wang L, et al. A survey on visual surveillance of object motion and behaviors[J]. IEEE Transactions on Systems, Man, and Cybernetics, Part C: Applications and Reviews, 2004, 34(3): 334-352.

[44] Wang X, Ma X, Grimson W E L. Unsupervised activity perception in crowded and complicated scenes using hierarchical bayesian models[J]. IEEE Transactions on Pattern Analysis and Machine Intelligence, 2009, 31(3): 539-555.

[45] Wang X, Ma K T, Ng G W, et al. Trajectory analysis and semantic region modeling using nonparametric hierarchical bayesian models[J]. International Journal of Computer Vision, 2011, 95(3): 287-312.

[46] Liu H C, Wu D B, Yih J M, et al. Fuzzy possibility c-mean based on Mahalanobis distance and separable criterion[J]. WSEAS Transactions on Biology and Biomedicine, 2007, 4(7): 93-98.

[47] Kohonen T. Self-Orgnizing Maps [M]. Heidelberg: Springer Series in Information Sciences, 1997.

[48] Lee J G, Han J, Whang K Y. Trajectory clustering: A partition-and-group framework[C]// Proceedings of the ACM SIGMOD International Conference on Management of Data, 2007: 593-604.

后　　记

经过近三年的努力，《视觉目标检测与跟踪》终于奉献给读者了。本书紧密跟踪国民经济发展中计算机视觉领域急需解决和关注的技术难题，采用理论、热点、实例相结合的方法，比较全面地向读者介绍了视觉目标检测与跟踪的基本理论、技术难点和最新动向，希望能够帮助读者进一步熟悉视觉目标检测与跟踪技术，以此推动这项技术的发展。由于时间和篇幅有限，有些内容阐述得还不够翔实深入，读者可参考相关参考文献做进一步了解。

本书的研究工作得到了国家自然科学基金重点项目(61039003)《基于多源数据的飞行器进近威胁目标检测跟踪及行为预测》课题、国家重点基础研究发展计划(973 计划)(2010CB731804-2)子课题《飞行器威胁目标识别与图像鲁棒匹配理论与方法》、国家 973 计划(2011CB706901)课题《事故致灾过程和事故致因理论》、中国科学院研究生院“百人计划”择优支持项目(99T3009EA2)课题《复杂环境下动态目标跟踪技术》、国家自然科学基金面上项目课题《复杂环境下新型多目标动态检测、识别及追踪算法研究》(60672147)国家自然科学基金面上项目(61271433)课题《多视角多姿态人体目标检测》，以及北京市科委项目《基于弱监督深度学习的安全监测大数据平台研发及示范应用》的资助。书中包含的实例和研究工作部分来自于中国科学院大学模式识别与智能系统开发实验室的博士和硕士学位论文，包括：叶齐祥的《图像和视频文字检测技术研究》、徐冉的《基于 1 范数最小化学习的人体检测算法研究》、韩振军的《视觉目标自适应跟踪算法研究》、孔凡静的《基于图像的路面车辆检测算法研究》、张宁的《图像人体目标的快速及鲁棒性检测算法研究》、李莉的《基于样本空间目标重构的视频跟踪算法研究》等。在此，谨一并表示感谢！

作　者

2015 年金秋于北京

彩　　图

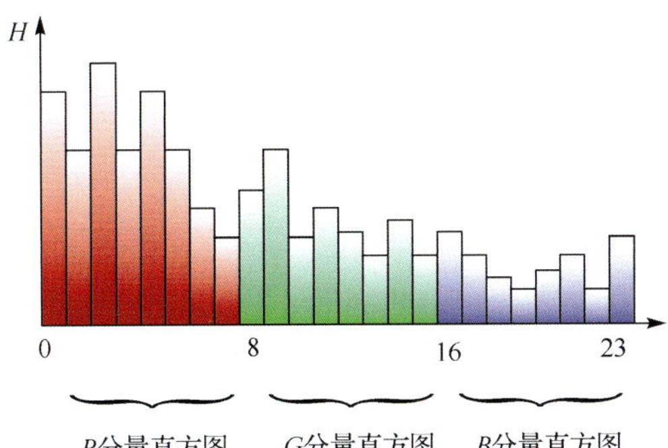

图 2.1　RGB 空间的直方图示意图(其中每个颜色通道提取 8 维颜色直方图)

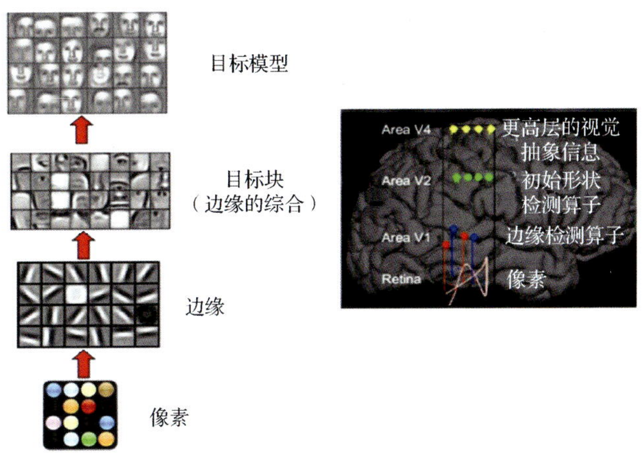

图 2.11　深度特征分层示意图

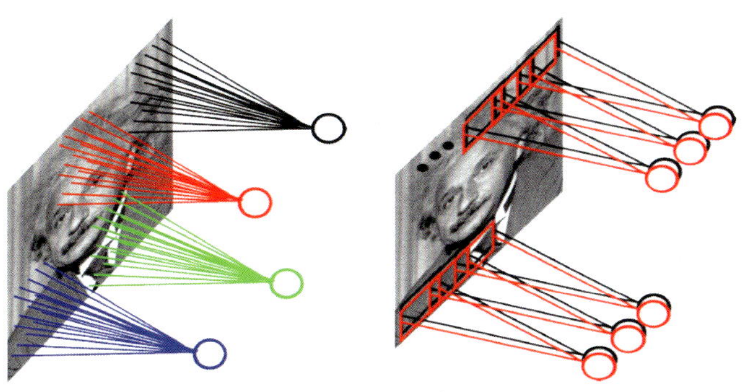

图 2.12　CNN 权值共享示意图

图 4.1　人脸检测的示例

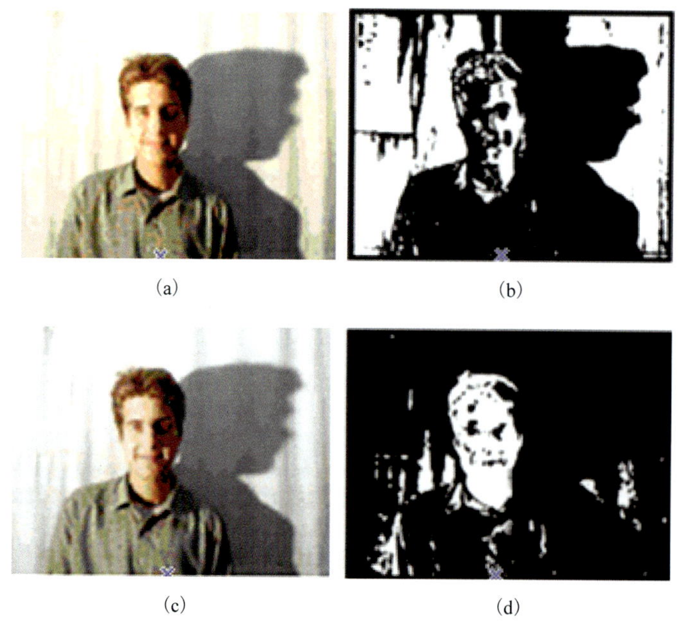

(a)　(b)

(c)　(d)

图 4.2　肤色检测

(a) 黄色光照条件下的图像；(b) 检测到的肤色(白色部分)；(c) 光照补偿后的图像；(d) 从图(c)中检测到的肤色

(a)

(b)

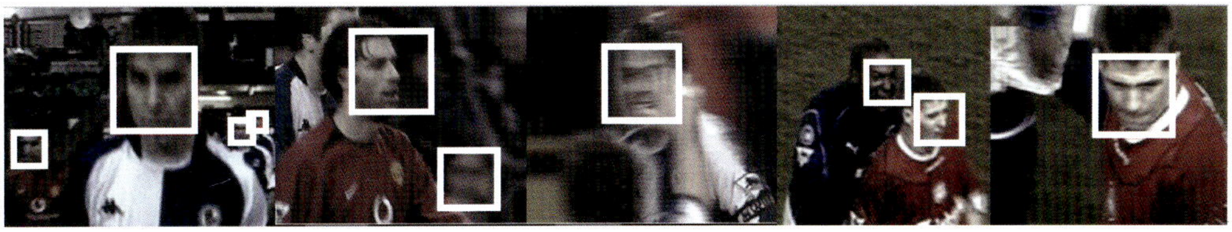

(c)

(d)

图 4.5　人脸检测结果

图像主要来自于(a) MIT+CMU 正面人脸测试集，(b) 网络上下载的图像，(c) 体育视频，(d) 视频监控

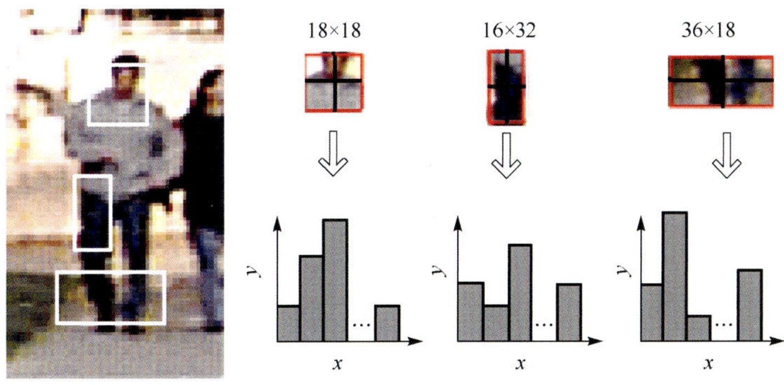

图 4.7　v-HOG 特征

图 4.11　人体目标检测的正例和反例学校样本

(a)　(b)　(c)

(d)　(e)

(f) (g)

图 4.12　部分检测结果

(a) 正例样本

 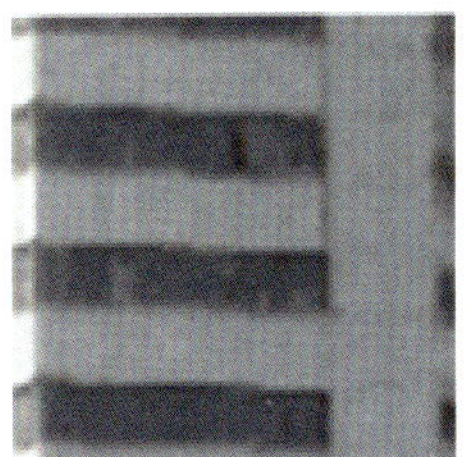  

(b) 反例样本

图 4.14　训练样本集

(a) (b) (c)

图 4.15　测试图像示例

图 4.16　车辆检测结果示例

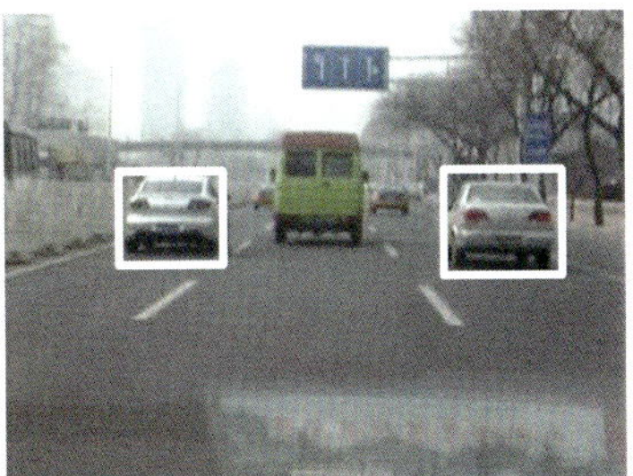

图 4.17　视频帧图像路面车辆检测结果

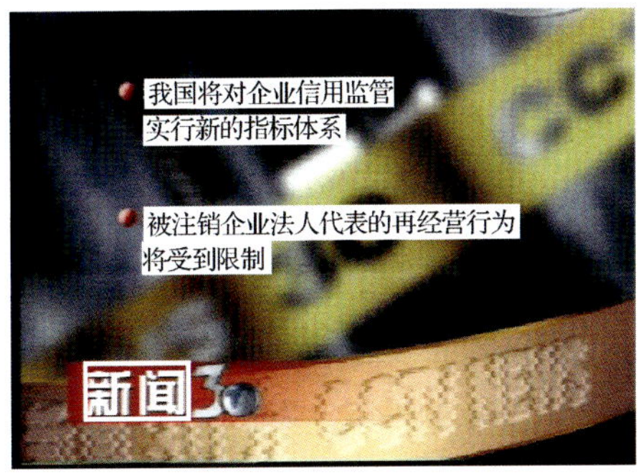

(a) 视频叠加文字

(b) 自然场景中的文字目标

图 4.19　文字图像

(a)

(b)

(c)

图 4.22　叠加文字(a)、定位拍摄场景文字(b)与非定位拍摄场景文字(c)

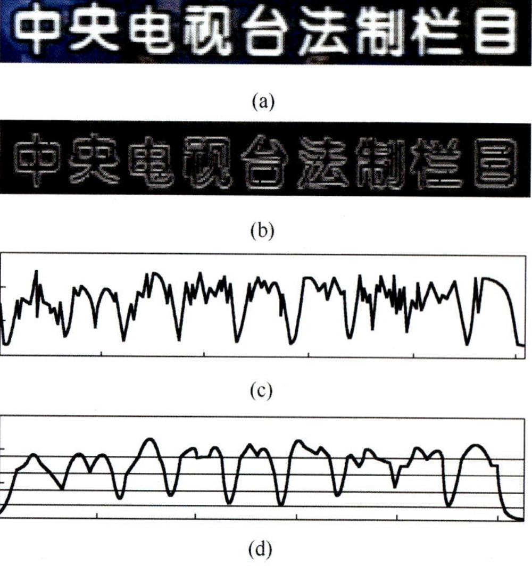

(a)

(b)

(c)

(d)

图 4.25　图像的穿越线直方图

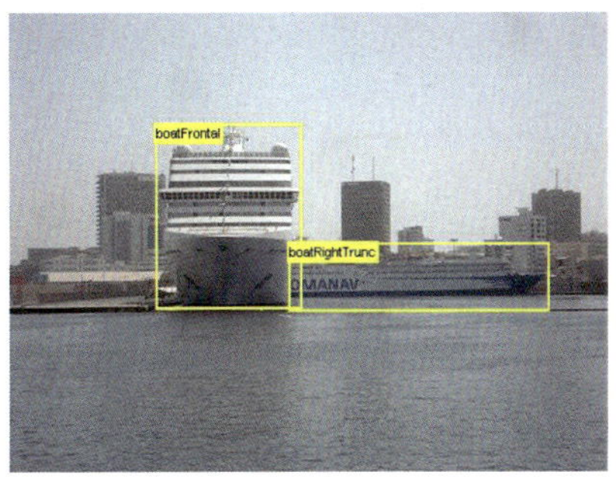

图 4.30　PascalVOC 多类目标示例

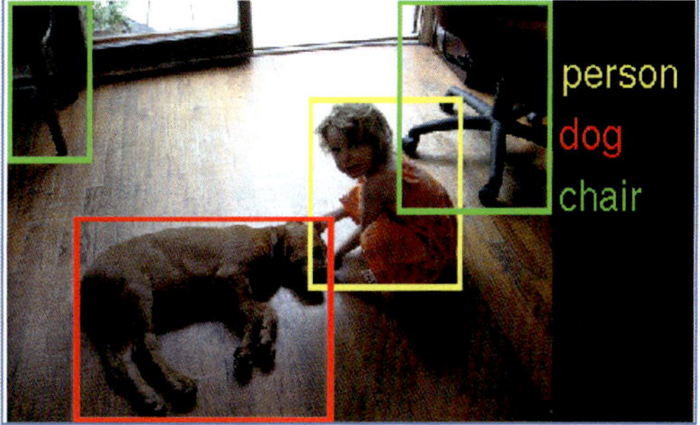

图 4.31　ImageNet 多类目标检测示例

图 5.2　目标区域定义

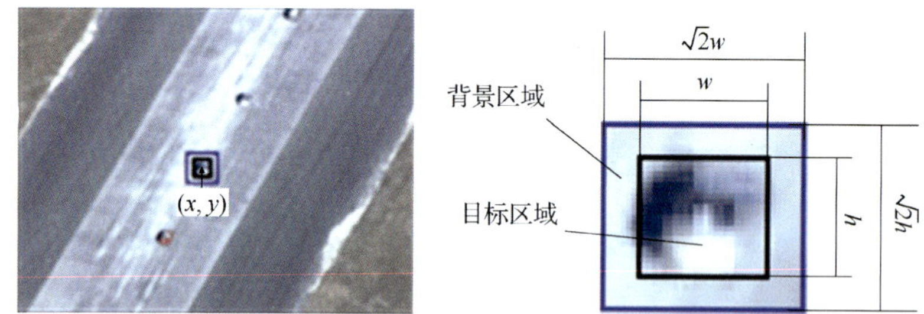

图 5.4　跟踪目标及其背景区域定义

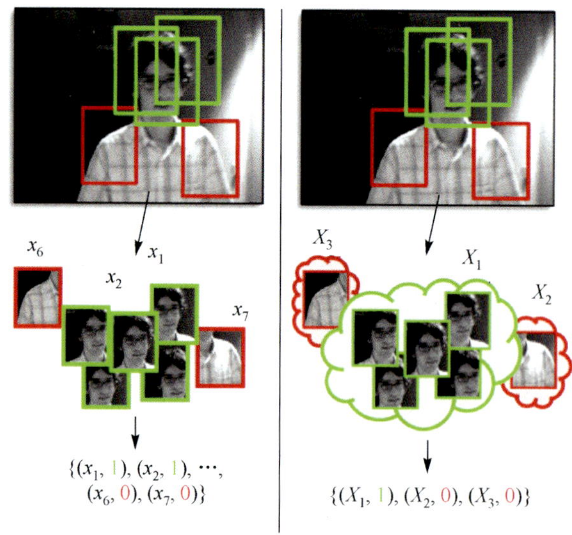

图 5.7　MIT 方法示意图

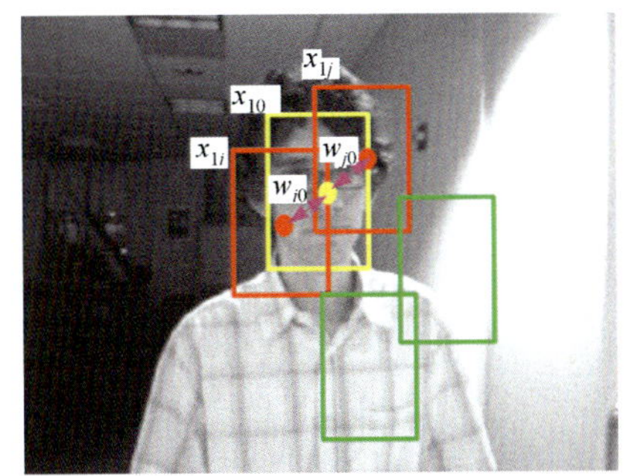

图 5.8　WMIT 方法示意图

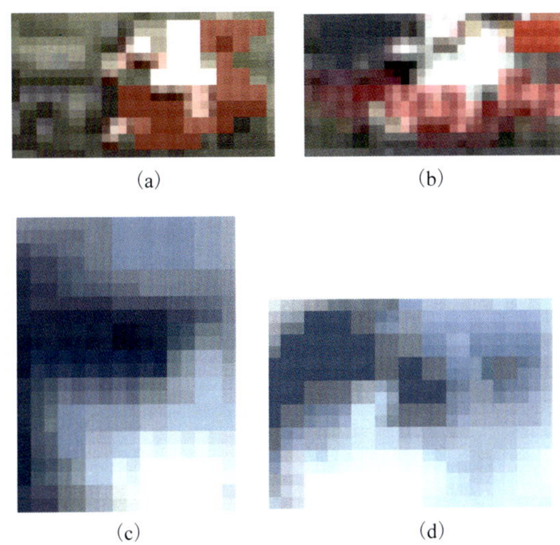
(a)　(b)　(c)　(d)

图 5.10　多目标跟踪过程中的两类跟踪目标实例

(a) 和 (b) 来自同一个跟踪目标，(c) 和 (d) 来自另一个跟踪目标

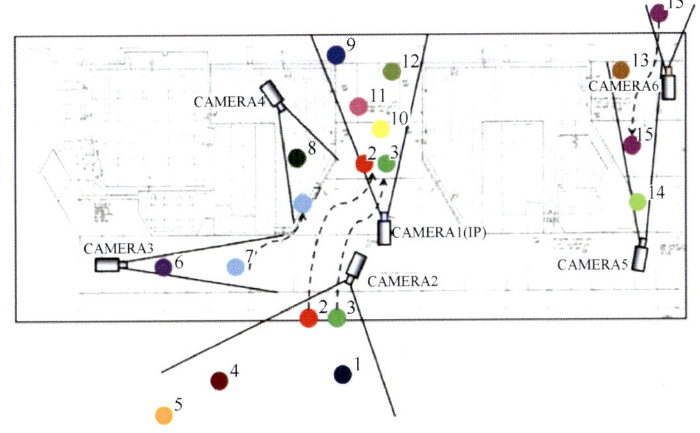

图 6.1　多摄像头监控网络场景示意

图 6.2　不同摄像头间跟踪目标的外观模式(来自 VIPeR 数据集)